高校师资管理优化及产品设计课程开发

高阳 著

吉林出版集团股份有限公司

图书在版编目（CIP）数据

高校师资管理优化及产品设计课程开发 / 高阳著
. -- 长春 : 吉林出版集团股份有限公司, 2020.11
　ISBN 978-7-5581-9394-1

　Ⅰ. ①高… Ⅱ. ①高… Ⅲ. ①高等学校—师资培养—
研究—中国 Ⅳ. ①G645.1

　中国版本图书馆CIP数据核字(2020)第243350号

高校师资管理优化及产品设计课程开发

作　　者 / 高　阳
责任编辑 / 蔡宏浩
封面设计 / 万典文化
开　　本 / 787mm×1092mm　1/16
字　　数 / 260 千字
印　　张 / 12
印　　数 / 1—50
版　　次 / 2020 年 11 月第 1 版
印　　次 / 2022 年 9 月第 2 次印刷

出　　版 / 吉林出版集团股份有限公司
发　　行 / 吉林音像出版社有限责任公司
地　　址 / 长春市福祉大路 5788 号
印　　刷 / 北京世纪海辉制版技术有限公司

ISBN 978-7-5581-9394-1　　　　　　　定价 / 78.00 元

前　　言

当前，在知识经济时代，人们对高校的良好发展给予了较大的关注。而高校作为培养社会人才的地方，其自身的人力资源管理显得尤为重要。高校只有具备科学的人力资源管理方式，才能为人才培养创造良好的人力资源基础。科学技术的较快发展，高校的人力资源管理工作要不断地进行创新，才能满足时代的进步和高校快速发展的要求。高校人力资源管理的科学发展包含了多个内容，其管理方式应蕴含着科学管理原理和人本思想；把握本校人力资源发展的动态性；不断优化人力资源结构，消除各种阻碍人力资源科学发展的不利因素。在科学发展和创新发展中，使人力资源管理成为高校发展的有力保障。

高等学校作为培养高素质创造性人才的摇篮与知识创新的重要基地，在国家的社会经济和文化建设中具有举足轻重的地位。它既是人才的培养者，也是人才的使用者，同时还肩负着培养各级各类人才、全面提高劳动者素质的历史使命。因此高校拥有人才密集的优势，但这还只是一个量的优势，要真正发挥质的优势，就要回归到对高校人力资源进行现代化的开发与管理上面。因此，完善高校人力资源配置机制、建构人力资源配置体系、改革高校师资管理模式和创新高校人事制度等，对于优化高校教师人力资源配置，提高高校教师人力资源配置效率，发展我国高等教育事业，促进科教兴国和人才强国战略的实施具有重要意义。

科学技术的迅猛发展愈加突出了高等教育的重要地位。目前，以信息技术、生物技术、新材料技术和新能源技术为代表的高新技术推动了人类社会以后工业经济时代迈进知识经济时代。随着以知识资源为依托的新经济时代的到来，高等教育已经广泛渗透到影响国家核心竞争力的各个领域，成为提高国家核心竞争力的重要手段，而一个国家的核心竞争力是由该国的经济实力、政治实力、科技创新实力、国防与军事实力、文化教育实力、资源储备实力以及民族凝聚力等多重因素所决定的，而这些因素的背后都与高等教育发展息息相关，与人才资源密切相连。高校教师作为高校人力资源最重要的组成部分，它的数量和质量决定着高校的活力和发展水平，它是培育高等教育核心竞争力和赢得持续性竞争优势的关键。建立科学的激励机制，充分发挥教师的才能，是高校人力资源管理的关键和核心。

本书在编写过程中得到了大量专家教授的帮助，在此表示感谢。由于时间仓促，专业水平有限，书中若存在不妥之处，敬请读者和同道批评指正。

目　录

第一章　高校师资队伍建设规划

第一节　高校师资队伍建设的内涵与意义

一、高校教师队伍建设规划的含义

（一）高校教师队伍建设规划的概念

高校教师队伍建设规划指的是以学校总体发展战略为指导，按照学科建设目标的要求，分析本校现有教师的素质、年龄与性别结构、学缘、学历与职称结构以及创新型学术团队等因素，预测高校发展环境的变化及教师供给与需求状况，制定相应的教师队伍规划，包括短期、中期以及长期规划。高校教师队伍建设规划是高校战略规划的一个子规划，它是高校战略规划的中心内容，是实现学校战略目标的重要保证，是保障学校可持续性发展的重要手段。

教师队伍建设规划的制定是运用一套分析技术来进行战略开发的过程，在这个过程中，要将一个目标或一组意图分解到各个步骤中，然后对各步骤予以细化，并详细阐述每一步骤预期产生的后果或结果。

（二）教师队伍建设规划概念的解析

不同高校的教师队伍建设规划有所不同，而且制定的相应措施也有所差异。但我们认为高校教师队伍建设规划概念主要包含以下几个因素。

第一，它是以高校发展战略作为教师队伍建设规划制定的指导思想，是高校战略规划的子规划项目，教师队伍建设规划要符合学校发展战略的需要。

第二，以学科建设目标为要求。学科是人才成长的摇篮、学术研究的基地、技术创新的发源地，是教学、科研的基础和载体，也是学校办学水平和特色的集中表现。任何一所学校都要考虑学科建设的资源约束和能力限制，无法追求学科门类的齐全与并进，而只能追求"优势学科"和"学科优势"，追求学科建设的特色。然而，对学科建设起支撑作用的是教师队伍建设，教师队伍的学术水平是学科发展水平的集中反映，没有一流的教师队伍，就不可能有一流的学科。因此，学科建设目标必然决定了高校教师队伍建设的要求与侧重点。

第三，高校教师队伍建设规划受到现实环境的制约。一方面，不同高校教师队伍的

1

现状存在很大差别，如大师级别的人数、教师队伍结构、学术梯队的状况等；另一方面，高校的外部环境也是在不断变化的，比如教师资源的供给状况、不同高校的发展状况等。因此，进行高校教师队伍建设规划，必须科学分析和预测外部环境的变化，做出相应的对策。总之，高校教师队伍建设规划的制定过程，就是要通过规划及其实施，使学校的资源和能力与不断变化的社会需求之间保持战略适应性。

二、高校教师队伍建设规划的重要意义

（一）国际、国内竞争日益激烈，要求高校必须做好教师队伍建设规划

随着中国加入 WTO 以后，高校资源的市场化程度和高校之间的资源竞争会日趋激烈，要求高校必须做好学校发展战略规划，而高校教师队伍建设规划又是高校发展规划的中心建设内容，只有做好学科建设规划与教师队伍建设规划，才能提高高校的核心竞争力，才能在竞争日益激烈的环境当中立于不败之地。首先，大学发展水平是办学质量与效益的竞争，大学需要准确地设计自己的发展目标，选择合适的发展方向，提高质量以同他人竞争。因此，高校自身发展迫切需要科学合理的规划来指引。其次，大学的发展，必须要获得政府投入和社会资本的投入，也需要尽可能制定能够在最大限度上满足各方需要的发展规划。最后，竞争的日益激烈要求高校认真制定发展规划，使自己在资源争夺战中立于不败之地。

（二）高校教师队伍建设的重要政策指导

教师队伍建设规划是要求制订详细的发展规划措施，并把每一个目标或一组意图分解到各个步骤中，然后对各步骤予以细化，将每一个目标详细阐述，并预期每一步骤可能产生的结果。教师队伍建设规划是教师队伍建设最重要的政策指导依据。在教师队伍建设的过程中，必须按照规划的指引与要求，采取步骤逐步实现既定的目标。而且，科学的教师队伍建设规划已充分预见了外部环境的可能变化性并提出相应的对策，为教师队伍建设留有相应的余地，因此，即使外部环境有所调整，但只要严格按照规划的指引与要求，就一定能建设一支符合高校需要的教师队伍。

（三）为教师职业生涯发展提供重要的参照

职业生涯规划是指个人发展与组织发展相结合，对决定一个人职业生涯的主客观因素进行分析、总结和测定，确定一个人的事业奋斗目标，并选择实现这一事业目标的职业，编制相应的工作、教育和培训的行动计划，对每一步骤的时间、顺序和方向做出合理的安排。引导教师职业生涯设计和再设计是学校的重要职责，促成教师根据自身特点建立清晰明确的职业发展目标与发展道路，提高工作的主动性、积极性和针对性，从而促进教师个人职业目标和组织目标的共同实现。教师队伍建设规划为教师职业生涯发展提供了明确的发展导向与目标，教师可以根据学校的教师队伍建设规划，分析自身利弊，为自己在高校教师生涯规划设计中做好明确的定位与方向，对教学、研究和学习等方面进行统筹规划。

三、高校教师队伍建设规划的现状

当前高校在制定教师队伍建设规划时还存在不少问题，导致规划的战略性、前瞻性以及可操作性都较差。

教师队伍建设规划制订中常见的问题主要有：第一，对战略规划考虑不够，制定的教师队伍建设规划不能很好地体现学校的总体战略和发展需要；第二，规划的科学性不够，使规划目标既难以测量，也难以分解和落实；第三，规划实施和执行的力度不够，缺乏对规划实施的评估和监控；第四，规划的发展思路、目标、措施没有及时转化为宏观政策，导致规划的导向性不足；第五，规划制定过程中，由于教师队伍建设规划是由人事部门制定，其更多的是从本部门的立场与角度出发制定规划，没有广泛征求教师意见尤其是学科专家的意见，论证不够充分，相关部门对教师队伍建设规划制定的支持力度不够，有的甚至不理解；第六，有些高校制定的教师队伍建设规划不能科学地预见未来发展变化的情况，未能体现前瞻性，有的又统得过死，未能适当地留有余地；第七，对相关规划统筹考虑不够，专项规划各自为政，不能协调统一。

第二节　高校师资队伍建设的内容与程序

一、高校教师队伍建设规划程序

程序规范是内容科学的基本保证，通过履行规范的程序，提高规划的深度和水平，提高教师队伍建设规划的科学性与合理性。简单说来，教师队伍建设规划制订要经过如下程序：进行学校外部环境和内部情况的分析，包括机遇与挑战、优势与不足等，特别要进行与国内外著名大学的对比分析；进行顶层设计，提出规划纲要框架，组织专家和职能部门进行研讨，形成规划纲要；校领导讨论审定规划纲要；根据规划纲要的要求，完成规划（征求意见稿）；校领导讨论审定规划（征求意见稿）；广泛征求院系和教师意见，修改形成规划（讨论稿）；校领导讨论审定规划（讨论稿）；提交教代会讨论审定；由校务委员会（或办公会）批准；在全校公开，并采取多种形式进行广泛宣传和讲解。在规划制定和实施过程中，以下几点应引起特别注意。

（一）民主参与

高校教师队伍建设规划编制必须注重民主参与。一是健全规划编制专家咨询制度，组织规划咨询、论证、评估等活动。二是采取多种形式保障教职员工和相关组织参与规划编制过程。在规划制定过程中，充分听取专家、教授的意见，特别要重视吸收基层专业教师的意见，全面了解不同群体的利益与诉求，以尽可能保证规划的科学性、合理性与可操作性。

（二）衔接

规划衔接是保障各级各类规划协调配合、形成合力的关键环节，各级各类规划要与相关的规划衔接，下一级规划要与上一级规划衔接，区域规划、专项规划要与总体规划衔接，相关规划之间要相互衔接，同级规划相互协调。高校教师队伍建设规划也应当与其他规划做好衔接工作，进行高校教师队伍建设规划的主要职能部门也应与相关单位做好沟通与衔接。比如说，高校教师队伍建设规划需要以学科建设规划目标为指导，要与校园建设规划紧密配合。在具体制定过程中，高校教师队伍建设规划应与研究生教育、本科教育等人才培养规划相结合，与科学研究、社会服务规划相衔接。只有这样，才能保证教师队伍建设规划的科学性与前瞻性，才能保证学校发展战略的整体性。

（三）论证

论证主要是指专家论证，是高校教师队伍建设规中最重要的环节之一。要尊重教授治学的权力，充分发挥学术委员会、教学指导委员会、规划委员会等组织的作用，让其积极参与到教师队伍建设规划当中来，充分听取其意见和建议，只有专家学者才能更准确地把握学科发展的前瞻性，只有学科带头人才能更深刻地认识到教师队伍存在的不足与其发展方向。只有这样，才能为下一步教师队伍建设规划提出更科学、合理的建议，才能使教师队伍建设规划起到更重要的政策指导作用。

（四）评估

规划评估是保障规划有效实施的必要环节。要改变"规划编制时轰轰烈烈，编制完成后高高挂起"的状况，必须加强对规划实施的检查监督，必须对规划实施过程开展评估。根据以往的经验，规划实施中暴露出的一些问题，有些可能是实施不力造成的，有些可能是因为规划编制得不符合实际造成的。通过规划评估，可以更好地认识到问题，以便及时采取措施予以调整。此外，实施规划是一个动态的过程，环境的细微变化都会导致规划的不断调整，通过评估，可以及时了解变化，调整相关内容，提出更有针对性的措施和建议，以充分保障规划总体目标的实现。总的来说，评估应该包含五个方面的内容：第一，明确评估的时间，是年度评估、五年评估还是十年评估；第二，评估的内容，包括发展目标、主要任务和关键指标完成和未完成的情况、采取的政策措施、存在的主要问题、主要原因分析等方面的内容；第三，评估的方法，成立由学校领导、职能部处、教师代表以及相关专家组成的专门领导小组进行评估；第四，评估的程序，是采取自上而下还是自下而上，或是二者相结合的办法等；最后，评估的效力，通过诊断性评估，及时发现存在的问题，进行偏差分析，找到解决问题的措施等。

着手制订发展规划前，必须有一个明确的指导方针或指导思想以及体现的原则。高校教师队伍建设规划的指导思想是制订和实施规划的根本准则。正确的指导思想，要能够充分反映国家、地方和学校自身的利益与要求，要能够与国家和地方的教育发展指导思想相吻合。

二、高校教师队伍建设规划内容

高校教师队伍建设规划编制工作的主要内容有：总结和分析前一个时期（通常为5年）教师队伍建设规划的实施情况、取得的经验与存在的问题；分析未来一个时期（通常为5年）面临的形势，对教师队伍建设的现状、发展趋势、需求与供给进行分析、预测和判断；规划未来一个时期（通常为5年）教师队伍建设的发展战略、方针、目标、任务、重大项目及保障措施，并且制定逐步的实施计划和步骤，并将每一个目标分解到实施步骤当中。制订教师队伍建设规划是为实现学校的战略规划服务，需要与战略规划进行有机结合。

高校教师队伍建设规划是指导自身行动的纲领，一份完整的高校教师队伍建设规划应该包括以下三部分内容：教师队伍现状分析，指导思想与发展目标，工作重点和相关政策措施。

（一）教师队伍现状分析

现状分析要求对自身所具有的基础进行全方位梳理，明确在同行中所处的位置，也就是说找准坐标，只有找准坐标，才能进一步设计未来的努力方向和发展水平。现状分析主要包括以下内容。

第一，教师的数量。教师数量是否充足，是否达到保证教学质量的基本要求。目前主要评价指标是生师比，按照教育部《普通高等学校本科教学工作水平评估指标》的规定，优秀指标为16：1，合格指标为18：1。但在教师队伍建设规划当中，不仅需要整体规划全校的教师数量，还必须考虑各学院、各学科的教师数量是否达标。最后，在规划教师数量时还必须综合考虑办学成本，根据自身的情况及发展的需要合理确定。

第二，教师队伍的结构。主要包括分析教师的学历结构、职称结构、年龄结构、专业结构以及学缘结构等因素，考虑这些结构是否合理，是否具备可持续性发展的特征以及这些结构发展的合理趋势是什么等。对此的分析应从两个层面进行：学校整体教师队伍是什么状况；不同学科教师队伍状况如何，如重点学科和优势学科教师队伍的状况如何。

第三，教师的素质，实际是教师队伍的潜结构分析。教师队伍的整体素质如何，创新精神与水平怎么样，创造能力如何，心理素质如何，教学科研能力等能力如何，人文素质怎么样，思想政治素质如何等，这些都是教师队伍潜结构应充分考虑分析的因素。

第四，高层次人才队伍与创新团队。现有教师队伍中，一流学科带头人和大师级学者的状况怎么样，有没有优秀的创新团队，数量有多少，创新团队的学科分布状况如何等。

只有充分分析了现有教师队伍的状况，才能为下一步的规划提供更好的指导依据，才能更好地制定教师队伍发展规划。

（二）教师队伍建设规划的指导思想与发展目标

指导思想主要分为两个层次：其一是国家或省市对教师队伍建设的指导思想；其二是学校发展战略和教师队伍在某一时段的发展方向和程度、性质和类型。比如说，类型有教学型、教学研究型、研究教学型或研究型，或者说定位为国际一流、国内一流或西部一流等，或者是所述二者的结合等。总的说来，高校教师队伍建设规划应坚持科学发展观和"人才立校"的发展战略，以学校发展战略和学科建设目标为要求，从学校的实际和办学特色出发，以建设高水平的学科带头人和学术骨干队伍、培养高素质的教师为重点，以引进和培养一流学科带头人和国内著名学者为突破口，坚持人才引进与人才培养相结合的原则，坚持教师队伍建设适度超前发展的原则，积极创新教师队伍建设，努力造就一支充满活力、结构优良、师德高尚、乐于奉献、学术水平较高、富有创新能力、能胜任学校教育事业快速发展需要的高素质的教师队伍。

发展目标是教师队伍建设规划的主体部分，即学校选择要重点发展的若干项目及领域。一般而言，教师队伍建设发展规划目标主要包括教师数量、教师队伍结构、高层次人才数量等，从二级指标来看，又有教师总体数量以及占教职工队伍的比例，专任教师与兼职教师的比例，教师的年龄结构比例，职称结构比例（高级职称占多少），学缘结构比例（外校毕业生占多少，重点大学高校毕业生占多少），学历结构比例（博士学位比例占多少），院士、大师级以及学科带头人数量等。当然，由于高校之间的差异，不可能用一套很完备的指标体系来评价所有学校，不同学校应结合自身的实际，可适当参考同类型或同层次高校的规划个案。

（三）教师队伍建设规划的工作重点和政策措施

为了更好地实现学校的发展战略，更好地围绕高校学科建设，更好地实现学校教师队伍建设的重要目标，规划必须突出工作重点和制定相关政策措施。一般来说，教师队伍建设规划的工作重点和政策措施是大不相同的，但也有一定的共性，主要包括以下几个方面。

第一，深化人事制度改革，营造人尽其才和人才脱颖而出的环境和机制。完善教师聘任制度，全面推行岗位聘用制，建立健全"公开招聘，竞争上岗，择优聘任，合同管理"的用人机制；完善分配激励机制，建立以岗定薪、岗变薪变、向高层次人才和重点岗位倾斜的收入分配机制；建立科学合理的教师考核与评价体系；加强建立物质激励和荣誉激励，努力形成激励优秀人才充分发挥作用的良好氛围。

第二，要有经费保障。确保为教师队伍建设做好经费来源保障。比如，可以积极申请政府主管部门拨款，或自己筹措资金，或利用社会捐赠，或通过银行贷款等渠道。当然，这都需要根据学校总体规划，从教师队伍建设规划的要求与实际情况出发，具体制定经费保障措施。

第三，具体政策的制定是与高校的实际情况紧密结合的。不同高校可根据教师队伍的建设目标采取特定的鼓励政策。例如，某高校教师队伍具有博士学位的教师比例过低，它就可以制定更好地优惠政策吸引博士来校工作，同时可制定鼓励本校教师积极攻读博士学位的相关政策等。

第三节　高校师资队伍建设的原则与方法

一、高校教师队伍建设规划原则

为了能更好地制定高校教师队伍建设规划，我们认为必须遵循以下几个原则。

（一）服务学校战略原则

要树立学校规划的观念，摒弃部门规划的观念，从学校整体发展需要出发编制规划，而不是从部门工作需要出发编制规划。在具体的制定过程中，要以学校发展战略为指导，以学科建设目标为要求，深刻分析教师队伍的现状，制定教师队伍建设规划。学校发展战略决定了学科建设目标，而学科建设目标的实现离不开教师队伍的支撑，教师队伍建设规划紧紧围绕着学科建设目标。教师队伍建设规划既服从于学校发展战略，又影响着学校发展战略规划。

（二）以人为本原则

科学发展观作为中国社会发展的战略指导思想，同样反映了高校发展的本质、目的和规律，"以人为本"思想就是科学发展观的本质和核心。坚持以人为本，在高校管理中就是要坚持以教师为本的发展观，制定教师队伍发展规划就要以"以人为本"思想作为指导。具体来说，在制定教师队伍建设规划当中，必须树立全新的教师队伍建设观念，树立可持续发展的战略思想，着力规划和提高教师队伍整体素质，推进制度创新和法制建设，营造积极健康向上的高校文化和学术氛围。此外，还必须充分发挥教师的主人翁精神，让教师尤其是相关专家积极参与到教师队伍规划建设当中来，多听取他们的呼声与建议，以更好地融合教师自身的元素。最后，制定教师队伍建设规划，还要充分考虑教师的全面发展，为教师的提升创造良好的条件和平台。

（三）可持续发展原则

可持续发展，就是要促进人与自然的和谐，实现经济发展和人口、资源、环境相协调，坚持走生产发展、生活富裕、生态良好的文明发展道路，保证一代接一代地永续发展。高校教师队伍的可持续发展要求教师队伍具有合理的职务结构、较高的学历结构、多元的学缘结构、均衡的年龄结构、协调的专业结构、合理的学术梯队以及富有创新精神和创造力的学术团队，以不断推动学校的发展。在高校教师队伍建设规划中，坚持可持续发展原则要求明确高校教师队伍建设发展的战略目标、工作重点和重大举措，推进制度创新和实施人才强校战略；进一步构建完善优秀人才可持续发展的培养和支持体系，加大"高层次创造性人才计划"的实施力度，着眼于高层次人才和高水平创新团队总量增长与整体素质提高；加强中青年骨干教师能力建设，加大培养和支持力度，大力推进高校高层次人才队伍建设；深入开展学校人才制度和政策创新研究，进一步完善学校人才评价机制、竞争机制、激励机制和组织机制，开展学校人才队伍建设课题研究工作；改进和加强师德建设工作，加强制度建设，加大对高校优秀教师先进事迹的表彰宣传力度，全面提升高校教师的师德水平。

（四）程序规范原则

程序规范是内容科学的基本保证。通过履行规范的程序，提高规划的深度和水平，切实发挥规划应有的作用。规划编制程序，包括前期工作、立项、起草、衔接、论证、批准、公布、评估、修订和废止等环节。高校教师队伍建设规划也必须按照程序规范的原则制定，尤其是程序当中的论证与评估这两项工作，是确保教师队伍建设规划科学合理的重要保证。

（五）前瞻性和可操作性原则

教师队伍建设规划要体现前瞻性和可操作性原则。教师队伍建设规划是要面向未来的，要表明未来时段的事业发展状态，因此要有超前意识，要有预见性，要对未来的状况做出适当的预测；规划要从实际出发，但不是实际的拷贝，不能过于迁就实际，而是要在实际的基础上提出发展的要求，创造发展的条件，制定发展的措施，这就是前瞻性原则。所谓可操作性，就是说规划要能够在现有的或可能的条件下付诸实施，而且需要将目标分解到每一个步骤当中。不能盲目追求高目标，结果造成可操作性不强，使教师队伍建设规划成为空想。为此，教师队伍建设规划必须要有相应的指标体系，有可以获得和测量的可比性数据，要有具体的、可以实施的对策与措施。

二、高校教师队伍建设规划模式与方法

高校教师队伍建设规划有合理性模式、互动性模式两种，不同的规划模式有不同的规划方法。

（一）合理性模式

合理性模式把教师队伍建设规划过程看成一系列渐次进行的程序：决策者或规划者试图认清重大的问题，急迫地需要并确定解决这些问题或满足这些需要的总目标——将总目标转化为各项具体目标——指出各种达到具体目标的行动步骤说明每个行动步骤的代价和利益——选择最优的行动步骤——综合各种择定的行动步骤并组成一个规划——将规划分解为各种可操作的项目——根据总目标来执行和评价每个项目。比如说，在教师数量上的规划，可以根据学校学生人数的变化趋势，合理确定未来一段时间需要补充与引进的教师总数，按每年逐步应实现的目标，确定不同的学科每年应补充的教师人数等。此外，在形成合理的教师学历结构比例时也是如此。

合理性模式首先认定人们对教育规划的目标会有合理的、统一的认识，认定其具备将目标转化为行动步骤的技术或手段。其主要要求制定合理可行的评价指标，将指标根

据一定的方式进行分解，并将其转化到每一个实施的步骤过程当中。近年来，管理学、统计学、信息论、决策论、计算机辅助编程技术的发展加强了合理性模式的应用地位，使合理性模式在现实的操作过程中显得更为有效。

（二）互动性模式

互动性模式认为教师队伍建设规划制定过程不是一种按部就班的、有条不紊的、逻辑上互相联系的一系列程序，而是一种个人或利益集团之间主张意见的冲突、交流、协商、妥协以及再冲突、交流、协商、妥协的连续动态过程。规划是在不确定的未来和不完全了解现在的背景下调解人的认识和人的行动的一种尝试，而不是一种确定无疑的解决问题的方案。该模式主张者认为，教师队伍建设规划不可能有一致性的合理性目标并按照预定的途径来实现目标，也不可能有完全符合未来需求的规划。他们认为，教师队伍建设规划是一种利益的相互协调，是各方博弈的综合结果。比如说，某学校在规划学科带头人数量与学科分布的规划上，不同的学科都会为本学科尽量争取更多的指标，而最后形成的规划是各方利益平衡的一种结果。

需要注意的是，规划中所依赖的完全的信息和准确无误的知识等条件都是难以实现的，这就决定了规划不仅是结果，还是一个过程；规划是创造性地适应自然与社会的过程，而不是在实现规划者的理念；高校教师队伍建设既要站在学校的立场，也要站在教师的立场，既要听取资深教师的呼声，也要听取中青年教师的呼声。教师队伍建设规划是在追求一种博弈论中设想的平衡点，以使各方利益能达到某种安全水平，形成某种安全格局。

近年来，社会学、人类学、综合管理学、政治学的研究成果有力地支持了互动性模式。在互动性模式中，决策者的角色是协商者、共识构建者、人际关系专家、宽容的调停者。互动性模式看重对现实做出因人而异的解释，强调人际信息交流的意义，突出个人、制度与其环境相互影响的动态性质，因此在制定教师队伍建设规划中特别采用便于了解人们内心世界或考虑人们想法的方法，如参与观察法、情景分析法、社会需要法等。

（三）SWOT 分析

"SWOT 分析"是一种比较成熟的规划方法。"SWOT"是优势（Strength）、劣势（Weakness）、机会（Opportunity）和威胁（Threats）四个单词的缩写。在高校教师队伍建设规划中，"SWOT 分析"实际上是对高校教师队伍建设内外部条件的各方面内容进行归纳和概括，进而分析高校教师队伍建设的优劣势、面临的机会和威胁的一种方法。其中，优劣势的分析主要着眼于自身的实力及其与竞争对手的比较，而机会和威胁分析将注意力放在外部环境变化的可能影响上面。高等学校在维持竞争优势的过程中，必须认识自身的资源和能力，采取适当的措施，做好"SWOT 分析"。

陈至立在谈到高校高层次人才队伍建设时也明确指出，"高校要树立科学的发展观和人才观，坚持以人为本，把人才问题始终作为高校改革和发展的大事来抓，科学制定学校发展战略规划和人才队伍建设规划，大力推进人才强校战略的实施"。

高校教师队伍建设规划要坚持正确的发展观，一切要从学校的实际出发，突出自己的办学特色和优势。因此，在规划理念上，要突出以人为本，促进学校各项事业全面、协调和可持续发展；在发展目标上，要充分反映学校发展战略的要求；在规划内容上，既要突出重点，又要统筹协调。

第四节　高校师资队伍的结构及其优化

合理的职务结构、较高的学历结构、多元的学缘结构、均衡的年龄结构、协调的专业结构以及具有创新水平的学科梯队和学术团队是高校教师人力资源管理所追求的目标。高校应通过合理配置教师人力资源，实现教师队伍结构的优化，保障教师队伍的可持续性发展，从而实现学校发展战略。

一、高校教师队伍结构概述

（一）高校教师队伍结构要素

1. 教师队伍结构的概念

所谓结构，是指事物内部各个要素、部分相互联系的方式。任何事物的构成都有其结构，结构是构成事物、决定事物性质和质量的内在因素。不同事物的结构决定着不同事物的性质。

高校教师队伍结构是指教师队伍中教师本身条件要素的构成比例及其相互联系，如教师的职务、年龄、学历、专业等要素的构成比例，以及教师的素质及其相互之间的关系等。

从系统理论的角度来看，教师队伍是一个系统。系统原理认为：系统虽然由要素组成，但它却具有其构成要素所不具备的新的功能。要素的功能好，系统的功能未必就好，系统的功能不仅取决于要素的功能，还取决于系统的结构。这一原理，同样适用于教师队伍结构的理论研究与实践。因此，我们要通过教师队伍结构的调整与优化，促进其整体功能的发挥。

教师队伍的结构从根本上讲是一个动态结构，它要适应所处阶段的国家政治和经济发展水平的需要；要适应各高校的性质、任务和规模以及学科建设需要，且随着高校的发展而不断优化。

2. 高校教师队伍结构要素

构成高校教师队伍结构的要素，大体可分为两类。一类是潜结构要素，如教师的思想政治素质、专业素质、创新素质、人文素质、心理素质等，它直接影响教师队伍的整体效能及稳定状况，这是高校教师队伍结构中既实际存在又不可具体准确量化的重要因素。一类是显结构要素，如教师的职务、年龄、学历、专业、学缘等，它能直接显示教师队伍的质量、能力和学术水平的基本状况，这是高校教师队伍结构中既显而易见又可具体量化的基本要素。

就潜结构方面来说，教师的思想政治素质、专业素质、创新素质、人文素质和心理素质都是优化教师队伍结构的重要因素，它们对高校教师队伍的团结、稳定、凝聚力的增强、教学科研水平的提高、整体效应的形成与发挥都起着决定性的作用。思想政治素质是指教师在政治立场、思想观点和工作作风等方面所应具备的基本要求。专业素质是指教师在教育教学过程中表现出来的以及潜在稳定的且必备的专业品质，主要包括教师职业道德、教师专业知识和教师专业能力。创新素质是指教师从事科研工作和培养学生创新能力必须具备的要求，主要包括创新观念、创新人格和创新能力。人文素质是指教师关于对人的生命、意义和价值等精神世界的关注与追求的素质，主要包括人文精神、人文知识、人文思维等。教师心理素质是指教师在教育实践中生成和积淀的，与学生身心发展密切关联的，对教育教学效果有显著影响的心理品质的综合表现，包括认知因素、人格因素和心理健康水平等。

在此着重对教师队伍的显结构进行分析探讨。

（二）高校教师队伍结构分析

1. 职务结构

职务结构是指教师队伍内部具有初级、中级和高级专业技术职务数量的构成情况。高校教师的专业技术职务由低到高，依次为助教、讲师、副教授、教授。职务结构是衡量教师队伍整体状况的重要尺度之一，它在一定程度上反映了教师的学术水平、胜任教学科研工作的能力和学校的人才培养层次。

教师职务的结构比例受到高校类型'、学科专业分布、人才培养规格、教师的学历层次以及有关政策的制约，呈现出不同的特点。例如，以培养研究生和科研为主的研究型大学，高级职务的比例较大，职务结构呈"倒金字塔形"；教学与科研并重的大学，正高级职务与初级职务比例相对较小，副高级职务和中级职务的比例较大，呈"卵型"结构；以教学为主的专科学校，高级职务更少一些，职务结构呈"金字塔形"。各高等学校的教师职务结构比例不尽一致，应针对不同类型的学科、专业和不同层次的教学任务，科学、合理地确定教师的职务结构。

近几年以来，随着教师数量的增加，我国教授、副教授的人数均有较大幅度增长，但教师职务结构比例没有大的变化。

2. 学历结构

学历结构是指教师队伍中具有不同学历（学位）的教师数量的构成状况，是衡量教师群体理论水平和研究能力的重要指标。虽然学历不能反映一个教师的实际教学能力和科研水平，但在一定程度上反映出一个教师在某个学科上的起点和基础。一般来说，具有较高学历的人，能很快地被吸引到学术领域的最前沿，具有较强的研究和创新能力。

学历结构在一定程度上反映了教师队伍的理论知识、业务基础和科学研究的水平。

大学最初的职能是传授知识。中世纪欧洲大学诞生以后的数百年中，大学主要是传授知识、造就人才的场所。从 19 世纪开始，洪堡特（Wilhelm Freiherr Von Humboldt）在柏林大学（现洪堡大学）倡导"教学与科研统一"。20 世纪初，从美国威斯康星州立大学开始，提出了高校为社会服务的任务。现代大学具备培养人才、科学研究和社会服务三大职能。大学职能的变化趋势对大学教师的学术水平提出了越来越高的要求，各国在建设教师队伍时都提出了高学历化的要求，高学历已经成为高校教师获得任职资格的重要条件。

在德国，不管是大学还是高等专科技术学校，教授和学术助教必须具有博士学位。在美国，虽然对高校教师任职资格没有统一的规定，但拥有博士学位是美国高校聘用教师一般必须具备的基本条件。

综上所述，高学历（学位）教师数量仍显不足，教师的学历结构不尽合理，教师队伍的学历层次有待提高。

3. 年龄结构

教师的年龄结构是指教师队伍的平均年龄和各年龄段教师分布的状况，它在一定程度上反映了教师队伍的活力和学术梯队的基本状况，是衡量教师队伍创造力高低的主要指标。

合理的年龄结构是指老、中、青教师应大致呈均衡分布，从而保持整个队伍既有丰富的经验、深厚的功底，又充满创造热情，保证可持续性发展。合理的年龄结构不应是高、中、低三级职务分别分布在老、中、青三个年龄层次，更主要的是在高级职务中应有三个年龄层次的人。心理学研究表明，人的精力和创造力与人的年龄有关。

在西方发达国家，随着高等教育大众化以及此后高等教育规模的不断扩张，高校必须吸引许多年轻人来参加教学工作，教师队伍也呈现年轻化态势。

4. 学缘结构

学缘结构是指教师队伍中教师完成最后学历（学位）教育的毕业学校、所学专业的构成状况，它在一定程度上反映了教师队伍的学术互补知识构成情况，是衡量教师队伍学术氛围是否活跃的主要指标。

一般来讲，在一所高校里，教师来源的多样化程度越高，其学术氛围就越活跃，教师的学术观点和学术思想就会形成互补，从而有利于提高教师的整体学术水平。反之，相同的学术背景是导致原创性成果贫乏的主要原因之一。原创性成果通常是在不同思想的相互碰撞中产生的，如果众多的教师来源于同一个学校、同二个实验室、同一个研究所甚至同一个导师，在学习环境、知识构成、思维方式等方面，往往具有较强的"同质性"。一个具有较强"同质性"的群体中，不同思想相互碰撞的情况较少，相互激发创新思维的概率很低。

西方发达国家高校为了避免学术的"近亲繁殖"现象，教师一般不从本学校毕业生中招聘。例如，英国剑桥大学的教师来自一千多个学校和科研机构，其中牛津大学毕业生占 10.8%。德国的柏林大学教师中来源于慕尼黑大学的占 11.2%。

我国高校也重视改善教师队伍学缘结构。浙江大学新教师的招聘原则中有一条基本标准，就是尽量争取多聘用名牌高校和中科院系统的优秀毕业生，聘用外校毕业生不得少于聘用毕业生总数的 1/3；北京大学开始进行的人事制度改革中就把"原则上不直接从本院系应届毕业生中招聘新教员"作为一条基本原则，目前，北大本校毕业生只占到教师总数的 1/3，国外引进和国内引进的各占 1/3。

5. 专业结构

专业结构是指教师队伍中教授公共基础课、专业基础课和各类专业课的教师的数量构成情况，它在一定程度上反映了教师队伍承担教学科研任务的能力，也是学校学科建设情况的重要体现。

随着近几年的高校扩招，新办专业的不断增多，高校教师专业结构呈现不够合理的态势，教师在各专业学科之间的分布很不平衡。一些传统专业学科的教师相对过剩；有些学科，特别是新兴学科的教师却十分短缺，有的甚至已经影响了学科的发展和专业人才的培养。因此，在专业结构方面，要切实做到统筹规划、合理布局、讲究效益、互补优势、提高效能，使公共基础课、专业基础课和各专业课的教师配置，有利于适应学校人才培养规格的需要，有利于学校学科建设的需要，有利于学校教学科研任务的完成。

6. 学科梯队和学术团队

学科建设是高校工作的重中之重。研究教师队伍结构，不仅要相对独立地分析职务结构、学历结构、年龄结构、学缘结构和专业结构等，还需要关注学科梯队的构成状况。学科梯队是以学科为依托，在学科带头人的领导下，承担学科建设任务的具有不同职务、学历、年龄、学缘的教师所组成的教师队伍。一般来讲，学科梯队有两个显著的特征。其一是学科梯队的层次结构，学科梯队里有遴选产生的一位在本学科水平最高、影响最大的学科带头人，学科带头人应具有高深的学术造诣和创新的学术思想，品德高尚，治学严谨，具有较好的组织协调能力和合作精神，在学科发展、梯队建设、人才培养等各方面起着带头作用和凝聚作用；同时，每个学科方向还有一至两位在本学科方向上学术地位比较高的学术带头人以及若干名学术骨干。其二是学科梯队的年龄梯形结构，学科梯队由老、中、青不同年龄段的教师组合而成，老年专家把握方向和传授经验，中年学术骨干担任学科的重大研究和攻坚任务，青年骨干教师占一定的比例以保证学科的可持续发展。

进入新世纪以来，学术团队研究在我国高等教育领域乃至社会科学领域逐步兴起，学术团队建设越来越受到重视。高校学术团队是指高校专业人员（或教师）为了追求和实现共同的学术价值或学术目标而形成的相互联系、相互合作的教师学术群体。学术团队有以下基本特征。第一，共同的学术目标。共同的学术目标是团队建立和发展的重要基础，是团队成员的工作追求和行动方向。第二，灵活的组织方式。灵活的组织方式是优化团队人力资源、增强团队学术活力、促进团队健康发展的重要保障。基本结构是"三圈层"结构模式，即团队由核心层的学术带头人、中圈层的学术骨干、外圈层的研究人员（主要是教师）构成。第三，杰出的学术带头人。目前，在实践中，高校学术团队特别是科技创新团队的学术带头人，通常是由在本校科研教学第一线全职工作的两院院士、长江学者、国家杰出青年科学基金获得者以及国家重大项目主持人或首席科学家等担任。第四，良好的沟通渠道。良好的沟通渠道是团队成员交流与互动的必要条件。它包括团队内部与外部的沟通渠道和团队内部各要素之间的沟通渠道。第五，有效的分工合作。有效的分工合作是保障团队运行秩序与活力、提高团队活动效率和效益的必要条件。团队中的成员可能来自不同的学科和岗位，具有不同的学科背景和专业技能，通过分工合作实现团队共同的学术价值和学术目标。第六，自愿的责任共担。责任共担是团队全体成员的自愿表达和行为准则，已成为高校学术团队的基本特征。

围绕学科建设、科学研究和科技创新目标，建设若干学科梯队和学术团队，更好地实现高校人才培养、科学研究和服务社会的三大基本职能，尤其是在国家科技创新体系中发挥知识创新和技术创新主力军的作用，是高校教师队伍建设发展的新趋势。

二、高校教师队伍结构优化

（一）高校教师队伍结构优化的意义

高校教师队伍结构的优化及其目标的实现是实施人才强国战略的重要保障。陈至立国务委员曾指出，高校作为人才培养的主要基地，集聚人才的战略高地，承担着传承文明、培养人才、科技创新和社会服务的神圣使命，担负着"造就数以千万计的专门人才和一大批拔尖创新人才"的重大任务。同时，高校拥有丰富的人才资源，高校教师队伍是国家知识创新的重要力量和高层次人才队伍的重要组成部分，是实施科教兴国战略和人才强国战略的强大生力军和动力源，在我国全面建设小康社会和加快社会主义现代化建设进程中起着基础性、战略性作用。

结构优化的教师队伍是高校教师人力资源管理所追求的目标。如第二章所述，高校教师人力资源管理作为一个复杂系统，包括高校教师人力资源的规划、开发、配置、使用等方面。其中，高校教师人力资源规划是根据学校发展战略和学科建设目标，在预测高校发展环境的变化及教师人力资源供给与需求状况的基础上，制定的相应的人才队伍规划，即教师队伍建设发展规划。高校人力资源配置主要通过补充或减员、培养与提高等手段，实现教师队伍在年龄、学历、职务、学缘和专业等构成要素方面的合理状态。高校教师队伍结构成为高校教师人力资源管理的重要对象之一。结构优化的教师队伍是高校教师人力资源规划和配置所追求的目标，是促进学校可持续性发展的重要手段。

（二）优化教师队伍结构的目标

总的来讲，教师队伍结构优化要达到的目标，是要适应国家社会发展、经济建设和科技发展的需要，适应高等教育事业发展的需要，以培养高层次创造性人才和创新团队为重点，着眼于高校高层次人才总量的增长和素质的提高，努力建设一支数量充足、结构合理、富有创新能力的教师队伍，从根本上提高我国高校在世界范围内的学术地位和竞争实力，更好地发挥国家基础研究和繁荣哲学社会科学的主力军、高新技术研究的重要方面军和科技成果转化的强大生力军的作用，为全面建设小康社会的目标提供坚强的智力支持和人才保证。

各高校教师队伍结构的优化要适应学校发展战略和办学目标的需要，教师队伍结构优化的目标要结合学校的办学目标、办学规模、办学层次和学科建设的需要分阶段确定。不同类型的学校，在合理的职务结构、较高的学历结构、多元的学缘结构、均衡的年龄结构、协调的专业结构及具有创新水平的学科（学术）梯队建设的目标确定上，应当有所区别。

（三）优化教师队伍结构的措施

优化教师队伍结构是高校人力资源管理的重要工作之一。它包括教师队伍建设规划的制定、教师培养的策略选择、教师资源的配置等方面的工作。

1. 做好规划，指导教师队伍建设工作

高校要树立科学的发展观和人才观，坚持以人为本，把人才问题始终作为高校改革和发展的大事来抓，科学制定学校发展战略规划和人才队伍建设规划，为教师队伍建设工作提供指导性文件。要对教师队伍的现状做出客观分析，根据国家下达的人才培养任务和学校的办学目标，确定学科建设规划和教师队伍建设规划，对教师的学历、职务、年龄、学缘、专业及学术梯队等结构做出相应的要求。

高校在进行教师队伍建设规划时，应当加强结构意识，把个体素质与整体素质、潜结构与显结构相结合，全面实现高校教师队伍结构优化，使之发挥整体系统功能。

2. 建设富有创新能力的高层次人才队伍

（1）以学科建设为载体培养学术大师

原清华大学校长梅贻琦认为："一所大学之所以为大学在于有没有好教授。孟子说'所谓故国者，非谓有乔木之谓也，有世臣之谓也'，我现在可以仿照说：'所谓大学者，非谓有大楼之谓也，有大师之谓也。'"大师是显示教师队伍水平的标志性人物。一所大学在国内外是否有地位，主要看它是否拥有高水平的学科，一个学科是否具有高水平，主要看它是否有一流教师队伍，一流教师队伍的重要标志就是要有学术大师，要有具有国际领先水平的学科带头人。

（2）大力建设创新平台，加强创新团队建设

创新团队建设成为教师队伍结构优化的重要工作，它需要充分挖掘现有教师队伍的潜力，在分析现有教师的优势、特点与不足的基础上，扬长避短，优化组合，它代表着学校教师人力资源配置水平的高低。一方面，新的人才培养模式和课程体系要求教师之间相互协调和配合；另一方面，"当前，科学技术的重大突破，大多表现为群体突破的态势和学科之间的交叉融合，新的科学发现和重大进展已越来越难以单兵作战方式来实

现。团结协作是现代社会生产条件下科学技术研究活动的内在要求。"科学研究本身的复杂性也要求教师共同努力和合作，特别是在承担和完成涉及国家重大研究项目的时候，这种学术团队的作用体现得尤其明显和突出。缺乏这样的学术团队，任何一所高等学校都不可能完成对国家社会经济和科技产生重大影响的课题与项目。

高校要积极适应这种趋势，采取切实措施，加强团队建设。要积极推进高校基层学术组织改革，创新高校人才组织模式，着眼于承担国家重点发展领域或国际科学技术前沿的研究任务，以创新平台、重点研究基地为基础，以优秀拔尖创新人才为核心，实现设岗、选人与做事的有机统一，重点支持建设一批高水平的创新团队和学术群体。

（3）重视中青年学术带头人和学术骨干的培养

无疑，学科带头人的选拔和培养是高校老师队伍建设的重要方面。学科带头人是各个学科的旗帜和领军人物，没有学科带头人的学科是平庸的、不完整的。但是，单纯地关注学科带头人个人的作用是非常不够的，其不利于教师队伍的可持续性发展，尤其不利于优势学科的可持续性发展，要重视学科梯队和学术团队的建设。

为了促进学科梯队和学术团队的形成，应培养和造就一大批具有创新能力和发展潜力的中青年学术带头人和学术骨干，形成可持续发展的优秀人才梯队。教育部《高等学校"高层次创造性人才计划"实施方案》中的第二层次"新世纪优秀人才支持计划"，就是对具有较高学术水平、突出的创新能力和发展潜力的优秀青年学术带头人给予培养和资助，支持其开展创新性研究工作，承担国家重大科研任务，为把他们培养成为优秀学科带头人搭建台阶、创造条件。该计划支持的对象一般要具有博士学位、受聘副教授以上的专业技术职务，自然科学领域申请者年龄一般不超过 40 周岁，哲学社会科学领域申请者年龄一般不超过 45 周岁。该计划的资助规模为每年 1000 人左右。

高校要遵循人才成长规律，坚持以提高学术水平和创新能力为导向，通过学科梯队建设、团队吸纳、项目资助或鼓励自由探索等方式，加大对青年骨干教师成长发展的支持力度。要加大选派高校中青年骨干教师出国研修的力度，进一步增强选派工作的针对性和实效性，选派具有较大发展潜力的中青年骨干教师到国外高水平大学和实验室进行研修，使高校中青年学术骨干能够在国际学术前沿领域学习和工作。例如，西南民族大学，在选拔申请国家留学基金委的"西部地区人才培养特别项目"人选时，明确规定要推荐符合学校学科建设需要、45 岁以下、具有博士学位的教师，将此作为学校培养中青年学术骨干的措施之一。

3. 加强以青年教师为重点的培养工作，全面提高教师的素质水平

如前所述，教师队伍的年轻化是目前高校教师队伍的重要特点之一，年轻教师已成为高校教师队伍的主体，40 岁以下的教师已占约 2/3。不可否认，目前青年教师学历普遍较高，应变能力较强，不少人有在海外留学的经历。但要担当起教书育人的伟大事业，仅此还远远不够。他们面对困难的敬业精神、在利益面前的奉献精神、在复杂形势下明辨是非的能力必须经得起考验。同时，在众多青年教师中，有不少人是毕业后直接

到学校工作的，各校自己选留的毕业生也占较大的比重。这些教师的突出优势很多，比如熟悉本校情况、进取心强等，但同时存在"近亲繁殖"、缺乏社会锻炼等问题，他们在对社会的认识、对国情的了解方面缺乏足够的阅历，实践能力有所欠缺。

青年教师的政治信仰、价值观取向、工作态度等深层次理念以及教学水平、学术水平和创新能力，将直接影响未来我国高等教育的发展方向。重视青年教师的培养，是政府教育职能部门和高校的当务之急。

首先，要采取多种形式培养提高青年教师的思想政治素质和专业素质。比如，实行导师制度，指定师德高尚、治学严谨、教学科研水平较高的教师，负责帮助青年教师在思想政治和教书育人等方面实现成长和提高，充分发挥中老年教师的传帮带作用；有计划地安排青年教师参加社会实践，帮助他们了解社会、锻炼能力，树立从事教师职业的使命感、责任感和荣誉感。

其次，高校要在提高教师队伍全面政治素质和业务素质的基础上，制定青年骨干教师专门培养计划，采取多种措施，鼓励和支持青年骨干教师在职提升学位层次、及早参与科研工作、进入国内外高水平大学和重点科研基地研修学习，开展经常性学术交流活动，不断提高学术水平、创新能力和组织协调能力。教育部规定，《高等学校"高层次创造性人才计划"实施方案》中的第三层次——"青年骨干教师培养计划"主要由高校组织实施。为推动高校实施"青年骨干教师培养计划"，教育部将实施"高等学校青年骨干教师在职学位提升项目""高等学校全国优秀博士论文作者资助项目""留学回国人员科研启动基金项目""高等学校青年骨干教师出国研修项目""高等学校青年骨干教师国内访问学者项目""高等学校青年骨干教师高级研究班"等，每年重点培养10000名左右青年骨干教师，旨在吸引、稳定和培养数以万计的有志于高等教育事业的优秀青年骨干教师，带动教师队伍整体素质的提升。

4. 多元化补充教师，改善教师队伍学缘结构

提倡教师来源的多元化，重视优化教师队伍学缘结构，是各国高等教育教师队伍建设的普遍做法。

从欧美国家高校教师队伍学缘结构形成机制来看，其主要特点是：不直接选留本校毕业生，面向全社会公开招聘，中期考察淘汰。

诺贝尔奖获得者杨振宁教授在谈到自己的治学经验时说："美国有一个很好的体制，就是一个学校的毕业生，学校不一定留他做教师。博士后做得很好的毕业生，我们通常也不留他。我们的博士和博士后分散在世界各个地方。他们都建立了他们的新的影响，并收了他们自己的学生，这个办法有很大好处。"

在德国，高校的各级教学和研究人员的职位一般不采取从校内晋升而是从校外招聘的方式，除了教授不流动，其他"中层人员"如学术助教、学术助理都是限期职位，前者聘期多为 6 年，后者多为 5 年。如果一位"中层人员"想要成为本校的教授，只能到校外工作几年后，才有资格应聘本校的教授职位，形成"中层人员"不流动、不晋升的

机制，防止学术上的"近亲繁殖"。

英国选用助教也是采用公开招聘的方法。例如，英国剑桥大学规定，本校毕业生只有先到其他大学或科研院所、工厂企业工作若干年后，才能向母校提出应聘申请。著名科学家卢瑟福在主持剑桥大学凯文迪许实验室时，敞开门户，广纳各国学者到该室工作；而对自己教出来的毕业生，则让其去外单位工作，取得较大成就后，才有可能被聘回任教。这样做的结果，不仅使凯文迪许实验室在科研方面硕果累累，而且造就了多名诺贝尔奖得主，成为举世钦羡的人才摇篮。

改善我国教师队伍学缘结构的建议是：学校管理层要认识到多元化的学缘结构对学术创新的重要性。可以采取如下措施改善学缘结构。第一，面向全社会公开招聘，并且制定一些政策，在住房分配、配偶工作安排、子女入学入托、职称评定、科研资助、安家费等方面给予优惠待遇，吸引外校优秀人才。引进来还要留得住，要创造优良的工作环境，激发他们的积极性、主动性和创造性，使他们全身心地投入学校的教学、科研和社会服务工作中。第二，如果本校毕业的学生有意留校任教，必须获得外校的硕士或博士学位，才能重返母校任教。对现有本校毕业的青年教师，应安排他们到国内知名大学去进修或在职攻读博士学位或公派出国深造，即使在校内在职进修或攻读博士学位，应规定导师为外校毕业的或聘请的外校兼职教师。

5. 整合人才资源，实行专兼职结合开放的教师选用模式

市场经济的经济基础必然要求人力资源的社会化，必然带来教师的开放化、动态化管理机制。政府教育部门要积极推进省内外、国内外校际教师资源共享，建立学校与学校、学校与社会之间人才资源共享机制，积极挖掘富余人才资源，拓宽高等学校教师来源渠道，提高教师资源使用效益。

学校要积极与企业、科研院所联合与协作，选聘更多具有丰富经验的专业技术人员担任兼职教师，基础课、公共课及部分专业课教师实行校际间互聘。

兼职教师是西方发达国家高校教师队伍的重要组成部分，承担着大量的教学、部分科研和社会咨询的任务。聘任兼职教师有以下优点。第一，可以减轻学校的财政负担。一般来讲，兼职教师的工资比专职教师的工资要低，有的国家甚至低好几倍。第二，使用灵活。学校根据本学年或本学期的教学和科研任务来确定兼职教师岗位，并且兼职教师的任期较短，美国兼职教师的任期大多在一到两个学期，最长的也不超过两个学年，学校可以根据教学和科研的工作量来聘任或辞退兼职教师。第三，可以避免辞退的复杂程序。美国高校对终身教师的辞退有一套很严格的程序，没有充分的理由，学校不能随便辞退任何终身教师，为了避免这些复杂的程序，一些高校更愿意聘请更多的兼职教师。

（四）优化教师队伍结构要处理好几个关系

第一，学科（学术）带头人的选拔与学术团队的组建相结合。高校教师队伍的建设，应该协调好学科（学术）带头人和学术团队的关系，做到既能使学科（学术）带头

人脱颖而出，又能积极地发挥学术团队的集体力量。在现代教育和现代大学的建设和发展中，在教师队伍的建设中，我们不仅需要学科（学术）带头人，还需要发挥整个学术团队的力量。学科（学术）带头人的产生和发挥作用离不开学术团队的支持；缺乏学科（学术）带头人，也无法形成真正的学术团队。所以，它们是紧密联系在一起的。在这里，矛盾的主要方面是学科（学术）带头人的作用。作为一个学科（学术）带头人，除了在学术水平上的造诣之外，还必须具备高尚的道德素质和人格魅力，他应当具有一种感召力，团结大多数人一起工作，通过这个学科（学术）带头人，真正形成一个有实力的学术团队。

第二，教师的培养工作要坚持重点培养与普遍提高相结合。要提高教师队伍素质，既要集中力量重点培养学科带头人和骨干教师，又要针对教师队伍的整体需要，培养、提高每个教师的素质，面向全体教师开展培养和培训工作，用以点带面的方式全面推动教师队伍整体素质的培养和提高。

第三，教师的选拔任用要坚持专职教师与兼职教师相结合。随着教师聘任制的不断完善，教师的流动和择优聘任是趋势，因此教师队伍中教师的固定和流动是共存的，教师的专职和兼职是必然的。要针对优化教师队伍结构、充实急需的教师骨干、补充必要的教师层次的需要，有计划、有目的地聘任兼职教师，充分发挥兼职教师的作用。

第二章 高校教师队伍建设的政策建议

第一节 加强教师的思想政治教育管理

要建立与社会主义市场经济体制相适应的高校教师队伍管理制度，必须破除旧的思想观念，树立与市场经济法则相适应的思想观念，如科学的观念、法制的观念、竞争的观念、开放的观念、动态的观念、多元的观念、效益的观念等。破除人才部门所有制和"封闭式静态指令型"管理模式，构建"开放式动态优化型"管理模式；充分借助市场竞争机制，面向社会广揽人才，优化高校教师资源配置，使高校教师队伍在合理的动态中求稳定。同时，要转变政府职能，扩大高校教师人事管理自主权，建立和完善与社会主义市场经济体制相适应的用人机制，促进高校教师合理流动。

一、高校青年教师思想政治工作面临的嬗变与困境

新形势下，复杂的国内外环境和激烈的职业竞争对高校青年教师的价值观念和行为方式产生了重要的影响，高负荷的工作和高强度的压力导致青年教师容易出现职业倦怠与自我否定的情绪，产生心理失衡与职业迷茫的困惑。高校青年教师的这些变化导致高校青年教师思想政治工作面临三大嬗变与困境。

（一）高校青年教师思想政治工作面临全新的国际环境

外部环境失衡和内部因素缺陷导致青年教师的价值观念嬗变。青年教师自身的价值观趋向多维态势，导致高校青年教师思想政治工作面临严重的观念性困境。随着世界多极化、经济全球化的深入发展，文化全球化与经济全球化相伴而生，西方发达资本主义国家的所谓西方文明在中西文明交流、文化交融中占据有利地位，通过大力输出以影视文化、新闻图书等文化作品为载体的价值观和人生观，对我国青年一代进行文化渗透。在传统社会思想观念的熏陶和感染下成长的青年教师受到新形势下多元价值取向和意识形态的冲击，其人格养成实现了从传统到现代的碰撞、从被动到主动的转型、从一元到多元的嬗变，理性认知体系也受到新的挑战。青年教师在社会主义核心价值观的践行中扮演着传播者与被传播者的双重角色，但是其理想信念的动摇和理性分析的缺失导致高校青年教师思想政治工作面临困境，不仅影响着青年教师的个人发展，也直接或间接地影响着大学生的价值取向，影响着大学生的健康成长。

（二）高校青年教师思想政治工作面临全新的社会环境

刚性考核指标与高校立德树人本质任务的背离导致青年教师评价标准嬗变，青年教师自身的成长困境导致青年教师思想政治工作面临尴尬的制度性困境。随着国内改革进入深水区，各种社会矛盾和问题凸显。在复杂的社会环境和激烈的职业竞争中，高校青年教师大都面临着教学、科研和买房还贷、结婚育子、赡养老人的重压力。这些压力使青年教师无形中把职业当成谋生的手段，忽视了自身教书育人的使命。党和国家高度重视高校教师思想政治工作，出台一系列政策文件保证高校思想政治工作的开展，各高校也围绕思想政治教育、意识形态领域建设、师德师风建设等出台文件，并通过搭建平台、给予支持保障等方面促进思想政治工作的顺利开展。但是，由于高校重科研偏重教学的倾向明显，对教师职业道德、行为规范、思想政治素质的考核缺乏刚性指标和量化标准，在某种程度上导致了高校青年教师思想政治意识淡薄，教师思想政治教育面临严峻挑战。

（三）高校青年教师思想政治工作面临全新的媒体环境

全媒体视阈下立体化传播方式的改变导致青年教师思想政治工作的话语体系嬗变，青年教师自身行为方式的转变导致高校青年教师思想政治工作面临陈旧的方法性困境。随着互联网技术和移动通信技术的发展，人们获取信息的方式和使用习惯向移动智能终端转移。新媒体的异军突起和媒体融合的加剧，导致了全媒体立体化传播方式的改变和广泛应用，改变了人们固有的思维模式和生活状态，逐渐成为人们特别是青年一代获取信息和进行社交沟通的重要渠道。借助全媒体，有助于丰富思想政治教育资源，拓展思想政治工作空间，增强信息传播互动。同时，全媒体视阈下立体化传播方法的改变导致青年教师思想政治工作话语体系的嬗变，信息传播的迅速便捷、信息内容的碎片化、观点的多元化无形中增加了高校思想政治教育引导的难度，思想政治工作手段方法相对陈旧，缺乏新意，实效性不强，亟须改进思想政治教育内容和方法，加强舆论引导，因势而为，顺势而动。

二、新形势下做好高校青年教师思想政治工作的对策

（一）从入脑到入心，加强思想引领，强化理想信念教育

理想信念，如高校青年教师精神之"钙"。教育管理部门和高校应该高度重视青年教师理想信念问题，将青年教师思想政治工作列入重要工作日程，专题研究，及时发现、掌握青年教师思想的新动向、新问题，并找出问题症结和解决办法。一是建立完善青年教师理想信念教育制度，通过理论学习、专题培训、讲座、党组织学习等方式，引导青年教师坚定理想信念的自觉性和积极性；二是完善理想信念教育的内容体系，以"三个代表"重要思想、科学发展观、习近平新时代中国特色社会主义思想为指导，以社会主义核心价值观及习近平系列重要讲话精神、理想和职业道德为教育内容，在"贯穿、结合、融入"和"宣传、教育、引导"上下功夫，坚定青年教师投身中国特色社会

主义建设事业和教育事业的决心；三是拓宽理想信念教育路径，高校要充分利用学科和人才优势，发挥基层党组织作用，采用各种行之有效的学习方式，借助新媒体手段，弘扬主旋律，传播正能量；四是选树培育青年教师师德师风典型人物，利用全媒体途径大力宣传，把先进人物、典型事件讲真切，切实发挥榜样的示范作用，激励广大青年教师用心感知，用爱践行，见贤思齐，牢固树立坚定的理想信念和立德树人的决心，内化于心外化于行，引导青年教师争做有情怀的教育者和引路人。

（二）从显性到隐性，创新丰富载体，建构教师思政

工作体系。思想政治工作体系是做好高校青年教师思想政治工作的重要组成部分。高校应实现显性教育和隐形教育的有机融合。一是要在思政工作机制上下功夫。高校应建立三级联动机制，建立多部门沟通协调机制，建立联合预警机制和合作保障机制，把握教师思想特点和发展需求，坚持理论教育和实践活动相结合，坚持普遍要求和分类指导相结合，形成教书育人、科研育人、实践育人、管理育人、服务育人、文化育人、组织育人长效机制。二是要在师德师风教育上下功夫。高校要完善重师德、重育人、重贡献的考核评价机制，促进优秀青年教师脱颖而出。坚持师德师风建设活动，联动宣传部、人事处、组织部、教务处、学工处、校团委等各部门，每年确定鲜明主题，开展师德模范、教学名师、最受学生欢迎老师、优秀辅导员、十佳班主任等主题评选活动和特色文化活动，引导广大教师以德立身、以德立学、以德施教。三是要在创新载体上下功夫。要创造有利条件，搭建发展平台，为学术水平和教学科研业绩特别突出的青年教师创造破格晋升机会，并通过教职工代表大会等渠道，支持和引导青年教师参与学校管理，涉及青年教师切身利益的决策要充分听取青年教师意见。四是要在管理体制、执行制度、考核制度、反馈制度和评价制度上下功夫。在选聘教师、岗前培训、绩效考核、队伍建设、教师心理健康教育等环节进行相关改革和突破，把思想政治政治工作的目标要求融入教学考核、工作考核、干部考核、评奖评优等环节，并建立健全教师职业道德考核评价制度，实行师德一票否决制，引导青年教师自觉将立德树人放在工作首位，争做学生的精神引路人。

（三）从外化到内化，重视文化涵育，实现以文化人，以文育人

大学文化建设是扎根中国大地建设世界一流大学的有机组成部分。校园文化不仅对大学生的思想观念、价值取向和行为方式有着潜移默化的影响，对高校青年教师也起着不可低估的浸润作用。优秀的校园文化可以塑造青年教师的思想品格，提升青年教师的人文素养，起到春风化雨、润物无声的效果。一是加强校园物质文化建设，建设好楼堂馆所、山水、路、桥洞等校园显性文化载体，建设平安、文明、和谐的校园，实现校园环境使用功能、审美功能和教育功能的统一，使每一面墙壁都会说话，每一个角落都有育人功能。二是加强校园精神文化建设，提炼大学的精神气质，弘扬古今中外的优秀经典，传承创新和弘扬校训、校歌、校风，打造优秀的文化作品，让青年教师感受学校的优秀历史和文化底蕴，激发他们的爱校情怀，增强他们对学校的认同感和自信心，从而

更好地潜心学问和教书育人。三是加强校园特色文化建设，把厚重的学校历史文化资源转化为别具一格的思想政治教育资源，以特色文化建设引领青年教师思想政治工作，通过特色文化的激励作用和感召作用，激发思想政治工作活力，让青年教师思想政治工作更有感染力和亲和力。

（四）从"专人"到"人人"，实现"思政课程"到"课程思政"的转变

高校思想政治教育落实到课程教学中，不仅是针对思想政治课教师，也是针对全校教师教育的首要任务。可见，高校青年教师的思想政治工作覆盖不同属性的各类课程教师，包括思想政治课教师、专业教育课程教师和综合素养课程教师，以及行政管理工作人员。在青年教师思想政治工作中，厘定各自功能定位，分类开展重点建设，显得尤为重要。一是强化"课程思政"的学术研究、试点改革和效果评价。高校应以推进"双一流"建设为契机，从内容建设、教学方法、师资团队乃至全媒体运用等途径推进教育教学改革，通过"课程思政"改革试点到全面推广"课程思政"建设，探索全课程大思政教育体系，真正实现全员育人、全方位育人、全过程育人。二是调整教育教学评价体系。高校应将课程教学评价从单一的专业维度，向人文情怀、德育量化、社会责任感等多维度延伸，大力弘扬"课程思政"的成效，引导青年教师从无意识的参与向有意识的实践转变。三是分类指导，贯连融合，实现传统思想政治课有所突破，专业教育课程展示人文情怀，综合素养课程润物细无声，行政岗位青年教师在日常管理工作中高站位、严要求，从而实现全校教师同频共振、同向同行、共建共享，形成协同效应，形成全方位德育"大熔炉"的教育合力作用。

（五）从背离到融合，善用网络媒体，创新全媒体育人路径

全媒体立体化传播方式的改变对高校青年教师思想政治工作既是一个机遇，又是一个挑战。探索新形势下"互联网＋教师思想政治工作"，有效整合各类资源，有助于壮大主流思想舆论，使思想政治工作获得声像并茂、情景交融的效果，从而在网络上唱响时代主旋律，增强社会主义意识形态话语权。

一是要加强意识形态领域阵地建设和网络信息渗透，引导青年教师正确使用网络工具，强化青年教师网上言行的法律意识和责任意识，并通过议程设置等主动占领网络思想政治工作阵地，积极搭建网络教育服务平台，建立及时互动沟通机制，提升运用网络开展青年教师思想政治工作的能力；二是加强传统媒体和新媒体融合，创新"互联网＋思政"内容生产模式，发挥全媒体立体化传播的优势，建设好"两微一端"等新媒体平台，打造一批"微思政"精品，增强网络思想政治教育的亲和力；三是通过网络掌握高校青年教师思想理论动向和网络舆情，关注青年教师的民主意识和诉求表达，并及时发现倾向性、苗头性问题，有效应对涉及青年教师的舆论事件，调动和发挥好高校青年教师自我学习、自我提高、自我教育的主动性和积极性，为高校发展提供有力的思想保证、舆论支持、精神动力和文化条件。

第二节 加强教师的法治管理制度

一、高校教师人力资源法治化管理的法律依据

现行的高校教师资格、职务、聘任三大法律制度是高校教师人力资源法治化管理的主要法律依据，高校教师人力资源的管理必须全面正确遵循和厉行这三大法律制度。

我国制定的《教育法》规定："国家实行教师资格、职务、聘任制度，通过考核、奖励、培养和培训，提高教师素质，加强教师队伍建设。"

高校教师资格制度是国家对高校教师实行的一种特定的职业许可制度。我国制定的《教师法》规定了"国家实行教师资格制度"，并具体规定了取得教师资格的条件、教师资格的认定、教师资格的禁止取得和丧失。国务院据此发布了《教师资格条例》，详细规定了教师资格分类与适用、教师资格条件、教师资格考试、教师资格认定等内容。我国制定的《高等教育法》也对高校教师资格制度做了规定："高等学校实行教师资格制度。中国公民凡遵守宪法和法律，热爱教育事业，具有良好的思想品德，具备研究生或者大学本科毕业学历，有相应的教育教学能力，经认定合格，可以取得高等学校教师资格。不具备研究生或者大学本科毕业学历的公民，学有所长，通过国家教师资格考试，经认定合格，也可以取得高等学校教师资格。"

高校教师职务制度是国家对高校教师岗位设置及各级岗位任职条件和取得该岗位的程序等内容的规定。《教师法》规定："国家实行教师职务制度。"《高等教育法》规定："高等学校实行教师职务制度。"该法条还规定了高校教师职务的设置、取得高校教师职务的条件，特别是比较具体地规定了教授、副教授的任职条件。高校教师聘任制度是高校与教师在平等自愿的基础上，由高校根据教育教学需要设置一定的工作岗位，按照教师职务的职责、条件和任期，聘用具有一定任职条件的教师担任相应职务的一项制度。我国《教师法》规定："学校和其他教育机构应当逐步实行教师聘任制。教师的聘任应当遵循双方地位平等的原则，由学校和教师签订聘任合同，明确规定双方的权利、义务和责任。"《高等教育法》规定："高等学校实行教师聘任制。教师经评定具备任职条件的，由高等学校按照教师职务的职责、条件和任期聘任。高等学校教师的聘任应当遵循双方平等自愿的原则，由高等学校校长与受聘教师签订聘任合同。"

二、高校教师管理法治化过程中存在的主要问题

（一）教师管理法律制度有待进一步完善

国家颁布了《高等教育法》《教师法》等教育基本法律，但与其配套的法规尚不完善，如教师聘用、编制管理、教师考核、教师申诉等尚无具体法规可循。依据《高等教

育法》的规定，高等学校自批准设立之日起取得法人资格，这意味着高校作为独立的教育公法人具有自主管理的权利。我国高校在教师管理方面虽然建立了许多管理制度，但总体上看高校教师管理制度还不够健全，主要体现在以下方面：首先，在招聘录用教师时，缺乏严格的资格审查和考试考核制度；其次，岗位责任制和福利制度的建立不够普遍；再次，教师培训教育制度没有规范、行之有效地建立起来。既然自主管理的权利是由法律授予的，高校的自主管理就必须符合法律的相关规定，同时在符合法律相关规定的前提下，针对高校教师管理过程中存在的有法不依、执法不严、违法难究以及部分教师依法执教意识不强等现象，加强对教师管理法律制度的建设和完善。

（二）教师队伍管理模式和管理方式较单一

在我国，高校教师以"国家干部"身份，用管理党政干部的单一模式管理教师，没有根据工作性质、社会责任和职业特点制定不同的管理制度和管理方法。只强调以人事控制为主导的管理手段，导致人事管理大都采用行政命令或指令、控制等方式，使教师不能按照自己的特点获得充分的发展，影响了教师的成长，无意识中还强化了全社会的"官本位"意识，形成了高校教师想方设法走"官"的局面。

（三）高校教师管理行政化现象突出

其主要表现在以下几方面：庞大的行政队伍成为支配和支撑高校的真正主体，教师的主体地位淡化，单位和人员被固定在行政系统的不同等级框架中，缺乏自由和合理流动；权力是高校运作的根本价值信号，权力价值标准成为评价人的贡献和价值的主要依据和标准。教育行政化势必会导致以下严重后果。首先，主体倒错。高校的主体应当是教师，但在高校教育行政化体制下，行政人员成为支配学校的核心，教师成为行政系统中的"被管理者"，在行政系统运作中缺乏主动性，甚至造成与行政人员之间的关系不和谐。其次，价值系统混乱。按照目前高校教师管理中衍生出来的价值系统，评价教师的标准不在于教育本身，而在于行政职位的高低和被行政系统行政权力认可的程度。学术权力与行政权力混淆，学术带头人往往兼任行政职务、学术标准的偏差和学术价值的可信度由此降低。再次，机构膨胀。教育资源按照行政权力大小和权力所涉及的领域来分配，导致某些高校单位部门不断升级，大量教师为利益驱使而跻身于行政系统，导致人浮于事，机构膨胀。

（四）对从事不同性质工作的教职工未能形成有效的分类管理

高校教职工主要有教师、行政管理人员和后勤服务人员。教师主要进行教学科研工作，是高等教育体系中的主体，高校应当构建独立的教学科研管理体系，保障广大教师合法的教育教学权利；行政管理人员主要从事职能管理和事务服务工作，高校应当通过组织人事管理体系和监督考核评价体系，提高管理人员的管理水平，增强管理人员的服务意识，维护管理人员的合法权益；后勤服务人员主要为学校提供公共服务和后勤保障，社会化程度较高，高校应有针对性地适用劳动合同管理体系，对其实现由行政化管理向社会化管理的顺利转变。但是，目前我国部分高校的教职工管理工作还处于不加区分的"一刀切"的初级阶段,这种做法不仅降低了高校管理的效率,增强了教师、行政管理人员和后勤服务人员之间的矛盾和不满,也不利于高校有针对性地加强队伍建设和法治建设。

（五）教师队伍管理体制有待进一步改革完善

从教师队伍管理体制方面看,人事管理权限过于集中在学校人事部门,教师队伍管理体制不顺,人事部门直接包揽统管教师职务岗位数额下达、教师职务评审委员会组建、教师职务评审,甚至借发任职资格证书、申报材料审查、评审结果审批等向教师收取证书费、审批费、评审费等,这种集中、治事与用人脱节的管理体制不符合高校人事制度改革的方向。

（六）教师运行机制有待进一步改革完善

在高校内部,教师队伍管理、学科建设、教学、科研、培训等职能部门各自为政,协调性较差,导致校内的教师流动比较困难,教师队伍运行缺乏有效的激励机制,存在教师"能上不能下,能高不能低"的弊端,有些高校在工资、津贴、奖金等分配上采用平均主义做法,教师职务聘任和岗位设置没有真正实行,存在人为因素干扰等非法治化现象。

（七）忽视对教职工基本权利的保护

高校教职工根据相关法律的规定,依法享有财产权、人格权、劳动权、知情权等基本权利。但由于教师管理方面存在非法治化的现象,一些非法治化行为会对教职工的合法权益造成伤害。比如,有些高校在没有合法授权的情况下,随意停发、扣缴或者冻结教职工的工资,或者在没有法律依据的情况下,降低教职工的福利待遇和劳动保障,都属于侵犯教职工财产权、知情权的行为。又如,少数高校的管理部门和服务部门随意拒绝或不礼貌对待前来办事的教职工,或者将教职工的信息、资料甚至个人隐私随意泄露、公开和传播,构成对教职工人格权的侵害。

（八）教师队伍不稳定与流动不畅并存

高校普遍感到教师不够用,想尽办法斥资引进人才,但本校优秀人才又不断流失,造成教师队伍不稳定,出现了学校要"留"的人留不住,学校想"流"的人流不起来的现象。高校青年教师的流失还表现为"隐性"流失,这主要是由于高校教师从事"第二职业"引起的教师队伍不稳定,同时由于教师待遇不高也造成高校教师队伍的不稳定。这种高校教师队伍的隐性流失极大地影响了高校正常的教学、科研和管理工作,给学校师资队伍建设带来了较大的困难。

三、完善高校教师管理法治化的措施

（一）树立科学的教师管理法治观

首先,必须树立"以教师为本"的教师管理法治观,在高校内真正形成尊师重教的良好风气。一所高校的教育水平和教学质量、学科建设与学术研究的水平主要取决于教师的水平。其次，要树立开放、竞争的教师管理法治观念。高校教师队伍建设要具有开放性，借助市场竞争机制面向社会优化教师资源配置，在高校内部必须牢固树立人才竞争的观念，建立起公正、平等、择优的教师管理机制以提高教师队伍整体素质。再次，要树立辩证看待人才稳定和流动的教师管理法治观。人才流动是市场经济发展的必然结果，人才的流动既给教师队伍建设带来负面影响，也会带来发展的活力。教师队伍的稳定是相对的，其合理流动有利于教师队伍结构的合理化，只有在流动中保持大部分骨干教师的相对稳定，在竞争中保持部分教师的流动，才能使教师队伍在流动中素质不断提高。

(二) 不断建立健全教师管理活律制度

国家制定了《教师法》《教育法》和《高等教育法》等教育基本法律，高校应在此基础上逐步制定和完善教师管理配套法规。首先，建立完善符合人本思想的考核奖惩制度。在教师资格、任用、考核、晋升、培养、培训、流动、待遇、兼职、奖惩、申诉、仲裁等环节上建立健全各项制度，依法管理，促使教师依法执教，做到有法必依、执法必严、违法必究。同时，要建立健全教师队伍管理制度，推行公开招聘、平等竞争、择优聘用的教师任用合同制度，坚持按需设岗、以岗聘用、严格标准、择优选聘。实施人员工资总额动态包干办法，坚持指令性编制和非指令性编制相结合的原则，实行学校自主管理；教师考核要与教师的聘用、职评、奖惩等密切联系，注重教师管理法治化中的量化考核，确保公正、合理；在津贴分配制度建立完善方面，要根据各个学校的实际情况因地制宜，坚持优劳优酬、多劳多得原则，不宜采用一种固定的模式和做法。其次，建立完善名师工程。名师是提升高校人才核心竞争力和社会知名度的重要条件之一，应按照高校发展战略的客观要求和人才发展规律建立完善名师工程系列制度。再次，建立健全优秀教学团队建设制度。高校教师管理法治化建设的一个重要任务就是建立完善教学团队建设规章制度，要重视对教师团队意识的培养，强化团队建设的法治意识，弘扬团队精神，提高教师队伍整体素质和竞争力。

(三) 加强学科梯队和骨干教师队伍管理法治化建设

学科梯队建设对高校学科专业建设和骨干教师队伍建设起决定性作用，直接关系着教师队伍的整体质量和高校人才培养质量与科研水平。要完成好学科带头人和骨干教师的新老交替，必须加强学科梯队和骨干教师管理的法治化。首先，建立完善经费支持制度。在教师队伍建设与管理中，要把学科带头人和骨干教师队伍建设作为高校教师队伍建设的重点，围绕学科发展和教学改革的需要，设立专项经费用于学科梯队和骨干教师队伍建设。其次，建立有效激励机制，充分发挥老一辈学科带头人的"传、帮、带"作用。在人力、物力、财力等方面，给予重点支持，包括配备助手、争取科研基金、改善实验室条件、提高工资和生活待遇，并通过法治化的手段建立各种制度，充分调动他们培养学科带头人和骨干教师的积极性。再次，建立完善教师队伍结构优化制度。高校教师队伍结构合理性是衡量高校教师队伍建设质量的重要标尺和高质量教师队伍的重要标志。优化高校教师队伍结构，既要注重高校教师的年龄、学历、职务、学科、学缘等显性结构的优化，也要注重高校教师的思想、能力、水平、修养、性格等隐性结构的优化，努力建设"一低三高"，即"低年龄、高学历、高素质、高效能"的高校教师队伍。

（四）加强高校教师培训管理制度的法治化建设

高校教师培训必须建立在继续教育和培训制度法治化的基础上，才能形成有效的高校教师培训法治化制度体系。首先，提高认识，树立高校教师必须不断进行继续教育的法治观念。现代科学技术和社会生产力的飞速发展要求高校教师必须加强继续教育培训，主要目的是使教师不断接受新知识、新理论、新思想、新观念以提高其素质、能力和水平。其次，转变观念，改革高校教师培训模式。要改革高校教师培训的组织方式，由学校组织培训向教师自觉培训转变；改革培训内容，把以理论知识为主的培训变为思想、政治和业务全面培训；改革培训面向，把以青年教师为主要培训对象变为教师全员岗位培训；改革培训经费管理制度，把由政府、学校承担费用变为政府、学校、教师共同承担。再次，建立有效的高校教师培训机制。在政策导向方面，大力宣传继续教育观念，明确各级教师培训的目标要求并与教师的职务聘任等紧密挂钩；在具体实施方面，教师的培训机制要与教师队伍结构优化、学科建设、专业调整、学术骨干和学科带头人的选拔培养相结合；在培训的内容和形式方面，要根据各级教师岗位的全面要求设置并由教师根据规定的指标要求和自身条件自主安排参加培训；在培训考核制度方面，要制定有利于各级教师自觉参加继续教育的政策法规制度，把教师培训的结果作为各级教师聘用、晋升、奖励的前提和依据。

（五）建立完善优化教师资源配置的法治化管理制度

高校应积极适应人才竞争流动的形势，因势利导，通过建立引进优秀硕士研究生、吸引博士、教授等高层次人才，向社会公开招聘高水平教师和建立高层次培训等系列教师管理法治化制度，调整教师队伍的学历、职务和学科结构，提高教师队伍的整体水平。同时，高校应调整和改革教学科研组织形式，加强校际合作，加大学科交叉合作的深度和广度，组建以学科群为基础的高层次人才协作组织。互聘、联聘教师，互相开放图书资料及实验室，共享教师资源和教育资源，优化教师配置。另外，通过聘请高水平的专家任教、组织联合攻关、鼓励教师主持校外重点项目和重点实验室工作等多种途径和方式，使基础学科，特别是应用学科教师队伍始终保持向上发展的势头。

（六）加强教师队伍思想政治教育和职业道德教育的法治化建设

高校教师职业的特点使其加强思想政治教育和职业道德教育具有特殊的重要性。因此，高校在加强教师思想政治教育和职业道德法治化建设时要正确处理好政治与业务的关系，坚持两手抓，两手都要硬，完善教师队伍思想政治教育和职业道德建设法治化建设。教师职业道德作为一种道德力量，将对学生产生巨大影响，因此必须高度重视教师队伍的思想政治教育和职业道德的法治化建设。在当前部分教师价值观念向个人倾斜、敬业精神有所减弱的情况下，更要重视这个问题。在法治化建设中，要强化教师工作中的思想政治教育的制度导向，并把教师职业道德作为教师考核的重要内容和职务聘任的重要条件之一，以此促进广大教师增强事业心和责任感，努力提高职业道德水平。

（七）建立完善"以人为本，人尽其才"的教师管理法治化环境

一是要重视教师管理法治化硬环境构建，为教师队伍的发展提供良好的教学、科研条件和生活服务设施。高校教师管理者要根据高校教师职业的特点，建设良好的工作环境和生活环境，重视改善教师的工资待遇、住房以及子女的就业、升学等问题，在符合法治化原则前提下，千方百计地挖掘可利用条件，尽可能地为教师解决各种困难，创造优良的硬件环境。二是重视教师管理法治化软环境的构建。重点是构建有利于教师成长的文化环境。在吸引、留住人才等开发与管理上应改变思路，致力创造有利于吸引、稳定人才的文化生态环境，营造一种积极向上、和谐融洽、自由宽松、文人相敬的校园精神，形成人尽其才、才竭其力的教师管理法治化环境。

第三节　优化教师队伍人文环境建设

高校教师队伍建设和发展需要良好的外部环境和内部环境。在理顺管理体制、健全管理制度、改进运行机制的基础上，要进一步改善高校教师的工资待遇，解决高校教师的住房问题。要坚持"高素质、高水平、高要求、高待遇"的原则，加大政府对教育的投入，大幅度地提高高校教师的工资水平，使高校教师付出的劳动与其收入相对应；要建立各类津贴制度，制定各种地方性政策，提高教师的待遇。同时，加快教师养老保险、医疗保健等社会保障制度的改革，认真贯彻党中央、国务院关于解决高校教师住房问题的方针、政策，采取有效措施，尽快改善高校教师尤其是高校青年教师的住房条件，为教师安居乐业和骨干教师队伍的稳定创造条件。

一、人文环境对加强师资队伍建设的意义

人文环境是调动教师队伍积极工作的重要因素。良好的人文环境能够激发教师的工作积极性，提高教师的工作效率，从而为提高高校的教学科研水平和人才培养质量打好基础。高校师资队伍是由教师个体彼此交织相互作用形成的整体，教师个体只有在一个好的环境中才能够开心工作，才能对教育事业投入无比热情，进而组成一支强有力的师资队伍，从这个角度讲，人文环境就是"兴奋剂"。构建有序竞争、团结向上的人文环境，能够让教师和学校同心同德、同向而行，激发教师的内在动力，形成全校凝聚力，推动高校整体事业发展。

人文环境能够确保师资队伍的稳定和质量。马斯洛需求理论中讲到，尊重和自我实现是最高一层的需求。在良好的师资队伍建设人文环境中，教师的尊重和自我实现能够满足，师资队伍的人才流失可以降到最低，这本身也是师资队伍人文环境建设的目标。

同样，良好的人文环境不但能够留住人才，还能吸引人才。师资队伍本来就处在一个开放的系统中，教师在校际间的交流很频繁，对彼此的环境都很清楚，没有人愿意留在糟糕的环境中，都愿意进入能够实现自我价值的环境中。如果师资队伍人文环境足够好，必然能够留住和吸引到优秀的人才。

人文环境能够为教师快速成长提供保障。人和环境的关系是相互的，人创造环境，同样环境也创造人。良好的师资队伍建设的环境是教师成才不可缺少的条件，同时每个教师又对整个师资队伍的环境产生影响。良好的人文环境不但能够提升教师的业务素养，还能为教师自身的发展提供空间。在优良的人文环境中，每一个教师都是高素质教师，一个人在这种环境中必然提升自身素质，正所谓"近朱者赤，近墨者黑"。在良好的环境中，教师职务晋升渠道通畅、奖励政策完备、保障制度健全，这样的环境能够为教师发展提供足够的空间，教师在这种环境中能够不断提高、进步。环境可以影响人，也能够塑造人，良好的人文环境是师资队伍人才辈出必不可少的条件。

人文环境为师资队伍建设提供环境支持。任何一个人的发展都离不开周边环境，师资队伍建设也离不开环境的建设。环境的好坏直接制约着师资队伍建设水平的高低，优良的环境是师资队伍得以建设好的基石。从发展观念讲，师资队伍发展好离不开人文环境的支持，高水平的师资队伍又能构建良好的人文环境，二者相辅相成，辩证统一。

二、多角度入手为高校师资队伍建设优化人文环境

人文环境中包含特定社会共同体的态度、观念、认知和信仰系统等内容，这些内容在特定的精神环境中通过文化观念和潜在的精神力量产生价值导向，完成对社会成员的影响和教育过程。人文环境通常分为三个层面的内容：第一层面是物质文化环境，如校园建筑、校园景观、绿地、场馆等；第二层面是精神文化环境，如校园文化、大学精神、校园氛围、学校文化传统等；第三层面是管理文化环境，如制度环境、管理模式等。三个层面的内容相互作用、相互渗透，构成高校人文环境。

（一）加强物质文化环境建设，为师师资队伍提供物质文化保障

物质文化建设是基础，没有物质文化建设就没有精神文化和物化建设。高校的物质文化建设有很多方面，包括营造有文化底蕴的校园建筑、校园景观、设施设备、科研教学硬件环境等。教师与校园建筑景观的融合，是教师与学校物化环境和谐共生的最高境界。将优美的校园景观和建筑与良好的教学科研氛围融于一体，就能在高校营造良好的物化环境。优美的校园环境给人以美的感受，蕴含着崇高的审美理想和博雅的审美情趣。有研究表明，良好的工作环境是促进高效作业、取得理想工作成果的必要条件。教师积极的富有创造性的教学科研状态来源于能够给人以精神安慰和精神享受的物化环境。环境不但可以陶冶情操，净化心灵，还可以使教师身心得到放松。有文化特色的校园景观可以使人具有归属感。虽然很多高校对校园物化环境的创建很重视，但制定切实可行创建方案和计划的高校不多，创造一个能够激发人的工作欲望和开拓精神的外在环

境是高校亟待解决的问题。优厚的物质条件是教师开展高质量教学科研工作的基础，高校应该为教师提供优雅、明亮、温馨、舒适的工作和生活环境，这样才能让教师全身心地投入教学科研工作中去。

高校优良的校园物化环境是人创造的，而校园物化环境也反作用于人。因此，高校物化文化环境对高校师资队伍稳定和素质提升都发挥着至关重要的作用。

（二）加强精神文化环境建设，为师资队伍提供精神支持

高校精神文化是由学校的学风、教风和校风体现出来的师生共享的价值观念、道德行为规范、文化传统、校园舆论和师生的共同意识。高校精神文化环境能够为高校师资队伍提供精神支持，也能够确立师资队伍的价值取向和精神追求，进而塑造教师的人格和精神品质。高校精神文化环境能够不断为师资队伍输送精神食粮，提升和保持师资队伍建设的品质。

1. 营造良好的师资队伍文化氛围

第一，加强文化氛围的建设要采取多种方式深化学校的精神文化底蕴，形成学术自由的风气、海纳百川的学术风尚、追求卓越的精神，守住教书育人的职业操守。努力营造宽松、自由、民主、平等、公开、公平、公正的人文环境，使教职工在和谐、轻松、自如的气氛和融洽、信任的人际关系中相互协调和支持，提高工作效率。高校精神文化应该深入内心，形成精神动力，改变和提升教师的精神面貌。

第二，努力创建良好的工作氛围。良好的工作氛围不但能够凝聚人、鼓舞人，还能留住人、激发人，发挥人的最大潜力。

第三，在高校的师资队伍中形成尊师重教的良好风气。对于教师来说，能够受到尊重和实现自我价值比什么都重要。因此，高校要采取措施，在高校培养尊重教师、尊重教学的氛围，使教师在此环境中得到认可。

第四，要形成积极向上、争先创优的人文环境。一个好的人文环境应该是一个激发人奋发拼搏的环境，一个鼓励人做出成绩、多出成绩的环境。

第五，要营造为教师成长、成才和发展提供机会的文化环境。通过这些人文氛围的熏陶，使教师更加积极地投入到工作中去。

2. 利用校园文化建设推进师资队伍建设

校园文化是由学校倡导的，被全体师生认同并融化在血液里、落实在行动中的价值观念，是一所学校历史传统、精神和理想追求的综合体现。教师队伍是校园文化建设不可或缺的一部分，教师队伍的健康发展也离不开校园文化建设。校园文化建设不仅能够为师资队伍建设注入新的文化元素，还能够从文化认同上凝聚师资队伍，促进良好的校风、学风的形成。校园文化建设内容有很多，包括学校的发展定位、价值观念、校史校训、行为文化等，同时包含中华优秀传统文化教育。这里着重谈一下校史校训，高校师资队伍人文环境建设离不开高校校史校训教育。校史是一所学校发展轨迹的真实记录，是高校校园文化建设的重要组成部分。一部系统的校史记载着一所学校的发展历程，是

高校办学特色和大学精神的重要体现，对一所学校的发展具有重要意义。加强校史教育有利于对教师进行学校传统教育和优良校风教育，更有利于增强教师对学校的认同感和凝聚力。校训是一所学校精神文化的集中体现，是校园文化建设的重要内容，是广大师生共同遵守的行为准则和道德规范，它是一所学校办学理念和治校精神的反映，体现了大学文化精神的核心内容。加强教师校训教育不但能够指导教师行为，还能引导和激励教师不断努力。

3. 加强高校德育环境建设

思想政治素养和职业道德素养是体现高校教师整体素养的重要方面，高校教师是否有良好的思想政治素养和职业道德素养将直接决定其是否能够把学生培养成为社会主义合格接班人。面对社会道德和高等教育质量滑坡的现实，高校应该加强德育生态环境建设，形成人人讲政治、处处谈师德的德育氛围及明德崇德的校园环境。要在高校中深入、广泛、细致地开展教师队伍的思想政治教育和师德教育，在制度上严格实施"师德一票否决"制。加强高校德育环境建设，对增强教师的责任心，提升教师爱岗敬业精神，引导师资队伍向着积极健康的方向发展具有至关重要的作用。

4. 加强教师队伍人际环境建设

每位高校教师在教师队伍中都不是孤立存在的，避免不了相互交流、互相影响，自然而然就形成了教师与教师之间的关系。同时，高校师资队伍中还存在不同人员之间的关系，如教学人员和教学人员之间的关系、教学人员和管理人员之间的关系、教学人员与其他职工之间的关系等。人际交往看起来是小事，但它体现了人的思想道德素质，是人的精神面貌的体现。和谐、协调的教师间的人际关系，是打造一支具有较高专业水平和强大凝聚力的教师队伍的基础。一所学校只有建立起和谐、协调的人际关系，才能营造充分尊重个性发展、团结向上的人文环境，以实现教职员工个体和学校集体的共同发展。人际氛围不好会直接导致教师的工作效率低下和人才流失，使教师队伍不稳定。因此，高校要高度重视创造和谐的人际关系环境。教师也要树立共同发展理念，营造互相帮助、互相协调、和谐团结的人际关系。和谐的人际关系能够增加凝聚力，有利于实现师资队伍团队建设。只有创建和谐的人际关系，不断消除人际关系中的不良因素，才能让教师全身心地投入到教学和科研工作中去。

5. 加强师资队伍教学科研软环境建设

教学科研工作是高校的核心工作，教学研软环境建设也是人文环境建设不可或缺的部分。创造良好的教学科研环境是学校人文环境建设的重要内容，注重开展科研活动，在高校形成浓厚的学术氛围，从而提高教师的科研积极性；大力开展教学环境建设，广泛开展教学活动，在教师队伍中培养爱教学、教好学的教学氛围，不断提高教师对教学工作的重视程度。在高校师资队伍中形成教学科研并重的价值导向，才能使教师潜心教学科研工作，使教师在良好的教学科研环境中成长为优秀人才，提升师资队伍质量。

（三）加强管理文化环境建设，为师资队伍建设提供制度保障

1. 为师资队伍建设营造以人文本的管理文化环境

大学的发展离不开高水平的管理和良好的大学管理文化环境。大学管理文化环境是大学管理模式、管理特征和管理者与被管理者之间关系的综合反映。一个学校的治学思想和治校方针直接体现在学校的管理环境中，学校的管理水平直接影响了教师的发展水平。良好的管理文化环境能够培养教师法制观念和组织纪律观念，能够使教师自觉按照管理要求开展教学科研活动。所有教师都遵守管理才能形成良好的教学科研秩序，使学校各项工作井井有条地开展。教育的根本价值追求就是实现人的全面发展，因此学校的管理活动必须贯穿以人为本的理念，营造以人为本的管理环境。一切管理工作都围绕教师开展，提升对教师的服务质量，改善对教师的服务态度，为教师提供良好的后勤保障，这样才能调动广大教师的积极性。

2. 构建优良的制度环境

制度环境是管理文化环境的一部分，它是高校教师管理行为的集中体现。科学的管理离不开制度建设，师资队伍建设又离不开科学的管理。构建有利于师资队伍建设的制度包括多方面的内容：建立完善的职称评定制度、教师进修制度、培训培养制度，能够优化师资队伍结构；建立动态的队伍管理机制，既能保证吸引优秀人才，又能淘汰不适合的人员，同时能保证师资队伍的稳定；为提高师资队伍的质量，需要完善考评制度，调整校内分配制度，落实聘任制，建立竞争激烈、争先创优的师资队伍环境；创新激励机制，鼓励教师自我发展，实现自我目标；制定奖惩办法，对工作积极、教学优秀、科研能力强的教师要给予奖励，反之，要有惩戒；完善人才制度，既保障现有人才的需求，又能够使优秀的人才脱颖而出。良好的制度环境不仅需要科学合理地制定制度，还需要严格的执行制度。

三、推动人文环境建设与师资队伍建设协调发展

人文环境建设的一个重要目的就是为师资队伍建设服务，师资队伍建设离不开人文环境建设。人文环境与师资队伍的关系类似人与环境的关系，师资队伍创造人文环境，人文环境也创造师资队伍。人文环境建设与师资队伍建设相互促进、彼此推动、协调发展。良好的环境是建设高水平师资队伍必不可少的条件，高素质的师资队伍又能够营造良好的人文环境。为了促进高校的发展，必须把优化人文环境和提高师资队伍建设水平放在同等重要的位置上。为了实现高校的发展目标，必须推动人文环境建设和师资队伍建设齐头并进、协调发展。

第四节 创建骨干队伍以及学科梯队

学科梯队建设对高校学科专业建设和骨干教师队伍建设起着决定性的作用，它直接关系到教师队伍的整体质量，以及高校人才培养质量和科研水平。要全面完成学科带头人和骨干教师的新旧交替，必须进一步加大学科梯队和骨干教师队伍的建设力度，完善和优化教师队伍结构。

一、落实经费，为学科梯队和骨干教师制定相应的倾斜政策

要把学科带头人和骨干教师队伍建设作为高校教师队伍建设的重点。各地政府和学校要围绕学科发展和教学改革的需要，设立专项经费用于学科梯队和骨干教师队伍建设，并积极争取社会各界的支持，鼓励企业、个人为高校学科梯队和骨干教师队伍建设设立奖励基金或提供专项资助。同时，要充分利用国家教育行政部门设立的"新世纪优秀人才培养计划""优秀青年教师基金""留学回国人员科研启动基金""自然科学基金"等专项基金计划的有效机制，对骨干教师特别是拔尖人才给予重点支持。根据各地各校的不同情况制定相应的倾斜政策，积极鼓励和支持高校学科梯队和骨干教师队伍建设。

二、创造条件，充分发挥老一辈学科带头人的作用

老一辈学科带头人是高校事业发展的宝贵财富，他们坚持正确的政治方向，学识渊博、业务精良、经验丰富、为人师表、教书育人、尽职尽责，要充分发挥他们对新一辈学科带头人和骨干教师的传、帮、带作用。在人力、物力、财力等方面，要给予重点支持，包括配备助手、争取科研基金、改善实验室条件、提高工资和生活待遇。要充分调动他们培养学科带头人和骨干教师的积极性，如确定特聘教授、实施"长江学者奖励计划"；对于资深教授实行不占岗位职数的终身教授制，使他们安于终身从教、乐于奉献，积极培养青年教师。

第五节 完善高校教师培训机制

继续教育是当今世界上普遍存在的一种社会现象。它担负着传授新知识、新技术、新技能、新观念，培养各类人员的业务能力、工作能力、职业思想，提高他们的素质和水平等多种任务。江泽民同志在第三次全教会报告中指出："终身学习是当今社会发展的必然趋势。要逐步建立和完善有利于终身学习的教育制度。"高校教师培训只有建立

在继续教育的基础上，才能形成有效的教师培训机制。因此，必须树立继续教育观念，改革高校教师培训模式，建立有效的高校教师培训机制。

一、提高认识，树立高校教师继续教育观念

现代科学技术和社会生产力的飞速发展，使继续教育的国际思潮与我国现代化建设的客观需要产生了共鸣，引起了我国的重视和关注。继续教育是以更新知识、深化水平、加强能力、提高素质，使受教育者不断适应社会和工作需要为目的的高等继续教育。继续教育的根本特点就是理论与实践相结合，坚持学以致用、干什么学什么、缺什么补什么，针对岗位需要的知识、能力、水平进行培训提高。继续教育具有学习内容的针对性、办学方式的灵活性、教学组织的层次性、培训效果的实用性、教育要求的终身性等特点。一般来说，接受大学教育、研究生教育只是一次性的，而为了提高工作水平、适应工作需要，接受更新、扩充知识的继续教育却是多次性的，甚至没有终止的。在知识经济时代，劳动创新主要依靠的不是体力，而是智力和知识。知识的生产力是决定人们创新能力和竞争能力的关键因素。各级管理部门、学校和教师要树立继续教育观念，加强高校教师的继续教育工作，使他们不断接收新知识、新理论、新思想、新观念，提高他们的素质、能力和水平。

因此，我们要从以下几个方面努力，切实提高高校教师继续教育水平与质量。

（一）切实转变观念，深化对继续教育的认识

改变行为，观念先行。高校教师、管理者要紧跟时代步伐，在思想观念上与时俱进，自觉加深对继续教育的认识和理解，不断提升自我。

第一，充分认识继续教育的重要性。继续教育于国家而言有利于建设学习型社会，为国家强盛提供支撑；于高校而言，可以提高教师队伍的整体素质，促进高校办学质量、办学效益的提升；于个人而言，可以促进自身专业化发展，更好地教书育人。高校管理者及教师都要对继续教育的重要性有更为深刻的认识。

第二，树立终身教育理念。继续教育不仅仅是业务能力的培训，更是全方位、多层次、长期的、重要的基础建设。高校教师和管理者必须以"终身教育"理念为指导，自觉参与继续教育，提高综合素质，肩负起人民赋予的责任。

第三，树立正确的继续教育目的观。继续教育的首要目的是增加受教育者的知识储备，强化受教育者的操作技能，以更好地做好本职工作。对于高校教师而言，接受继续教育的目的无疑就是培养出德智体美劳全面发展的大学生。高校教师要将每一次培训看作自我提升的机会，为自身素质提升奠定良好基础。

（二）加强制度建设，完善继续教育管理系统

加强制度建设，构建较为完善的继续教育管理系统，是高校教师继续教育得以规范运行的重要保障。我们要从三个方面努力，进一步优化高校教师继续教育管理系统。

第一，探索建立全国性的高校教师继续教育管理中心。高校教师继续教育是一项长

期和系统的工作，为了使继续教育工作能有序开展，我们有必要尝试建立高校教师继续教育管理中心。该中心的主要职能是制定高校教师继续教育的标准，并按照标准确定相应的教学目标、教学规划及教学权责等。

第二，完善法律法规体系。政府部门应该将继续教育纳入高校行政管理规划中，并在法规制度建设上作出努力，进一步推动继续教育法治建设，逐步建立起一套符合继续教育实情，更好地约束继续教育主体、客体行为的继续教育规章制度体系。

第三，大力完善继续教育考评体系。科学考评不但能有效检验学习效果，更能激发学员的积极性。我们在对高校教师参与继续教育的实效进行考核时，要将接受继续教育期间的表现及实际能力的增长量作为考评的重要指标。同时，我们还要注意对培训后的效果进行追踪，将培训实效、态度作为职称评定、职务晋升的关键条件。

（三）大力推进合作，确保继续教育经费充足

有充足的经费作为保障，是高校教师继续教育得以开展的重要条件。在市场经济条件下，我们要充分认识到仅仅依靠国家财政投入举办高校教师继续教育是远远不够的，我们要多方努力，最大限度地为高校教师继续教育提供资金支持。

第一，政府要加大投入。高校教师继续教育的直接受益者虽然是教师个体，但最终受益者却是国家和社会。因为教师素质得到提升后，必将进一步促进高等教育事业的发展，进而推动社会进步。因此，政府及教育行政部门有必要设立专项经费，资助高校教师接受各类继续教育。

第二，要加强经费监管。我们要依托高校教师继续教育管理中心，完善相关法律法规，加强对高校教师继续教育经费的监督管理，使经费在阳光下运行，确保专款专用。此外，还要积极吸引社会力量支持高校教师继续教育，以争取到更为富足的继续教育经费。

（四）全面与时俱进，优化继续教育教学体系

教学体系是继续教育的重要载体，我们要与时俱进地优化高校教师继续教育教学体系。

第一，培训内容"接地气"。高校教师继续教育培训机构应要求送培高校对受训教师进行分析，培训机构根据分析结果对高校教师进行归类，并依据送培教师的实际情况进行有针对性的培训。同时，在开展继续教育的时候，内容要体现全面性、实用性。全面性即继续教育内容要包括专业知识、专业技能、专业伦理及专业精神四个方面，实用性即培训的内容要与高校教师的日常工作关系紧密，使受训教师在接受培训后能有效解决工作中的难题。

第二，培训方法"多样化"。由于培训资源的紧缺和受训学员量大，在现有条件下，我们必须坚持讲授法，在讲授中融入多媒体、网络、新媒体等手段，提高讲授效果。同时，我们要将启发式教学法、互动式教学法、案例教学法、探究式教学法等尽可能地融入继续教育教学方法体系中，提高继续教育的实效性。

第三，培训形式"现代化"。随着现代信息技术的不断发展，网络在信息的收集与传递方面的优势日益凸显，已逐渐成为人们获取信息的一个重要渠道。在此背景下，高校教师培训也应顺应时代潮流，充分利用现代信息技术，搭建网络培训平台，积极开展网络形式的继续教育培训。这种"现代化"的培训方式，不仅有利于实现优质教育资源的共建共享，还打破了时间与空间的限制，有利于实现教师的自主学习。

二、转变观念，改革高校教师培训模式

目前，我国高校教师培训主要是一种政府和学校行为，培训经费也基本上由政府和学校承担。结合教师岗位需要，不断提高素质、能力和水平的自觉培训学习风气还没有形成。因此，要改革教师培训的组织方式，把由政府和学校组织培训变为教师自觉参加培训；政府和学校只制定相关政策、提出培训指标、提供培训场所，由教师自主参加培训。要改革培训内容，把以理论知识为主的培训变为思想、政治和业务的全面培训，尤其不能忽视教师的思想道德素质的培训教育教学技艺的培训，要培养教师的教育教学和科研创新能力。要改革培训面向，把以青年教师为主要培训对象变为教师全员岗位培训；按照各级教师的岗位要求进行全面的继续教育，提高各级教师实施素质教育的能力和水平。要改革培训经费办法，把由政府和学校承担培训费用变为政府、学校和教师分担或由教师承担。各级教师的素质水平应符合岗位的全面要求才能应聘。因此，教师的培训提高是教师的权利和义务，也是教师受聘任教的必要途径，教师有责任承担培训费用。

因此，我们要从以下几个方面努力。

（一）建立健全组织机构，成立教师教学发展中心

学校组建教师教学发展中心，以提升教师教学业务、促进教师队伍整体发展为目标，以"提升教学能力、促进教师发展、集结优质资源、合力育人树人"为理念，主要负责学校教师业务进修与培训、教学研讨与交流、教学咨询与服务、教学改革与研究、教学考核与评价，为学校教师成长与发展提供优质服务。中心挂靠教务处，负责具体工作的组织实施；成立专家指导委员会，由学校督学、省级以上教学名师代表、省级以上专业教学指导委员会委员代表组成，为中心提供教学指导、教学咨询和建议、教学评估检查等。

（二）完善培训机制，开展各类专题培训

1. 以"师德师风"培训为引领

以"师德师风"培训为引领，保证教师培训沿着健康道路前行。学校师德师风建设贯穿教学、科研、思想政治教育、教学管理等全过程，涉及教学环节的方方面面，逐步建立并完善教育、宣传、考核、监督与奖惩结合的工作体系，探索自律与他律并重的师德建设长效机制。在培训过程中，学校引导广大教师明确"立德树人、教书育人"的职责目标，形成重视师德的良好氛围，改变以往脱离实际、流于空泛的道德说教，通过社

会实践、主题讨论、专项培训、老教师传帮带、评选标兵等多种形式，全方位开展师德培训工作。

2. 以专业培训为主渠道

学校定期邀请校外知名学者专家针对学科特点来校做专题报告或学术讲座，聘请校内国家级教学名师、本科教学工程项目负责人做有关教学能力提升和教师教学艺术等方面的讲座，要求全校青年教师参加。

（三）改革各项制度，建设教师培训保障体系

1. 实行教学课时津贴分配制度改革

在全校范围实行教学课时津贴分配制度改革、学校宏观管理与调控、二级学院实施分配细则。鼓励教师开设学术前沿和反映社会新动态的新课，对开新课的教师给予一定奖励；鼓励教师开设双语课程，拓宽学生知识视野，注入国际化新内容，增加课时津贴系数标准。

2. 健全和完善教师教学质量评价机制

学校教育教学质量评估办公室建有规范、科学、合理的教师教学能力评价标准，成立了校院两级管理的教学督导体系，实行学校督学宏观监督、学院督导微观督查的教学评价机构，为教师教学质量评价和教学培训质量提供保障。

3. 搭建优质网络教学资源平台

学校依托网络中心、新闻中心等多家单位，搭建优质教学资源共享平台，引进Black boar网络教学平台，为教师网络在线培训、教师集中培训等提供交流和互动的平台。

（四）关于教师培训模式的进一步思考

通过近几年组织教师培训实践，结合国内其他高校组织教师培训的经验和教训，有效组织教师培训，切实提高教师教学能力，促进教师发展。

一是引导广大青年教师参加各类培训，调动其参加培训的主动性和积极性。高校管理者应充分认识到教师培训工作的重要意义，创新培训模式，大力宣传教师培训对促进教师学习优秀教学经验、提高自身能力的重要性，营造学校领导高度重视、组织者周密计划实施、教师主动参加的和谐氛围。

二是紧跟教育发展需求，开展主题鲜明的教师培训。每次培训要有明确的主题，围绕主题开展相关专业内容培训，从而使培训目的更加科学合理，培训方案更加明确有效。同时，要开拓培训途径，更新培训内容，多形式、多角度、全方位开展各类培训。除常规培训外，还要基于教师发展要求，紧跟社会和教育发展需求，为广大教师提供交流、互动、学习的平台，分享优秀教师教学成果。

三是完善培训体系，以机构建设带动教师培训，促进教师专业发展。高校应完善组织机构建设，成立教师教学发展中心，加大培训力度，丰富培训内容。明确专门人员负责培训的组织管理，形成培训的长效机制，促进教学研讨、教学交流、教学互动的开展

等，充分发挥教学名师示范作用，帮助青年教师解决教学过程中遇到的问题，灵活、创新、有效地组织各类培训。

三、制定政策，建立有效的高校教师培训机制

通过开展和实施继续教育建立高校教师全员培训体系，以适应各级教师岗位的全面要求，不断提高各级教师的素质和水平；必须制定相应政策，建立有效的高校教师培训机制。在政策导向方面，要大力提倡继续教育，树立继续教育观念；制定相应政策，明确各级教师培训的指标要求，并与教师的职业招聘和职务聘任紧密挂钩，激励教师主动参加继续教育。在具体实施方面，继续教育要与教师队伍的结构优化、学科建设、专业调整、学术骨干和学科带头人的选拔培养相结合；要围绕各级教师岗位的全面要求设置高校教师的各项培训内容，采取多种培训形式，由教师根据规定的指标要求和自身条件自主安排参加培训，实行先培训达标、后聘任上岗的原则。在考核制度方面，要制定有利于各级教师自觉参加继续教育的政策法规，把教师参加培训的内容、成绩、次数、实效作为各级教师的聘用、晋升、奖励的前提和依据，促进高校教师活到老学到老，切实建立有效的高校教师培训机制。

第六节　高校师资队伍建设的创新理念

国际竞争的实质是国力竞争，国力竞争归根于教育的竞争。中国的未来之路在于科技创新，科技创新取决于创新人才的培养，广泛地推行素质教育，培养具有创新精神和实践能力的新式人才，关键是要有一支创新型师资队伍。深化高等教育改革涉及方方面面，而大力推进高校人事制度改革，创新人才队伍建设特别是师资队伍建设，理应是高校改革一个的重要课题。

一、加强高校创新型师资队伍建设的重要意义

大力实施创新驱动战略、培养创新型人才是新时代高校的根本使命，建设一支高素质的创新型教师队伍是完成这一使命的重要任务。高层次创新型师资队伍是能适应创新型人才培养的根本任务和竞争日益激烈的高校发展形势，具有较强的学习、进取、奉献意识，富有创新精神、创造能力、积极探索创新方式方法的教学科研人才。其主要包括教学技能高、能够启发学生创造性思维的高水平教师，能够在学术上有建树和有代表性成果的科研骨干，能推动某个学科或某个专业发展的领军人物。加强创新型师资队伍建设对于深化教学改革、推进学校内涵建设具有重要现实意义。一是贯彻落实国家发展战略的基本要求；近年来，一直强调建设创新型国家，建设创新型人才队伍，为加快转变经济发展方式、推进产业结构优化升级提供人才支撑。

高校是集聚创新人才的高地，培养创新创业型人才的基地，但前提是高校要具有一支高层次的创新型师资队伍，这也是高校加强人才队伍建设的基本目标。二是推动内涵式发展的根本条件。推动高等教育内涵式发展，是新的历史时期我国高等教育深化改革、科学发展的基本方向，也是高等学校自身发展的必然选择，这也决定了高校谋划发展、推动发展必须更多地在内涵发展上做文章。高层次创新型师资队伍是全面提高办学水平和教育质量的核心要素，是推进内涵式发展的关键。高校应把高层次创新型人才队伍建设放在更加突出的位置，着力推进人事制度改革，着力形成汇聚人才和发挥作用的体制机制，着力营造利于人才奋发有为、干事创业的良好氛围，大力推动内涵建设。三是提升人才培养质量的迫切需要。近年来，为了保证人才质量，教育主管部门通过全面评估、专项评估等形式，对高等学校办学情况进行评判、评价。然而，各类评估都离不开对师资队伍的评估，这对深入实施人才强校战略，加强创新型师资队伍建设提出了更迫切的要求。高校依照评估要求，积极创造条件，更加准确地把握特色定位、办学思路、教学改革的有关要求，更新师资队伍建设观念，有针对性地加强高层次创新型师资队伍建设。只有这样才能适应发展需要，为提升人才培养质量创造条件。

二、树立高层次创新型师资队伍建设的新理念

目前，高校高层次师资队伍，尤其是创新型师资队伍状况还不容乐观，这主要体现在教师业务能力提高、教育素养提升、教育理念创新等方面。具体来说，一是适应性不强。普遍来看，学校当前人才队伍建设现状与适应学校内涵式发展的要求还有差距。随着学校办学规模的扩大、办学空间的拓展、办学层次的提升、办学理念的更新，师资和科研队伍整体层次有待提高，以及具有较强创新能力、较高创新水平的学科带头人、博士数量相对较少。二是统筹性不够。高校需要进一步统筹学校发展目标、专业学科建设方向和人才队伍建设导向，有待在重点培养高素质科研队伍、优秀教师、科技尖子人才和推进中青年人才队伍建设等方面进一步研究。三是平衡性不足。高校内部单位、部门对人才工作的重视程度、推动工作力度不平衡，在人才工作理念，思路和方式方法的科学性上不平衡，在队伍建设和推动教学科研管理工作成效上不平衡。

结合高校发展实际，按照高层次创新型师资队伍建设的基本规律，有关政府管理部门和高校需要不断创新师资队伍建设理念。一是强化"培育"理念。新形势下，加快经济发展方式转变，推进产业结构优化升级，需要具有创新素质的高层次人才队伍做支撑。对高校来讲，创新型教师的基本体现就是能够创造专业新知识、发明生产新技术、创建教育新方法等。加强高层次人才队伍建设，就是要突出创新、强调创新、鼓励创新、奖励创新，特别是引导青年教师勇于创新、学会创新，成长为创新人才。二是强化"协同"理念。高校应积极开展协同创新实践，积极探索校校协同、校企（行业）协同、校地（区域）协同等创新模式，为教师主动融入地方经济社会发展创造机会，为教师成长搭建平台，让教师在社会服务中真正地成长起来，充分发挥智囊团、思想库作用。三

是强化"适应"理念。高层次人才队伍建设要与学校发展定位相一致，与学科建设、专业建设相一致，要根据学校的主干学科、特色专业发展需要，确定人才引进对象，明确人才培养的方向，培养学科带头人，形成人才梯队，建设一支适应学校发展的高层次人才队伍。

三、建设高层次创新型师资队伍的新机制

第一，增强服务意识，优化学校高层次创新型师资队伍建设的软环境。首先坚持党管人才原则，各级党组织、广大干部牢固树立服务意识。党管人才，就是管宏观、管政策、管协调、管服务，根本上说就是做好服务。高校党组织和有关部门负责同志要牢固树立以人为本的理念，放下身段用服务拴心留人，积极回应人才的不同服务诉求，细心周到地为人才办好事办实事，特别是在思想工作上给予全方位呵护，让他们全神贯注发挥自己的才干，使之全身心投入教学、科研、学习、工作之中，真正为学校发展发挥应有作用。其次加强和谐文化建设，着力营造创新人才成长的环境。加强对高层次教师队伍是学校第一资源这一认识的宣传，树立和宣传表彰那些不浮躁、能创新、善创造的好典型，形成崇尚创新专家、教学名师、科研尖子、服务能手的舆论导向；引导院系注重和谐文化建设，在院系、教研室克服文人相轻的现象，营造团结协作的工作环境、和谐融洽的人际环境、民主活泼的学术环境、鼓励创新和宽容失败的人文环境，支持创新、引导创新，培养创新型教学、科研和管理骨干。最后重视师德建设，实现业务创新能力和个人职业道德素养双提升。加强教师职业理想和职业道德教育，鼓励教师立足讲台干事创业，形成良好学术道德和学术风气，增强教师的大局意识和团结协作意识，提高教师为学校发展贡献力量的自觉性、主动性和创造性。

第二，突出工作重点，优化完善高层次创新型师资队伍建设工作机制。首先抓规划。高校将师资队伍建设与学科建设相结合、与学校定位相结合、与学校长远发展目标相结合，全面分析教师队伍现状，不能为引进人才而引进人才，明确师资队伍建设的工作目标、主要任务和保障措施。其次抓政策。多方调研，制定有利于吸引人才、留住人才的政策；完善引进机制，对于高层次教师，采取一人一议的办法，由点带面地加强师资队伍建设。再次抓培养。师资队伍建设要引进和培养两手抓，注重培养可能更有主动权。学校创造条件鼓励在职教师进行业务培训、进修和攻读学位，也可以对培养对象在课题研究、论文专著出版、学术交流等方面，特别是创新研究方面给予重点支持。基层教学单位要关注教师队伍培训培养，突出提高创新能力这一目标，加强培训和传、帮、带，建立培养计划、培育计划、奖励办法等工作激励机制，推动教师努力提高自身水平。最后抓考核。积极探索创新型教师的考核机制，努力建立优胜劣汰的竞争机制，引导大家多出科研成果，提高教学效果，让优秀人才脱颖而出，为高层次人才提供施展才华的舞台。

第三，创新工作机制，优化高层次创新型师资队伍建设工作格局。首先推动创新型

人才优先发展。推动学校科学发展、建设创新型学校，必须优先发展创新型人才。谋划发展优先谋划教师发展，推动工作优先推动教师队伍建设工作，使学校教师优先发展具体化、项目化，推动教师培养工作水平的提高。其次加强人才工作方面的研究。高校要加强师资队伍综合研判，分析创新型教师队伍建设问题，在探索创新型教师培养途径和制度，形成新机制、增强新成效方面下功夫。最后形成创新型师资队伍建设的合力。有关管理部门牵头，加强宏观的管理和指导，高校发挥主体作用，在组织和具体措施上进行探索和创新，积极利用社会资源，加强校企合作，为教师培养创造好的机会和平台，形成常态化机制，凝聚创新型师资队伍建设的合力。

第四，实施名师培养和团队建设工程，优化学校高层次创新型师资队伍结构。实施人才培养工程是打造人才优势的重要经验，也是高层次人才队伍建设的基本途径。不少高校也积极开展了人才培养计划和团队建设工程，实施"杰出人才引进与培养计划""学术创新团队培育计划""青年骨干教师培养计划"等人才培养工程，努力构建层次清晰、衔接紧密、促进优秀人才可持续发展的培养和支持体系，并取得了明显成效。学术大师加创新团队的管理模式是一个有效方法。高校也可以设计、实施人才培养工程，进行项目化运作，创建学校的人才工作品牌工程、品牌项目。通过加快重点实验室建设、特色研究中心建设、实施学校重大科研计划等项目，抓紧引进、培养和造就一批具有创新能力的中青年学术带头人和学术骨干，大力推进创新团队建设，形成"学术带头人＋优秀团队"的人才格局，优化人才队伍结构，从而带动整个人才队伍建设。

四、高校"协同创新"理念下的师资队伍建设路径

在当今重视创新型人才的时代下，要培养拔尖的创新型人才不仅需要教师有更加广博的专业知识，而且需要有开阔的视野和开放的学术氛围。然而，这样的综合型人才不是仅仅依靠条件单一、资源有限的院校培训就能够打造的，而是需要社会多种资源的共同协作。因此，协同创新为高职院校的师资队伍建设指出了新的发展方向，这有利于创新师资队伍的建设理念和方式，实现优质培训资源的共享，促进师资队伍的专业化、一体化发展。

（一）建立合作"区域联盟"，促进教育资源共享

如今，我国已经形成了以高校为主、高职院校为辅的高等教育格局，这些学校承担着各自师资队伍建设的大部分工作。但在与政府和社会其他教育机构上衔接不足，导致师资队伍建设只停留在院校层面，培训效果也就十分有限。而通过协同创新的机制参与师资队伍建设的主体多元化，需要高职院校加强与政府、社会机构、组织等的联系与沟通，建立合作联盟，形成发展共同体，促进教育资源的共享。

一是要形成区域性联盟。高职院校相较于普通高校而言，所占有的教育资源相对有限，社会支持力度也相对薄弱。因此，在开展师资队伍协调创新建设的过程中，需要结合高职院校的发展特点，以区域为单位，和周边的教育机构、企业等形成区域性联盟，

形成师资队伍建设的实验基地和研究基地，并逐渐向周边辐射，形成一个强大的教育合作发展共同体，共同参与高职院校的师资队伍建设。

二是要强化教育机构互动。教育合作发展主体的区域性联盟建立之后，需要强化各个主体之间的沟通、联系与互动，真正实现高职院校与其他学校之间、与政府之间、与科研机构之间、与社会组织之间的密切合作，从而促进教育资源的共享，并加强各资源的流动，共享专业化进程，最终推动高职院校的师资队伍建设走向联合，以促进地区基础教育的均衡发展。

（二）建立学术"共同体"，创新人才培养模式

在协同创新的视角下，参与高职院校师资队伍建设的主体都是来自社会的各个层面，其多元化的培训主体决定了高职院校需要在其内部结构进一步完善，一般来说，对于高职院校而言，目前可以参与的协同创新主体主要包括同类型的院校、地方政府、中小学校等，这三个主体之间呈现出协调共生性，能够为高职院校的师资队伍建设提供保障和支持。这就使高职院校在协同创新的框架上，强化资源整合，建立起学术"共同体"，从而创新高职院校的师资人才培养模式。

一是整合优质教育资源。对于建立的区域联盟，应充分整合其内部的优质教育资源，结合高职院校师资队伍的发展特点，建立教育发展中心；根据本校师资的专业特点和发展优势，建立一支师资特色建设队伍，以起到对外示范和带动作用。同时，建立教学中心，促进不同学院、不同学科和不同专业的教师能够以组合课程代替传统的分类式课程，打破学科专业之间的壁垒，为教师带来大量内容丰富、专业性突出、综合性强的知识，以实现教育资源的合理流动，促进师资队伍创新型人才的发展。

二是建立核心人才智囊库。在协同创新机制下开展的高职院校师资队伍建设，其形成联盟的主体是多元的、复杂的，如果没有专业的人才智囊团，其机构的运行和辐射效能是有限的。因此，高职院校应以区域联盟为中心，建立起核心人才智囊库，通过引进专业教师、专家开展专题讲座、教学实践培训、人才培养交流研讨会等多种形式，组建学术交流共同体，以此建立核心人才智囊库，为高职院校的师资队伍建设提供人才支撑。

三是深度合作交流与推广。强化高职院校同联盟各个主体之间的沟通与联系，建立深度合作，采用"请进来、走出去"的方式，充分发挥区域教师培训基地的优势，广泛开展专业化培训、相互交流师资培养的有效方式与理念，进一步推广协同创新师资队伍建设模式的发展，不断提升高职院校师资队伍的专业化水平。

（三）健全管理制度，构建师资建设保障体系

在现有管理制度的基础上，结合协同创新的开展实际，对相关管理制度进行优化和升级，以优化高职院校当前的制度环境，以完善的管理制度对高职院校的师资队伍建设提供保障。

一是建立定量定性结合式考评制度。在高职院校传统的师资队伍建设中，其采用

的考核机制通常都是以定性为主，即不注重考核的过程，以最终结果定胜负。而在协调创新的视角下，由于其参与主体的多元化和复杂化，单独的定性考核显然是无法做到公平、公正的。因此，这就需要建立起定量与定性相结合的考评制度，即制定相应的考核标准，同时更侧重其产生的经济效益和社会效益等，以此综合评估师资队伍的建设成果。

二是建立协同创新激励制度。协同创新的实质是一种创新型的教研活动，而创新是有风险的，可能成功也可能失败，为了避免打击学校的积极性，需要建立协同创新激励制度，对于创新成功的给予奖励，而对于失败的也要给予一定的鼓励。同时，对于教师不同的岗位、不同的级别，以定级的方式明确不同的项目建设经费、时限、目标和方式等，以避免师资建设资源浪费。对于成功者应进行申报奖励或广泛宣传等方式，增强教师的荣誉感，以此激励教师积极投入协同创新的活动。

三是设立独立协同创新监督机制。高职院校应设立协同创新部门，并成立协同创新活动小组，专门开展协同创新活动。除此之外，还要设立独立的协同创新监督机制，建立专门的协同创新委员会，由专人负责监督和审核在师资队伍协同创新建设过程中的经费使用和活动开展情况，以充分确保师资队伍建设的实效性。

四是打造资源共享平台，培养优秀师资队伍。协同创新视角下的高职院校师资队伍建设将拥有更加多元的参与主体、更加丰富的教育培训资源和更加专业的师资培养理念，而这些资源只有各个参与协同创新的主体共享，才能形成培养的合力。

高职院校需要结合自身的发展实际，建立多层次、多功能的教育培训系统，既包括先进的教育理念、科学的培训模式，还包括优质的自主学习资源，用以帮助教师自我综合素养的提升。同时，该系统还应有线上、线下灵活切换的功能，方便教师们相互交流、资源共享和效果反馈，以此培养更加优秀的师资队伍。

综上所述，21 世纪人才是高职院校赖以生存的要素，师资队伍是高职院校发展的重要人才资源，师资队伍的建设质量与教师的专业化发展水平直接影响到高职院校的办学质量。因此，在强调发展创新的当下，高职院校也应积极顺应形势，从协同创新的视角开展师资队伍建设，以充分确保师资队伍建设的实效性，提高师资队伍的专业化发展水平，促进高职院校的可持续健康发展。

第三章 高校师资队伍建设

第一节 高等院校学术带头人的培养

高等院校承担着人才培养、科学研究、社会服务、文化传承与创新的基本职能，需要进行学术研究，需要致力于培养和造就一支高素质、高职称、有影响力的学术带头人队伍。本节拟就高等院校学术带头人建设话题，进行思考和探讨。

一、高等院校建设和发展需要学术带头人

（一）发挥高等院校整体功能需要学术带头人

我们认为，高等教育的主要任务是培养适应社会主义现代化建设的生产、建设、管理、服务第一线需要的"下得去、用得上、留得住"的高素质、高技能应用型人才，注重学生能力的培养是高等教育的重要特征，也是贯彻以就业为导向的教育改革的重要内容之一。要培养学生的操作能力，教师本身的业务能力是前提，"能"师才能出高徒。所以必须全面履行高等院校的四大基本职能，在做好人才培养工作的同时，以知识贡献、社会服务等途径展示和提高自己。在高等师资队伍素质提升上，没有一定数量、具有较高水平和社会影响的学术带头人引领是不现实的，是难以实现高水平、高质量高等院校办学目标的。

（二）提高高等院校教育质量需要学术带头人

高等院校实现人才培养功能、提高教育质量，必须加强师资队伍建设，形成一支素质精良、结构合理、数量充足的师资队伍，其中结构合理是十分重要的，它包括年龄结构、学科结构、专业结构、学缘结构、权威结构等内容。在此过程中，培养一部分理论造诣较高的学术带头人和实践操作能力较强的双师型教师对于优化师资队伍结构具有重要价值。如果没有一定数量的学术带头人，至少说明高职院校的师资队伍结构是不尽合理的，也难以实现高水平的教育质量，培养高素质的人才，引领高等院校科学发展的目标。

（三）加强高等院校专业内涵建设需要学术带头人

高等院校必须抓专业内涵建设，必须拥有一定特色和办学水平的学科，这是学校事业发展的必然要求。而专业和学科建设必须要有一定数量和较高质量的学术带头人来引

领，通过学术带头人的引领，才会形成充满生机的专业建设格局，才能推动学院工作的全面展开。古今中外学校发展的实践证明：能否培养并切实发挥高水平的学术带头人引领作用对于形成有特色和水平的学科与专业具有决定性影响。

（四）提升高等院校社会形象需要学术带头人

高等教育不仅要培养人才，而且要服务社会。因此，学院必须要有一个良好的社会形象。我们可以这样说，许多社会人士发掘和研究学校资源，往往是从一批乃至几个学术带头人身上开始的，是从这一点出发来判断学院的办学实力和水平的；而能否承担科研和社会服务项目，也需要学术带头人来支持、组织和带领，其作用毋庸置疑。正因为如此，学术带头人于虚于实、于名于真都非常重要。

由上述分析可见，在高等院校发展过程中，我们必须充分认识学术带头人的重要性，并花力气培育和造就一批高水平学术带头人，为高等专业建设、人才培养、科学研究和文化传承创新服务。

二、充分认识学术带头人在高等院校建设和发展中的积极作用

高水平学术带头人是学校的旗帜。一所学校拥有多少重量级的学术（科）带头人，不仅是推动学校学术发展和教育质量提高的重要力量和宝贵财富，更是学校改革创新、彰显魅力的关键所在。学术带头人在高等院校的作用主要体现在：

（一）组织作用

学术带头人眼光敏锐，能攻克难关，在学术研究中，能够起主导作用，能够被同行广泛认同。因此，他们在学术研究中组织或开展较大课题的研究，依靠自身的学术影响力对学校其他教师乃至整个学校科研工作的开展起着引导和影响作用。这种影响力和组织力在许多情况下是教育行政部门和学校党政领导无法代替的，充分重视并积极创造条件发挥学术带头人的这种作用，对一所高等院校来说是很有意义、很有价值的。

（二）示范作用

学术带头人是一个个体，是教师队伍的一员，由于其科研能力较强，科研成果丰厚，一般都会得到同行的广泛好评。他们进行学术研究的经验对其他教师有启迪作用和影响作用，也有借鉴作用；往往成为其他教师学习的榜样，他们的成果、成功、成就对同行一般都具有良好的示范作用。

（三）激励作用

学术带头人的作用和工作业绩往往成为其他教师新的工作参照目标，往往会提高其他教师的心理期待，促成其他教师的学术追求。在学术带头人的引领下，一部分上进心强的教师会感到上升的空间和追求的动力；一部分上进心欠缺的教师则会感到心理的压力，如果转化积极效应，往往也会成为积极向上的因素，形成相互之间的"比、学、赶、帮、超"，带动整个教师队伍的提高、发展和成长，促进学校良好学风、教风、校风的形成。

（四）凝聚作用

一所成功或者说有成就的学校，一般都有一定数量的学科、专业和学术（科）带头人。在学术带头人的旗帜下，凝聚和吸引着一大批教学研究人员，形成相对比较合理的学术分工，组成学术梯队，往往以研究所、教研室或院系的形式出现，形成正面合力。如果没有一个学术带头人，就难以凝聚一批学界青年精英，相应学科的发展势必会受到影响。学术带头人的存在、培养和提高往往会带动一个学科乃至一个学科群的发展，其凝聚人心、凝聚力量的作用不可小视。

由此可见，学术带头人无论何时何地均有重要作用，在高等院校更加具有举足轻重的影响。

三、认真研究高等院校学术带头人的素质要求

作为高等院校的学术带头人，既要有一般高校学术带头人共同的素质要求，也要有与高职特点相适应的特殊要求。总体而言，主要表现在：

（一）个人品德

学术带头人由教师中的高水平分子组成，首先必须具有良好的师德修养和内涵，要热爱祖国，热爱科学，忠于职守，为人师表。与此同时，学术带头人应有崇高的事业心和强烈的敬业精神，具有开拓创新的勇气和不怕困难、不怕失败、百折不挠的勇气，具有健全的人格和品德。此外，作为学术带头人还必须淡泊名利，立足奉献，具有为科学而献身的精神，为事业而奉献的精神，为团队而牺牲的精神。

（二）专业水平

学术带头人，顾名思义，就是在某一领域具有较深的学术造诣，能够发挥带头专业的人，因此，专业功底扎实是最基本和最起码的素质。学术带头人必须对所从事的专业和学科方向有渊博的知识，对本学科前沿领域的发展有清晰的了解，同时也有宽厚的基础理论和不断学习、积极进取的习惯；有较强的科研水平与能力，能充分利用现代科学技术、方法进行学习、教学和科研。

（三）能力素质

对于学术带头人而言，创造性思维能力是最为重要的。当今时代是一个创新的时代，创新需要多种能力：第一，要善于思考，会"勤学、多思、常练，会举一反三"；第二，要有发散性思维，发散性思维对符合原则又高于现实的创造性能力而言尤为重要；第三，要有与自己研究领域相关的特殊技能与能力，这是形成富有个性的科研特色所必需的能力，这种能力为他们攻克科研难题提供了可能和条件；第四，要有人际交往能力，这是一个专业带头人能够在工作中与他人合作，形成和谐的人际关系，组织形成科研团队的重要条件。

（四）心理素质

作为学术带头人，必然面临一般教师所没有的心理压力。科研工作需要大量投

入，但投入与成效没有正比关系，甚至投入未必有成效，理工科研究领域尤其如此。因此，作为学术带头人，必须性格开朗、心胸豁达，有稳定的情绪、积极的情感，能够在遇到外界变化和内心情感起伏时用理智控制情绪：身处顺境、取得成果时能戒骄戒躁，不断努力进取；反之，能百折不挠，充满乐观和自信，以坚强的毅力，努力争取最终的成功。

当然，学术带头人也是有层次的，也是相对的，正因为这样，对其素质和能力的要求，也是相对的。但需要指出的是，专业带头人毕竟是少数，因此，较高的综合素质是必需的。

四、影响高等院校学术带头人成长的因素

高等院校要形成和培育一大批学术带头人，较之普通本科院校特别是研究型大学而言，会面临更大的困难，这主要是由内外环境因素影响所决定。

（一）自身因素

研究表明，影响学术带头人成长的自身因素主要有：成才动力、学习能力、个人习惯和个人品质。一是成才动力。学术带头人最大的敌人是自己的惰性、满足、自我原谅和自我开脱；最大的失败是大事做不来，小事不想做；最大的损失是等待明天、期待明天、期待下一次。二是学习能力。这是一个广义的概念，既包括从外部世界汲取营养，抓取机会和信念的能力；也包括在教学科研过程中自我反思、自我选择、自我调整、自我超越、自我提高的能力。三是个人习惯。这里的习惯既包括工作习惯，也包括生活习惯；既包括学习习惯，也包括科研习惯。克服不良习惯、形成良好习惯是学术带头人必须具备的条件，急于求成要不得，拖拉等待使不得，原谅自我不可得。无论是倾听、学习、思考、调研、写作等教育应该有清晰的思维。科学的调节，合理的安排，最后形成持久的动力，循序推进，取得圆满的结果。四是个人品格。学术带头人的个人品格也会最终影响其成功与否。是否敬业，是否能够与人较愉快的合作，能否有奉献精神，能否建立良好的人际关系等，均非常重要。

（二）内部条件

学校内部也会有影响学术带头人成长和形成的若干因素，其中包括管理措施、学术环境、工作条件和激励机制等。一是管理措施。学校在师资队伍建设方面有没有制定切实可行且有力有效的管理措施，包括工作目标、政策导向、奖励措施、机会提供、条件创造等，它对学术带头人形成会有重要影响。二是学术环境。良好的微观（校内）学术环境，有利于学术群体形成宽松和谐的氛围，有利于知识分子以良好的心态成才成长。特别是宽容尊重、鼓励创新、荐贤养能的风气，对教师学术带头人的成长更有意义。三是工作条件。一个单位和学校能否给予学术带头人必要的或者优厚的工资、生活条件，也会在一定程度上产生作用力。四是激励机制。从根本上讲，学术带头人的形成需要一个激励机制。在当今条件下，政策鼓励、舆论引导、经济奖

励、考核激励也显得非常重要。

（三）外部因素

学术带头人的成长，除了个人自身和单位内部激励以外，社会环境也十分重要。这主要是：一是经济条件。国家有足够的财力来支持学术活动的开展，形成一批主要或专门从事学术研究的人才。二是社会条件。全社会形成尊重科学、尊重知识、尊重人才、尊重创造的意识和风尚，有利于学术带头人成长。三是文化条件。全社会民主化程度较高，它会为科学研究的开展形成良好的学术氛围，从而有利于学术带头人的成长。四是舆论条件。一定范围、一定状态下的舆论条件和宣传引领，对学术带头人培养机制的建立也具有重要的作用和巨大的推动力。

（四）特定环境

事实上，特定的环境对学术带头人的成长也起着重要作用，这主要有如下原因：一是工作单位性质和条件。如高校和科研院所比起在行政机关系统，学术影响就会大一些，因而更易影响和催生学术带头人。二是学科和专业发展机会。由于业务工作、教学工作开展的需要，形成了从事科研工作的必要性。某位教师一旦抓住机会，创造条件，久而久之，有可能成为学术带头人。三是大师引领。受大师人格魅力的影响，也会推动学术带头人梯队的快速成才和成长。四是其他偶然因素，如某教师做出一点并不大的成绩却受到重视和奖励，从此形成好的习惯，久而久之，产生了积极的效应等。

当然，学术活动既有偶然，也有必然，既有一般，也有特殊，学术带头人的形成也一样，更多的是必然和一般，但也不排斥偶然和特殊。

五、积极构建学术带头人培养机制

对于高等院校而言，推进学术带头人培养机制建设，既要遵循一般规律，更要发挥积极性、创造性，形成自身的特色。具体来说：

（一）解放思想、更新观念，高度认识学术带头人对学校发展的积极作用

对于高等院校要不要培养带头人的问题，事实上还存在着不同的意见和声音。不仅不同学校之间会有不同认识，同一学校不同领导人之间认识也不尽一致，高度更有差距，力度更有轻重，强度更值得讨论。我们以为，作为一所高等院校，要快速实现办学升格、管理升级，要实现规范、办出水平，要提高质量、提升内涵，尤其是要办人民满意的教育，必须抓实专业、课程、办学条件、教风学风、师资队伍、图书信息资料等基本建设，尤其把师资队伍建设作为重中之重，花大力量，用大投入，筑大系统，而学术带头人是其要件之一。

（二）制定目标，工程推进，通过选拔、培养方式推动学术带头人队伍建设

对于一所学校而言，培养和造就一批专业带头人，首先要在统一认识基础上，形成和制定明确的目标，即根据学院发展不同阶段，提出不同的要求，找出相应的行动目标，特别是采用工程管理的方法加以实施和推进。

（三）重点扶持，建立机构，以鼓励奖励为主推动学术带头人的成长

学术带头人培养需要考核评价，需要建立竞争、激励乃至淘汰机制。但是学术研究毕竟是一项艰苦的工作，在当今人生观、世界观、价值观多元的情况下，比较科学有效的方法应该实行精神激励和物质鼓励相结合，政策扶持和考核评价相统一，即以鼓励为主，辅之一定的考核；以资助为主，辅之必要的评价；以创设条件为主，辅之相应的压力催生，从而为学术带头人成长创造宽松的条件。

（四）优化环境，形成氛围，努力让学术带头人感到自豪和荣誉

学术带头人的工作是一项高强度的工作，往往不是一项立竿见影的工作，需要宽松的条件、宽容的态度、宽厚的氛围。作为一个单位尤其是单位的领导人，一定要尊重人的个性，倚重人的德能，注重人的发展。以人为本，尊重知识，尊重劳动，尊重创造；鼓励创新，允许试错，宽容失败，为学术带头人成长、发展和工作创造极好条件，崇尚和支持、鼓励成名成家，使学术带头人不仅有荣誉感，而且有成就感、幸福感。这样，创新、创造和成果会源源不断，成长也会更加宽松。

第二节　高等院校青年教师队伍建设

一、青年教师成长目标：基于宏观的要求

青年是祖国的未来，也是高等教育的未来，在中国目前的人事管理体制下，科学设定人才的努力方向和培养目标，对于一个单位具有重要意义，这也是中国国情背景与西方国家国情背景的重要差别。国外体制的背景是，设定人才标准和规格，寻找人才；中国国情体制的背景是，努力培养适应标准和规格的人才。作为从事高等教育的师资队伍建设，尤其是青年教师培养，其宏观目标指向应该是：

（一）高扬师德旗

教师是人类灵魂的工程师，应该有良好的师德风范和职业道德规范。敬业爱岗、忠诚学校、热爱学生，应该是教师的基本师德自觉地按照社会主义核心价值的要求，用马克思主义中国化成果武装自己，坚定中国特色社会主义理论信念，弘扬爱国主义、民族精神和时代精神，模范遵守社会公德和教师职业道德规范，应该是其重要操守。

（二）过好教学关

教学是教师最基本的功夫，熟练把握课程教学，熟悉课堂教学技巧，熟知课外活动引领，应该是青年教师认真研究的重点，从某种意义上说，能否担负起一两门主要课程的教学工作，并在课堂上发挥较强的作用，应该是一个青年教师开展工作的最基本要求。

（三）练就科研功

人才培养、科学研究、社会服务是学校的三大功能，也应当是教师的三大职责，具体到个人身上会有不同的侧重。但对于一个青年教师来说，科研功夫和能力会是其成才成长成功成名的重要因素，从某种意义上说，它会起重要和决定性作用，因此，科学研究的方法、技巧、功底应该修炼。

（四）提升育人力

教书和育人是人才培养的基本功夫，在一线教学中深化育人，在机关工作中推进育人，则是教师的重要使命。教书育人虽是一个整体，但也具有不同技巧和方法，作为育人的要求，也有其律性可探，更有具体工作可做。学习青年学、心理学、社会学，掌握工作技巧和方法，则会起到事半功倍的效果。对于青年教师而言，直接从事班主任、辅导员等一线工作，也许更受锻炼、更有意义。

（五）形成服务能力

高等教育的特征是开放办学、校企合作，培养的人才是面向一线，联系实际。在这种情况下，青年教师既要在教学过程中与行业企业取得联系获得经验，也要在联系实际过程中形成服务的能力和水平，尤其是如何了解行业企业的发展变化、发展信息、发展资源，充分利用自身的知识、能力和素养，增强服务行业、企业的能力和水平，为行业、企业发展做贡献。

（六）修得发展果

每一名青年教师应该努力从实际出发，结合自身优势和特点，充分利用执教课程、从事专业的有利条件，形成自己的特点，培育自己的特点，形成自己有特色的成果，在较快的时间内修得发展果，作为自己职场成功的胜利之果、幸福之果、甜蜜之果。

二、青年教师成长指向：基于微观的思考

在学校，青年教师是最为活跃的群体，也是最富生命力的群体，青年教师往往也是承担最繁重、最艰巨任务的群体，在培养阶段挑大梁，在成长过程中担重任是其基本特征，正因为这样，作为青年教师成长规律而言，具有以下特征：

（一）基本轨道

一年适应岗位：即利用一年左右的时间适应教书育人的岗位要求，做到适应环境，适应人文，适应教学。三年成为骨干：即利用三年左右的时间，能够在本校教书育人全部或某一方面发挥骨干教师的重要作用。五年成为尖子（五年顺利转岗）：利用五年左右的时间，成为本单位教书育人的尖子，即能够成为院、省乃至更高层次项目的主持人，或者顺利成为复合型岗位新工作的适应者。七年成为宝贝（七年担当重岗）：利用七年左右的时间，能修炼成为本单位教书育人、教学工作的中坚力量，在各项聘任中能成为各部门的首选，为师生所公认和爱戴。九年成就事业：利用大约九年的时间，成为本单位挑大梁的人才，从事教学工作功夫过硬，从事育人工作品格可靠，从事管理工作

业绩过关，实现专业很精的发展或综合全面的成长。一生幸福平安：青年教师德、智、体、美全面锻炼，德才兼备、又红又专，为成为正品、争做佳品、力创极品打下良好基础，奠定一生良好发展、平安幸福的基石。

（二）基本要求

一是讲好一门课程并力争成为优质精品课程，这是青年教师必须顺利达到的标准，必须合格，争取优秀。二是带好一个班级并努力成为学风示范班级，这是青年教师育人工作水平的重要标志和体现，也是青年教师在教书育人岗位上立足的基点之一。三是形成一批成果并争取成为优质成果，这是青年教师多出成果，出好成果，尽快显出个人才华和业绩的彰显之处，也是教师职场成功的主要标志之一。四是融入一个专业并尽快成为中坚，这是适应高职教育特点和要求，充分发挥青年教师作用和才能的重要途径和平台，也是青年教师进一步发展的基础。五是加入一个团队并努力成为骨干，这就要求青年教师融入集体，把握机会，并积极争取机遇，使自己在团队中发挥作用。六是结对一个企业并努力成为紧密型合作伙伴。这是青年教师适应高职教育特点和要求，加快理论联系实际，推进校企合作、工学结合的重要途径，也是青年教师拓展渠道、全面发展的条件和路径。

三、青年教师培养理念：基于宏观的设计

青年教师是中国高等教育现有教育工作的承担者，也是未来发展重任的担任者，应该加大培养力度，增加锻炼机会，拓宽使用渠道，当然，更应该有具体路径和发展设计。笔者以为，从高等教育教师要求看，重三历、强三化是最基本的。

（一）重三历

1. 企业经历

高等教育的要求，强调的是理论与实践相结合，培养的是高素质技能型专门人才，应用型、技能型、操作型是基本特征，因此，作为青年教师尤其是专业课教师，其从事行业企业工作的经历是非常重要的，因为有经历才会有感受，有感受才会有感悟，有感悟才会促进教育教学。

2. 育人履历

育人是教师的基本功，也是教师的基本职责。育人的履历会增进教师对学生的了解、理解和热爱，从而改进、优化和提升教学工作，促进教育教学水平的提高，从某种意义上说，也有利于解决教与育两张皮的矛盾。

3. 博士学历

博士学历既是一个要求，也是一个象征。它实际上要求教师具有扎实的理论修养和功能，具有较强的分析问题、解决问题的能力，较扎实的学术规范和基础，即深厚的基础积淀。只有这样，才能实现"要给学生一杯水，教师必须有一桶水"的要求。

（二）强三化

1. 职业化意识

教师必须有较强的适应专业特点的职业化意识，并有实践感知。

2. 信息化能力

当今社会是知识化、信息化时代，掌握信息化手段，学会信息化本领，既是教师从事教学工作的基本条件，也是教师与学生交流和获取知识信息的重要途径，从而成为教师的基本功。

3. 国际化视野。

教学要面向未来、面向世界、面向现代化，这是邓小平同志提出和倡导的方针，高等职业教育面向实际接轨国际，培养的学生具有处理中国具体工作的能力并具有国际视野，应该是基本目标，这就要求青年教师学在前列，走在前列。

四、青年教师培养方法：基于微观的方案

建设一支素质精良、数量充足、结构合理、适应发展的青年教师队伍，既是各学校的具体任务，也是整个战线的工作要求；既是教育发展的要求，也是人才工作的重要内容，必须通过科学的方法加以推进，具体思路是：

（一）舆论引领

必须从舆论上加强对青年教师队伍建设重要性的认识，形成加快建设一支高素质青年教师队伍的舆论氛围，形成有利于青年教师早挑大梁，快速成长，脱颖而出的人文环境，鼓励和引领青年教师勇立时代潮头，勇担发展重任，勇做业务尖兵。

（二）工程推动

对青年教师的培养，无论是人事部门、党政部门、科技部门还是教育部门都应该研究并争取有力有效措施加以推进，而对于各类学校而言，更应采取建设工程加以促进，用中老年教师结对培养青年教师的方法；青年教师国际化工程即鼓励青年教师强化外语以了解国际，提升教师双语教学能力和国际文化交流能力的办法，又如青年教师博士化工程、资助青年教师攻读博士学历的方法等，实践证明这是非常有效的。

（三）组织培养

青年教师培养既需要本人自觉和主动作为，也需要工程来推动和促进，也离不开组织部门有计划、有步骤地加以培养，划拨专项经费，建立专门组织，采用专门方法培养和造就高素质青年教师队伍，这既是组织人事部门的职责，也是教学科研工作部门的使命，更应该成为各单位党政主要领导的重要工作，必须认真加以落实。

（四）自我修炼

从本身意义上讲，青年教师的提高和成长，也应该是教师自己的事，如果没有教师的自觉和修炼，没有自身的热情和能力，外部的力量可能也是有限的，外因只有通过内因才起作用。激发青年教师的事业心和进取精神，应该是共同的责任和追求。

（五）考评促进

实践证明，建立科学有效的经济和考核机制，既是培养青年教师的有效路径和方法，也是解决青年教师培养有效性的科学路径，在青年教师一线开展比、学、赶、帮、超活动，开展评比达标考核活动，一定会在很大程度上促进青年教师培养工作的有效开展。

（六）鼓励超越

从人文环境建设上说，我们应该打破论资排辈、按资历论贡献的传统做法，解放思想，开拓创新，积极创造条件，鼓励青年教师快速成才。为此，既要为青年教师常规发展铺路，也要为青年教师超越发展搭桥，更要为青年教师特别发展设专线。形成比学赶帮超、万马奔腾的繁荣局面。

第三节　高等院校师德教风建设

教育部和全国科教文卫体工会颁布的《高等学校教师职业道德规范》从高校教师与国家、社会、学生之间的关系，以及教育教学行为、学术研究行为、社会道德责任等方面规范了高校教师的职业道德行为，提出了明确的倡导性要求和禁止性规定。这使得包括高等院校在内的全体高校教师有了统一的师德规范和行为准则。但由于高等教育在其人才培养目标和教育规律上具有特殊性，因而高等院校师德教风建设必须从实际出发，体现职业教育的特点。

一、高校师德教风研究现状分析

改革开放以来，市场经济的发展催生了许多新观念，极大地推动了教育领域的观念更新，加快了教育改革的步伐。与此同时，教师的思想观念和高校师德教风出现了一些值得研究和关注的新问题。

（一）关于高校师德教风建设的重要性

师德水平在全社会的道德建设中具有特别重要的地位，对学生的健康成长、全面发展具有特别重大的影响。在教师队伍建设过程中，要把师德建设放在首位，师德建设决定我国教师队伍建设的成败，也就决定我国整个教育事业发展和改革的成败。师德在教学中主要起着示范、激励、渗透作用，对学生思想品质的形成起潜移默化的教育作用；良好的师德也是教师成长的前提和基础，是教师完善自我的巨大动力；师德是实现"以德治校"的重要保证，是实施素质教育的根本保证，是提高学校德育实效性、转变社会风气、提高教师素质的需要；师德有助于落实以生为本理念，促进大学生的全面和谐发展，有助于完善教师人格，促进教师的全面和谐发展，有助于促进学风建设和提升高校的科研水平，有助于优化人际关系与推进和谐大学的建设，有助于净化社会风气，提高社会的整体道德水平。

（二）关于师德内涵和师德规范

多数研究者认为，师德内涵主要有三个层次，即"学高为师——师德之基，身正为范——师德之本，热爱学生——师德之魂"。教育部原部长周济提出"爱与责任——师德之魂"的新命题，第一次把"责任"摆到"师德之魂"的高度，认为"没有责任就办不好教育"。也有研究者认为，社会主义荣辱观赋予了高校师德以新的时代内涵。对于高校师德规范提炼，研究者提出了"志存高远、爱国敬业，为人师表、教书育人，严谨笃学、与时俱进""爱岗敬业、关爱学生，刻苦钻研、严谨笃学，勇于创新、奋发进取，淡泊名利、志存高远""献身教育、敬业爱岗，以身作则、为人师表，严谨治学、教书育人，热爱学生、诲人不倦，团结协作、关心集体""以为学生服务为核心，以爱岗敬业为原则，以严谨治学、教书育人、为人师表、廉洁从教为基本要求"等不同主张。

（三）关于高校师德教风的现状

多数研究者认为，高校师德状况主流是好的，多数高校教师的师德表现受到了广大学生的肯定。但是，部分教师的师德还存在一些问题，主要表现为敬业精神不强，育人意识淡薄，师表作用不彰显；个人主义思想严重，奉献精神不够，科学作风不实，协作精神欠缺；学术腐败现象时有发生，只"教书"不"育人"，师生关系趋于冷漠；理想目标弱化，敬业精神欠缺，学术浮躁功利；价值取向的多元和功利倾向较明显，轻思想、谈政治、重利益、求实惠的现象较突出，其行为与职业要求的教书育人相背离；缺乏应有的事业心、责任感。

（四）关于高校师德教风问题的成因

有的认为对教师评价不当引起教师对待教学的功利性思想、教学态度浮躁、敬业精神不足和失衡的价值判断；有的认为社会变革中的观念冲撞以及行业竞争加剧是导致教师职业道德失范的社会根源，教师教育的缺失是导致教师职业道德失范的重要原因，单一僵化的教学、评价和管理制度是滋生教师职业道德失范的温床，教师个人的道德素养、职业能力、心理健康水平、人格特征是职业道德失范形成的内在原因；有的从主客观两方面进行分析，指出影响师德的主观因素包括道德价值取向功利和实用、道德价值主体出现偏移、在道德认识上出现多样化、高校专业分工过细等，客观因素包括社会整体道德下滑的影响、传统道德价值观念张力的削弱、目前道德体系在社会运行机制中的"调接器"功能在某种情况下"失灵"，发展社会主义市场经济的影响、社会尊师重教的风气淡化等。

（五）关于解决高校师德教风存在问题的对策

有研究者提出，要把以切实解决好机制问题作为加强师德建设的突破口，要从教育、运行、约束、激励、保障五个方面建立健全机制；有的认为，要依据师德内涵所蕴含的目标和师德行为的动机与效果，坚持系统性、代表性、可比性和可操作性原则，根据一般标准和具体标准来构建高校师德评价的指标体系；有的从师德教育与师德宣传、机制制度建设、校内外文化舆论环境、教师自身修养等方面提出相应的对策与建议；还有研究者提出了"五个着力点"，即理论武装——加强学习以明师德，舆论引导——掌握动态以正师德，文化熏陶——营造氛围以扬师德，规范约束——完善制度以律师德，利益保障——关心教师以促师德，等等。

从众多文献研究来看，高校师德建设研究越来越受到重视，成果也很多。但针对当前高校依然存在的突出的师德问题这一现状，高校师德师风建设研究尚有诸多须深化和拓展之处。主要有：师德师风调查不够广泛深入，只有较少一部分研究者进行了社会调查并从调查结果中分析和把握高校师德问题的现状；对高校师德及师德建设的内涵挖掘不够，缺乏对传统文化中优秀师德的挖掘和梳理，缺乏对传统与现代、中国与西方的师德观的比较研究与批判继承；一些研究者只是简单地将普遍意义上的师德内涵及规范套用在高校教师身上，而没有对高校教师的职业性质和职业特点、高校教师职业道德要求、高校教师师德建设的基本理念等问题进行深层次的理论分析；研究不够全面深入，往往就现象研究现象，对师德及师德建设现状的研究等同于对存在问题的研究，对师德优良的一面和师德建设的成就研究不够充分，定性研究较少且描述不够准确；对高校师德考评体系和运行机制的研究不充分，即使有研究者提出师德建设要加强考评机制、宣传机制、监督机制、培养机制等建设，但大多比较概括，缺乏可操作性；缺乏对教师群体的分层细化研究，针对性和指导性不强，对不同教师群体如青年教师群体的特殊性研究不够。

二、高等教育实际需要教师更富于爱心和责任心

（一）高等人才培养目标要求教师强调爱生

教师的工作对象是有血有肉、有情感、有意识的人。热爱学生是教师所特有的职业情感和道德义务，是良好师生关系建立和发展的坚定基础。爱护学生的情怀不同于一般的人与人之间的情感，它来源于教师对教育事业的深刻理解和高度的责任感，来源于对教育对象的正确认识、满腔热情和无限期望。热爱学生，就是要了解和理解学生，尊重和信任学生，严格要求学生，客观公正地对待学生，关心学生的思想、学业和生活。

（二）高校师资队伍现状要求教师增强教书育人责任

根据调查了解，部分教师工作责任心不强，存在着与高等职业教育要求不相适应之处。如有的教师在教学上精力、时间投入不足，备课不认真，照本宣科；授课很随意，讲到哪儿算哪儿，随意更改教学安排；陶醉于自我讲授而与学生互动不够，全然不管下面学生有没有在听讲；对学生课堂纪律要求不严，对学生不良行为表现放任自流，疏于管教；与学生交流很少，没有把教书与育人很好联系起来，上完课后基本上不与学生接触，等等。高等院校教师对教学要抱以更大热情和对学生的更多关爱，悉心指导和帮助学生完成学业，使之成长为高素质的应用型职业人才。

（三）高等院校科研状况要求教师强化学术能力

科学研究也是高等教育的重要职能之一，学术水平对高等教育的质量提升和教师素质的提高具有毋庸置疑的重要影响。对此，高等教育界已形成共识，这些年各高等院校也在着力开展。但必须看到，高等院校的学术氛围、学术团队、学术研究水平，以及学术成果等状况依然薄弱。教师科研能力的提高面临着一些困难，如学科性研究缺乏本科院校那样与教学内容比较一致的学术背景，深化拓展不易；高等教育研究作为新的研究领域尚未确立成熟的研究范式和深厚的资料积累；教师特别是年轻教师深感教学任务重，科研压力大，缺乏学术引路人指导、学术团队依托和学术思想交流平台，高层次课题和研究项目获取难，缺少学术素养积淀和职业业务实践经验，等等。在强化科研工作，着力提高学术能力，争取早出成果多出成果的目标下，要求教师摒弃学风浮躁、治学不够严谨现象，恪守学术规范，尊重他人劳动和学术成果，坚决抵制学术失范和学术不端行为显得尤为重要。

三、实施高等院校师德教风提升工程

师德素养的提升离不开教师正确认识加强师德修养的重要性和对师德规范的自觉自愿履行，但师德师风建设并非是一朝一夕就能见成效的，必须建立长效机制和切实可行的载体。实施师德提升工程是高等院校师德师风建设开展的必经路径。

（一）加强师德规范教育学习，崇尚师德修养

通过多种形式深入学习《高等学校教师职业道德规范》，促使广大教师全面理解《规范》的基本内容，使师德规范成为广大教师普遍认同和自觉践行的行为准则。将学习师德规范纳入教师培训计划、教师传帮带"青蓝工程"，作为新教师岗前培训和教师在职培训的重要内容。通过岗位培训、职业道德教育、教育法、教师法等相关知识的学习，采取集中学习与日常工作相结合、师德师风教育与业务活动相结合等不同方式，不断增强广大教师的理论素养和职业教育认同感。通过师德师风的典型宣传，挖掘在岗教师在师德师风方面的先进事迹、感人故事，注重用身边的人和事带动人、影响人、教育人、鼓舞人，使教师明确自己的工作职责和任务，自觉把更多的精力投入到教书育人的工作中来。

教育学习只是手段和途径，提高思想认识，形成稳固的注重师德修养的思维习惯、自觉按师德的要求行事才是关键和根本目的。因此，要着力引导教师自觉践行社会主义核心价值体系，崇尚师德修养，弘扬高尚师德，增强教书育人的责任感和使命感，确立奉献教育、关爱学生，在高职教育岗位建功立业的理想追求。忠诚于党的教育事业，恪守教师职业道德和学术道德，力行"爱国守法、敬业爱生、教书育人、严谨治学、为人师表、服务社会"的师德规范。以强烈的道德责任感维护道德的严肃性和正义性，以高尚的道德情操和崇高的精神境界去感化学生的心灵。全身心地投入教学与科研，做到率先垂范、言传身教，以良好的工作作风去影响学生的学风，以学识和人格魅力去感染教

育学生。

（二）建立健全师德教风考核评价制度

职业道德具有行政约束性、纪律性，提升教师职业道德素质需要教师自觉修行，也离不开制度约束。学校应结合高等院校实际和高等教育发展规律和特殊要求，制定《规范》实施细则和师德师风考核评价制度，作为教师必须遵守的行为指南。将师德纳入教师考核评价体系，并作为教师绩效评价、聘任（聘用），以及各级各类评优奖励的首要标准，严格执行"一票否决制"。将《规范》作为师德考核的基本要求，结合教学科研日常管理和教师年度考核、聘期考核全面评价师德表现。及时发现和纠正教师中存在的师德师风问题，对师德表现不佳的，及时劝诫、督促整改；对师德表现失范，严重损害人民教师的职业声誉，造成不良后果的，依法依规予以严肃处理。表彰激励先进模范，对师德表现突出的，予以重点培养、大力宣传和表彰奖励，激励广大教师自觉遵守师德规范，树立高校教师良好职业形象。

（三）构建师德教风建设协同机制

师德素质与教师职业行为紧密相关，体现在教书育人、学术研究、社会服务工作的方方面面和全过程，师德师风建设还必须与学校各项工作相结合，构建各种类型协同机制。如建立校系（院）两级师德师风建设工作机制，成立领导小组，开展师德师风调查研究、师德风险检查评估、师德教育活动，了解教师的思想、工作和生活状况，听取师生意见建议，及时研究解决问题，制定落实相关措施以改正和加强。充分利用现代信息技术，构建网络交流互动平台，倡导教师与领导、教师与教师、教师与学生之间及时进行沟通、交流和反馈。持续实施青年教师、辅导员青蓝工程，细化青蓝工程实施办法和考核评比方式，让优秀老教师的人格魅力和师德素养潜移默化地影响和带动青年教师。提倡新老教师加强思想沟通和业务交流，鼓励青年教师钻研教学艺术，提高教书育人责任心和教学能力。完善教学督导机制，加强课堂教学质量评估和教风评价，将师德评定结果纳入教师业务考核，并与年度业绩津贴直接挂钩，作为岗位聘任、技术职务晋升和奖惩的依据。注重对备课、教案撰写、课堂授课、作业批改、考试组织、学生论文和社会调查指导等教学工作各环节与过程，以及学术行为、科研作风中师风状况和师德表现的考察评价，探索师德师风量化考核指标体系建设，拓宽师德师风评价渠道。开展以师德为主题的教工校园文化品牌建设，倡导崇尚师德修养文化，营造"以人为本"的人文环境。关心教师工作和生活，维护教师切身权益，满足教师发展需求，为教师创造"多用武之地，少后顾之忧"的工作条件。积极营造良好的师德教风建设氛围，为教师在教书育人、教学科研等方面建立健康向上的上下级关系、同事关系、师生关系，培养教师的主人翁意识、大局意识和责任心，促使教师在学校事业发展中成就自我。

第四章　高等院校管理队伍建设

第一节　高等院校管理队伍建设

高等教育要提升质量，队伍建设是关键，而队伍建设又包括十分丰富的内容。其中，师资队伍和管理队伍是最为重要的组成部分。相比而言，师资队伍建设的重要性得到了广泛的认同和更多的关注，但是，关于管理队伍建设的研究和思考仍缺乏针对性和系统性，《国家中长期教育改革和发展规划纲要》对此也没有做出专门的规定，因此有必要对队伍建设进行整体性思考，把管理队伍建设摆上更加突出的位置，认真进行系统设计、有序推进。使之成为高等教育提升质量的有效支持。

一、制约高等院校管理队伍建设的若干因素

（一）学校运行的特点导致管理队伍建设不受重视

在中国，公立学校和科研院校都按事业单位管理，事业单位的特征就是行政管理和专业技术双轨运行，每一名员工可根据需要和条件确定挂靠的职位和职级，"双肩挑"成为一种特有现象，而且，为体现尊重知识、尊重人才、重视专业、重视业务，一般而言，具有较高专业技术职务和较好专业水平的员工往往得到尊重与厚待，被认定为内行。相应地，从事具体行政管理、教学管理、学生管理、后勤管理和市场管理的员工很难当作重点培养对象。近年来，各高等学校开始重视学校管理，在收入分配制度改革等方面也有了相应倾斜（尽管有人称之为行政化或官本位），吸引了一批高层次知识分子从事学校管理工作，但由于各种原因，从事主要部门管理工作的员工往往由高职称专业教师来担任，管理工作仍然是双肩挑的一部分。从事物本身看，它是有利的，有利于提高人才的综合使用效能，然而也产生了一个不利结果，即管理队伍的相对独立性问题被模糊，重要性被削弱，专职从事管理工作的精力被分散。在不少学校，忽视管理和管理队伍成为通病，就这点而言，几乎所有事业单位都有这一问题。

（二）高等院校的属性影响管理工作的深化和细化

较其他事业单位，高等院校忽视管理和管理队伍问题更加明显，究其原因是多方面的：一方面，中国的大部分高等院校都是近几年新升格或新建的，办学升格、规模扩张与管理升级的矛盾比较突出，学校的办学条件得到充分重视，虽队伍建设步伐很快，但

往往先满足教师队伍需要，因为"生师比"是考察和评价学校的一个硬指标，事实上来说，在规模快速发展、可投入的人力和财力有限的条件下，管理队伍建设往往处于被动应付状态。在高等院校规模发展快、队伍建设任务重的情形下，管理队伍往往被"挪用"和"挤占"，也就是说，管理队伍会把相当精力乃至主要精力放在教学和专业工作上，即使是专职从事管理工作的员工，也会为了争取教学和专业技术资格而分散管理时间和精力，从而在一定程度上影响管理工作的深化和细化，正因为这样，高等院校管理队伍问题往往更加突出。

（三）高等院校加强管理队伍建设具有特殊意义

从高等教育的主要对象看，报考高等教育的学生，其在传统教育模式下的基础教育阶段。大部分不是最成功者，他们饱受过挫折，受到过冷遇。进入高等教育阶段后，他们经过三年的学习，要从普通中学生顺利实现向职业人的转换。在这个背景下，对高等学生进行政治引导、学业辅导、职业指导的任务十分繁重。我们需要激发大学生的成功欲，需要唤起大学生的创造欲，也要改正学生在基础教育阶段养成的不良习惯，建立适应高等教育学习的新秩序，正因为这样，仅学生教育管理和人才培养工作的任务就十分繁重，正是从这种意义上讲，高等院校更要全员育人、全过程育人、全方位育人。

二、提高质量阶段高等院校管理队伍建设任重而道远

如果说，规模扩张和新建发展阶段高等院校管理工作不精细，管理队伍没有摆上十分重要的议事日程，还只是一个阶段性的问题，但如果长期继续这样的理念和做法，既会影响教育教学质量的提高，更会影响学校的可持续发展，必须把加强管理工作和管理队伍建设摆上新的高度，主要理由是：

（一）高等教育规模发展到一定阶段后必须重视管理革新问题

我们提出加强管理干部队伍建设，提高高等院校管理水平，并非是对我国高等院校管理现状持一种否定观点，而是说，过去的状况是一个阶段的必然现象，而现在我们的高等院校已经有相当规模了，在规模达到一个阶段后，管理问题就显得重要和突出。正如著名学者所言，一切规模较大的组织或多或少需要组织指挥和协调，一个小提琴手是自己指挥，一个乐队就需要指挥。现在高等院校少则 5000 人，多则上万人，科学的管理机制、专门管理制度、高水平的管理队伍十分必要，管理队伍应该有专门的序列、专职化的人员配置和发展进阶。

（二）高等教育进入提高质量阶段后管理工作需要提升和加强

规模扩张是显性，而提高质量是隐性，十年树木、百年树人。因此提高质量，高等院校有大量的文章可做，教学工作的科学安排，师资队伍的合作调度，安全稳定机制的建立，思想教育的有效性，尤其是与高等教育特征相适应的校企合作、工学结合机制的建立等，都是管理工作和管理队伍建设的重要范畴。

三、高等院校管理队伍建设的主要价值取向

构建全方位、整体化高等教育管理队伍，可以从不同角度进行分类建设，也可以作为高等院校管理队伍建设的主要价值取向。

（一）高等院校需要决策领导型、管理协调型、执行操作型三层次管理者

1. 决策领导型管理者，主要是指高等院校的校级领导班子

这支队伍应该具有较强的法律法规和方针政策意识，具有较强的市场意识和民主意识，懂政治、懂教育、懂市场、懂人才、懂学生，能够抓住机遇、能够整合资源、善于谋局用人、善于创新发展。这支队伍应该做到素质优异、数量适当、智能互补、结构合理。

2. 管理协调型管理者，主要是指中层管理干部队伍

他们在学校建设和发展中起着承上启下的中流砥柱作用，对他们的基本要求是，能创造性地开展工作，具有较强的学习力和执行力，能够把文件学清楚，把市场搞清楚，把思路理清楚，把事情做清楚，把话语（总结）说清楚。

3. 执行操作型管理者，主要是指高等院校管理队伍的基层干部

对他们的基本要求是：忠诚、专业、负责，能够领会领导意图，严格规范办事，认真履行岗位职责，在分管职责内充分行使职权，承担责任，做好工作，成为行家。

（二）从管理工作内容看，高等院校管理队伍建设需要重点培养六类人员

1. 教学管理队伍

这是高等院校管理队伍的基础性人才。学校工作以教学为中心，人才培养工作是重心，建设一支熟悉高职教育规律，懂市场、懂专业、会管理的教学管理队伍十分重要，它既包括教务处等职能部门，也包括实训等辅助教学管理部门，当然，更包括系（部）和专业（教研室）主任。

2. 育人管理队伍

这是高等院校管理队伍的重要组成部分。学校工作必须坚持以育人为本、德育为先，育人工作是学校工作的核心。因此，建设一支高素质育人管理队伍至关重要，他们必须懂学生、懂青年、掌握育人规律，具有教育学、心理学等方面知识，爱学生、负责任、会教育、愿服务。

3. 市场营销队伍

从某种意义上说，市场营销队伍是职业教育的特殊组成部分，也是有机组成部分。正确定位、研究市场、开发市场、巩固市场是一所学校得以生存和发展的必要条件，正因为这样，高等院校必须培养一支市场意识强、营销水平高的人才队伍，促进高等教育可持续发展。

4. 安全管理队伍

发展是第一要务，稳定是第一责任。一所学校要创新发展、提高质量，其前提是安

全和稳定，因此，建设一支忠于职守、纪律严明、责任心强，具有牺牲和奉献精神的安全管理队伍显得十分重要。

5. 后勤保障队伍

学校是一个综合体，高等院校学生都远离家长，以住校学生为主，因此，建设和完善后勤生活设施是中国现阶段高校运行模式的常态。正因为如此，同样需要建设一支服务意识强，具有较好服务技术和能力，脚踏实地、勤奋实干的后勤保障队伍。

6. 辅导员队伍

辅导员是中国高等学校队伍建设的特色，其主要任务是学生思想政治教育、学生发展指导和学生事务管理。按照中央有关要求，辅导员队伍要按照双重身份、双重待遇、双线晋升的要求，既要作为师资队伍来抓，也要作为管理队伍来抓，并切实增加投入，加强建设。

四、现阶段加强高等院校管理队伍建设的建议

高等院校管理队伍建设是一项系统工程，必须进行制度上的顶层设计，并争取有力措施加以推进。

（一）积极构建"双阶梯"式管理和激励模式

这就是说，高等院校必须建立起专门的师资队伍和管理队伍，两支队伍允许有交叉，但对"双肩挑"的范围和条件应有严格限制。师资队伍与管理队伍承担的岗位职责不同，遵循的工作逻辑不同，所需的能力要求和知识素质也不同，因此两支队伍建设具有同等的重要性，不可偏颇。就个体而言，应根据自身特长、条件等因素正确定位、科学规划，坚持岗位稳定与转岗慎重；就学校而言，应该明确教师和管理人员的二元序列与双重进阶，使两者在不同的序列下履行职能、在不同的进阶上实现成长发展，特别是在管理制度和办法设计上，采用不同的考核指标，分别采用有效的激励措施，鼓励员工在不同岗位上勤奋创新、做出贡献、争创佳绩。

（二）科学设计管理队伍岗位设置和管理办法

当前，全国范围内正在进行事业单位岗位设置管理和改革。应当说，它对规范事业单位岗位设置和人员管理具有较大的推动作用，对实现事业单位内部管理由经验模式向科学模式发展具有积极的促进作用。但是现行的办法还不够精细具体，在推进思路上仍然沿袭了行政机构改革的相关制度模式，问题是，如果再按行政相关的办法建立薪酬考核办法，那就未必能得到应有的效果，弄不好还会违背决策的初衷。事业单位的存在理由主要是实现各级政府的公共服务责任、落实社会公平与福利的价值追求，不同于行政机构的公共管理职能与社会安全与秩序追求。因此，应该鼓励高等院校从学校特点出发，引入企业化管理机制和绩效考核办法，以真正体现高等院校校企融合的办学追求，比如在教职工的工资结构设计上应当减少固定的基本工资部分，增加灵活的绩效考核内容和办法。

（三）着力搭建一套专门针对管理队伍的综合培养体系

培训和教育是加强高等院校管理队伍建设、提高管理队伍水平的必要条件，为此，应建立综合化、立体式培养体系，尤其是在培养理念与培养内容上，要与师资队伍培训有所区别，各有侧重。具体而言，可包括以下几个方面：一是岗前培训，坚持做到先培训后上岗；二是岗位轮训，及时把新形势、新政策、新理念传达和领会；三是转岗培训，凡轮岗、转岗者都必须经过培训。要做到这些，就必须由教育行政主管部门会同有关方面设计系统的岗培从业资格标准，提供岗位培训条件和渠道，在培养内容上应当强化双语会话、计算机网络应用、公共管理学等方面的能力与水平，从而有利于管理队伍建设的有效开展。

第二节　高等院校辅导员队伍建设

在中国高校，辅导员是一个特殊的职业群体，他们具有教师和管理者的双重身份，既是高校教师队伍的重要组成部分，也是高等学校从事德育工作、开展大学生思想政治教育的骨干力量，是大学生日常思想政治教育和管理工作的组织者、实施者和指导者，是大学生健康成长的指导者和引路人。其地位身份之特殊、责任使命之崇高，足以说明建设好这支队伍的重要性。

一、高等院校辅导员队伍的职业特性

（一）高等院校辅导员工作的主要内容及其相互关系

辅导员是高等学校教师队伍的重要组成部分，是高等学校从事德育工作、开展大学生思想政治教育工作的骨干力量，是大学生健康成长的指导者和引路人。

1. 高等院校专职辅导员是大学生思想教育和管理工作的组织者和指导者

高等院校专职辅导员工作在学生思想政治教育的第一线，大学生的日常思想政治教育主要由他们来组织实施和引导。组织学生学习中国共产党的光荣历史，培养学生的爱国主义精神的是专职辅导员；培养学生崇高的民族自豪感和自信心的是专职辅导员；引导学生关注时政和国家建设，了解我们国家和社会现实的也是专职辅导员；指导学生党支部和班委会的建设，培养学生党员和学生骨干的同样还是专职辅导员。

2. 高等院校专职辅导员是学生成长成才的导师

高等院校是培养社会急需的高层次应用型人才的地方，其核心是塑造人的教育。大学时期，是青年学生完成世界观、人生观和价值观的定型时期。专职辅导员所要起的作用就是在学生世界观、人生观、价值观形成和变化的关键时期，发挥重要的教育和引导作用，解决青年学生在成长过程中碰到的各类问题，为学生指明正确的发展方向，促进学生的人格完善和成长成才。

3. 高等院校专职辅导员是大学生最值得信赖的朋友

高等院校的专职辅导员要成为学生健康成长过程中最值得信赖的朋友，只有和学生成为朋友，深入学生当中，方能了解学生的生活、学习和思想状况，学生才愿意与之交流和沟通。这样，专职辅导员才能真正影响学生、引导学生，才能成为大学生的人生导师，才能更顺利地完成大学生的日常思想政治教育和管理工作。

在这几个层次的工作内容中，学生思想政治教育是辅导员的核心工作，学生成长成才指导是主体性工作，学生日常事务管理是基础性工作。

（二）高等院校辅导员工作的主要特征及其关系

从上述三个方面的内容可以看出，高职院校的辅导员工作的对象是大学生，因而决定了其工作性质具有以下三个特点：

1. 对象的善变性

即辅导员面对的是一个个不同的具有特定价值倾向且处在不断变化和发展之中的大学生，后者的善变性和可塑性决定了辅导员职业的挑战性和创造性，同时也对辅导员的思想境界、教育理念、教育能力、工作艺术提出了更高的要求。

2. 内容的复杂性

辅导员工作千头万绪、纷繁复杂且没有时空边界，辅导员不仅是大学教育的重要力量，而且是各种教育要素的协调者，既要把握校内教育资源，又要整合社会与家庭教育资源。

3. 影响的长效性

辅导员的工作方法是多种多样的，对大学生成长的影响也是多方面的，既需要丰富的学识智慧濡染，又需要自身的人格感召，辅导员与大学生的交往也是相互的或者是双方乃至多方互动的，其工作机理在于潜移默化、长效促进。

（三）由工作内容和性质提出的辅导员素能要求

由上述辅导员的工作内容和性质分析可知，辅导员确须具备教师和管理者的双重素质和能力。具体来说，主要应做到：

1. 高学历

这是其具备渊博知识和丰富智慧的一般前提条件，也是赢得大学生信任的主要前置内涵，自然也是做好辅导员工作的重要因素。同时，这里所说的高学历乃是相对于辅导员的工作对象而言的较高学历，不应理解为片面追求高学历甚至最高学历。

2. 高素质

辅导员工作主要是做人的工作，其行为规范、道德品行、言语能力、奉献精神等都是十分重要的，缺少了高素质，辅导员工作一定做不好。

3. 高水平

它需要有经验和知识的积淀，也需要有处理复杂问题的技巧和艺术，辅导员要善于发现问题、分析问题、解决问题，有能力推进系部、专业学生面貌既健康向上、生机勃勃，又保持平衡有序。

二、当前高等院校辅导员队伍面临的挑战

（一）人员配置失衡，队伍整体素质较低

从高等院校专职辅导员队伍自身状况看，其学历职称总体不高，本科学历，初级职称仍然是这支队伍的主体。高等院校的专职辅导员队伍无论在学历还是在职称上，与专任教师相比还有不小的差距，距离向职业化、专家化方向发展的目标仍然任重道远。同时，专职辅导员自身的一些问题也应当引起重视。专职辅导员队伍中，出生于心理学、教育学、伦理学、政治学、社会学等相关学科背景的偏少，由于没有扎实的学科理论功底，实际工作中难以在方法论上进行深入探索，从而无法向学生解释清楚现实中的一系列新情况、新问题。近年来高等院校的专职辅导员数量猛增，引进的基本上是刚毕业的应届毕业生，加上辅导员岗位人员流动性大，队伍普遍呈现年轻化态势。年轻辅导员政治上的不成熟，对复杂的思想政治教育力不从心。

（二）收入水平差别较大，编制问题突出

调查对象中，年收入在 2 万元以下的占 8%，年收入 3 万～4 万元的占 64%，5 万～6 万元的占 24%，7 万元以上的仅有 3%。专职辅导员队伍的编制问题比较突出。所调查的专职辅导员中，事业编制的为 34%，人事代理的占 50%，聘用合同制的有 12%，还有一小部分是临时聘用人员。

（三）发展通道受阻，具体事务繁杂

有数据显示，75% 的专职辅导员明确表示在工作中压力较大，14% 的人认为压力非常大。调查中，当问到在工作中遇到的最主要的三个问题是什么时，排在首位的是个人发展前途与出路，占 78%；其次是事务性工作与专业理论提升相矛盾、工作负荷过大，分别占 60%、53%。

而高等院校的专职辅导员的工作压力主要来源于以下方面：自身发展前途与方向、工作量大、工作职责不清，分别占 66%、53%，47%，还有其他一些因素也使得辅导员在工作中感受到压力的存在。如学生思想观念日益复杂多元、工作中的突发性、应急性事件等。

调查还发现，高等院校的专职辅导员工作满一定年限后被提拔为行政科级以上干部的概率较小，53% 的人认为这只是个别现象，对于大部分辅导员而言，则很少有这种机会，39% 的人则觉得这种机会几乎没有；59% 的人表示自己学校的专职辅导员不享受任何行政级别待遇；19% 的专职辅导员表示担任学工办主任、团总支（分团委）书记的辅导员才享受行政级别待遇，但相对于整个专职辅导员队伍而言，这毕竟是极少数人才拥有的机会。

（四）工作体系不健全，管理制度不完善

学生工作体系不健全，付出与所得的薪酬待遇不对称，学校缺乏周密详细的专职辅

导员培养、培训项目及实施计划，专职辅导员很少有机会参加专业进修，单位对专职辅导员的工作业绩评价、考核不公正、不合理，工作经常受到非职责范围内事务的干扰，烦琐的事务影响了个人业务的提升等，在一定程度上影响了专职辅导员工作的积极性。

（五）受尊重程度一般，归属感偏低

调查中，74%的专职辅导员觉得在单位受尊重程度一般，21%的人认为专职辅导员在单位地位低下，得不到他人的尊重。正是因为如此，所以学校里好多部门都可以给专职辅导员摊派任务。这种情况导致的直接结果就是专职辅导员从早到晚都在处理一些琐碎事务，职业的归属感不强，甚至有许多专职辅导员表示，整日工作往往使得自己心力交瘁、精疲力竭。65%的专职辅导员指出，学生工作的日常事务经常多得让他们喘不过气来。同时，由于专职辅导员的受尊重程度不高，许多刚毕业的大学生就把辅导员这个职业当作工作的跳板，很少有人会把它当作毕生事业来做。当问及是否愿意长期专职从事辅导员工作时，73%的辅导员明确表示不愿意，甚至有10%的人表示非常不愿意。愿意长期专职从事辅导员工作的只占被调查对象的13%。

三、影响高等院校辅导员队伍建设的主要因素

导致高职院校专职辅导员队伍建设存在问题的因素很多，具体来说，主要有以下几个方面。

（一）高等院校对专职辅导员队伍建设缺乏足够重视

《教育部关于加强高等学校辅导员班主任队伍建设的意见》指出，加强辅导员、班主任队伍建设，是加强和改进大学生思想政治教育的重要组织保证，对贯彻落实党和国家的教育方针，把大学生思想政治教育的各项任务落到实处，具有十分重要的意义。在此之前，党中央国务院还就加强高校学生的思想政治教育出台过专门的文件，教育部也就加强辅导员队伍建设连续出台配套文件。但是在实际工作中，"上有政策，下有对策"的现象比较严重，各高等院校对辅导员队伍建设重视程度不一，政策落实力度不强。调查发现，部分高等院校的党政领导对专职辅导员工作重要性的认识还没有达成共识，重视不够、配备不全、措施不力。目前高等院校辅导员队伍建设存在的主要问题有学校主要领导不重视、辅导员队伍建设经费不足、在专职辅导员学历深造和进修提升等方面没有政策支持、没有建立健全专职辅导员队伍建设的工作机制等，导致专职辅导员队伍业内发展渠道不通畅，社会地位和职业评价普遍不高。

（二）专职辅导员的职业准入制度不严

根据职业要求，高等院校的专职辅导员应该具备较高的思想政治觉悟，其专业知识背景应与辅导员的岗位要求相适应，如心理学、教育学、思想政治教育等，同时还要具备与辅导员工作相匹配的职业素养和职业能力。但是在选拔招聘专职辅导员时，几乎所有高等院校都把"是否为中共党员"或"是否毕业于重点高校"作为应聘人员的素质考察指标。一旦人员确定，对其进行简单的工作培训后就认定其达到了上岗标

准，至于所应聘的人员是什么专业背景、其能力是否达到辅导员工作的要求则被放在次要位置。

在职业规范方面，随着时代的进步与高等教育的发展，高校学生工作实际对专职辅导员的职业能力和综合素质的要求也越来越高。为应对形势的需要，当今的专职辅导员不仅要知识渊博，而且其人格魅力也一定要强，专业技能也一定要硬。遗憾的是，我国目前尚未出台专门的辅导员职业资格认证制度，职业资格标准建设也尚在起步阶段。

（三）高等院校专职辅导员培训工作薄弱

要提升专职辅导员队伍专业水平和业务能力，对专职辅导员开展不同层次和类型的培训是一个重要途径。高等院校对专职辅导员培养培训工作薄弱，是导致队伍整体水平不高的一个重要原因。

在实际工作中，高等院校对专职辅导员的培训普遍缺少针对性和系统性，无法做到像对待专业教师那样，将专职辅导员的培训纳入学校师资提升规划之中＊大部分情况下，当专职辅导员意识到知识的匮乏时，只能通过自学来达到"自我提升"，但由于日常事务太多太杂，绝大部分专职辅导员又无法做到全身心地投入自学。鉴于此，部分辅导员会自觉不自觉地放松政治理论及有关专业知识的学习，致使自己的政策理论水平偏低，实际工作能力无法有效提高。当学生提出的一些政治思想或其他方面的问题时不能有效地运用科学的理论去引导和说服，也不能与时俱进地对学生的学习生活给予有力的指导，这些往往会使得专职辅导员在学生中的影响力、威信、说服力受到削弱。

（四）高等院校专职辅导员业内发展机制缺乏

目前，高等院校专职辅导员队伍建设中出现的问题，绝大多数是因为专职辅导员业内发展机制缺乏造成的。一是身份不明确，尽管教育部明确规定，辅导员具有教师和干部的双重身份，实际上，相当部分高等院校对辅导员的身份归属仍比较模糊，把他们等同于教辅人员和管理人员，其教师身份在校内难以得到认同。二是职责不明晰。辅导员承担着学生政治思想教育，日常事务管理和大量行政工作，直接导致辅导员"几手都在抓，几手都没硬"。辅导员承担角色多，职责跨度大，工作战线长，一方面让他们对工作应接不暇、疲于应付，产生职业倦怠和工作盲目性，另一方面繁重的工作也让他们失去继续学习的条件和动力，导致队伍后劲不足，作用发挥不理想。三是发展前景不明朗。一些高等院校对辅导员队伍建设缺乏整体规划，发展机制不健全，分流渠道不畅通，是辅导员队伍发展出路和职业前景的最大阻力。现有的职务职称评定办法、专业化职业化发展等瓶颈性问题制约了辅导员队伍的可持续发展，职业认同感较差，缺少必要的发展空间，导致辅导员队伍整体不稳定，缺乏长期坚持的工作动力和积极性。

四、对加强高等院校辅导员队伍建设的整体思考

加强高等院校专职辅导员队伍建设，是一项复杂系统的工程，要做好高等院校的专职辅导员队伍建设工作，就得从合理配置并优化专职辅导员队伍的结构、建立卓有成效

的专职辅导员队伍激励制度、健全专职辅导员的培训体系等方面着手，加强对专职辅导员的科学化管理。

（一）合理配置并优化专职辅导员队伍的结构

高等院校的专职辅导员是学生在校期间寻求指导最多、联系最为紧密的人群，所以高等院校要针对当前高等教育的发展实际，按照德才兼备和精干的原则，合理配备一线专职辅导员的数量，并要优化这支队伍的结构。

1. 保证专职辅导员的数量

高等院校的专职辅导员和学生的比例至少达到 1：200，要严把进入关。由于近年来高等院校人事管理制度的多元化，使高等院校专职辅导员的来源不再局限于单一的渠道，形式是多种多样的。专职辅导员的"进口"渠道多了，如果不严格把好关口，势必会鱼龙混杂，降低专职辅导员队伍的质量。因此，我们要优化高等院校的专职辅导员队伍，至关重要的是要把好"进口"关。在把住进口的同时，还要开通"出口"，对工作业绩不佳，经实践检验不适合辅导员工作的人员能够及时调整出去，形成"能上能下、能进能出"的良性机制。

2. 严格专职辅导员的准入制度

高等院校要在源头上把好专职辅导员队伍的入口。在招聘专职辅导员时，应按照德才兼备的宗旨，坚持公平、公正、公开的原则，遵循政治强、业务精、纪律严、作风正的素质要求从品学兼优的高校毕业生、优秀青年教师中选拔、培养专职辅导员，以保证这支队伍的总体素质。一般而言，在我国高等院校从事学生思想政治教育及学生事务管理工作的专职辅导员必须是中共党员，要具有坚定正确的政治方向、敏锐的政治洞察力、政治鉴别力，并能坚持党的教育方针。从人员配备来看，应严格按照国家规定的辅导员与在校学生人数 1：200 的比例标准配备专职辅导员；从选拔程序来看，要坚持面向社会的公开公选招聘和在本校青年教工中单独确定考察人选和对象的内部选拔相结合的方式。

3. 要把握专职辅导员队伍的五个结构

高等院校要在专业、学历、职称、年龄、性别等方面把握好专职辅导员队伍的五个结构。第一是专业结构。因为高等院校的学生思想政治教育和日常事务管理工作是一门科学，它涉及思想政治教育、心理学、社会学、伦理学、教育学和管理学等专业领域，这就需要从事该项工作的专职辅导员必须具备上述学科的专业背景。第二是学历结构。随着高等教育的不断发展，学生的思想观念日趋多元，学生思想政治教育及日常事务管理工作迫切需要高学历的专职辅导员加入，因为高学历的专职辅导员不仅能更深刻地分析、探讨、研究学生的思想政治工作，还能在学生中更好地树立威信。第三是职称结构。高等院校应创造条件打破专职辅导员职称评审的瓶颈，形成高中低梯次合理的专职辅导员职称结构，因为合理的职称结构能在具体的工作中发挥高职称辅导员的"传、帮、带"作用，促进低职称辅导员的快速成长，同时，搭配合理的职称结构也是专职辅导员队伍综合实力的体现，有利于维护专职辅导员队伍的稳定。第四是年龄结构。实际工作中，不同年龄段的专职辅导员有着不同的工作特点，因为年龄不同，其阅历和经验也各有不同。比如年轻的辅导员思维活跃、观念新颖、工作有激情，且容易和学生打成一片，工作年限久、年龄稍长的辅导员经验丰富、见多识广，当面临复杂问题和突发事件时，他们能巧妙应对，周到处理，因为年龄的关系，年长的辅导员在工作中更容易让学生信服。第五是性别结构。随着社会观念的不断变化，家长对子女教育的重视程度越来越高，在高等院校里，女大学生的数量和规模在逐年增长，在有些高等院校，女学生的数量甚至大大超过男生的数量，成为校内的学生主体。这在一定程度上改变了以往学生思想政治工作的内容和方式。同时由于女性在生理、心理上的特有性质，高等院校必须在专职辅导员的性别结构上予以合理设置，以便在实践中更好地开展学生的思想政治教育与日常事务管理工作，增强辅导员工作的针对性和实效性。

（二）建立卓有成效的专职辅导员队伍建设激励制度

1. 打通专职辅导员的职称评审瓶颈

因为专职辅导员角色和岗位性质的特殊性，高等院校应将专职辅导员列入教师编制，实行教师职务聘任制，在职称评定方面给予适当倾斜。专职辅导员可以申报政工系列、教师系列和研究系列职称，侧重于考核思想政治素质和工作实绩。高等院校要根据自身所具有的评审权和有关政策规定，组织专门的思想政治教育职称评审组织，负责专职辅导员的职称评审、推荐工作。在专职辅导员的职务聘任中，要充分考虑思想政治工作实践性强的特点，注意考核思想政治素质、理论政策水平及从事思想政治工作的实绩和能力。

2. 理顺专职辅导员的管理体制

理顺管理体制是专职辅导员队伍长效性建设的重要一环。日前实行的管理体制中，大多数高等院校的专职辅导员的编制在二级分院或系部中；日常工作的安排、考核在二级分院（系）部、学院学工部、团委；而任用、选拔、提升、流动由院党委组织部和人事处负责。这样就形成多重管理、考核的局面，导致专职辅导员工作责任不明确，任务又过于繁重，难有成就感；而在培养和出路上又少人问津或只停留于纸上或口头上，以致专职辅导员不得不自谋出路，争先恐后地"分流"。高等院校要出台专门的制度，明确专职辅导员的岗位工作职责，做到目标任务清晰，工作落实有章可循。

解决了体制问题，就会增强专职辅导员的职业归属感，也就明确了专职辅导员的工作责任，使他们能够感受到作为一名辅导员有自己的工作阵地和进一步发展的可能，是一项可以长期从事的职业，这是实施专职辅导员职业化的前提。

3. 明确专职辅导员的出路和待遇

高等院校要关心专职辅导员的工作、生活和出路，认真落实有关政策，从制度上解决好他们的职务、职称、待遇、发展等问题；完善专职辅导员的评优奖励制度。将优秀专职辅导员的表彰奖励纳入各级教师、教育工作者表彰奖励体系中，按一定比例评选，统一表彰；要树立一批专职辅导员工作先进典型，宣传他们的先进事迹，充分肯定他们在大学生思想政治教育中的贡献；专职辅导员的岗位津贴要纳入高等院校内部分配体系统筹考虑，确保专职辅导员的实际收入与学院同级别、同层次的专任教师的实际收入水平相当；专职辅导员应享受所聘岗位的岗位津贴；高等院校在院内教职工福利方面，专职辅导员应与本院相同资历、相应职务的专任教师享受同等待遇；高等院校要统筹规划专职辅导员的发展出路。凡在专职辅导员岗位上工作满一定年限的人员，根据工作需要、本人条件和意愿，应有计划地做好他们的"提、转、留"工作：（1）提——对那些政治素质好、业务能力强、有发展潜力的中青年思想政治工作的骨干作为党政后备干部予以重点培养，根据工作需要逐步提拔使用；（2）转——转到教学、科研或管理工作岗位；（3）留——继续留在学生思想政治工作岗位上并加以培养。通过以上措施，在动态中不断优化专职辅导员队伍，促进干部交流，建立积极向上、不断进取的选拔培养机制。

（三）建立健全专职辅导员的培训培养体系

高等院校需关心专职辅导员的成才成长，加大对这支队伍的培训培养力度。要通过发挥学校内部学生工作经验丰富的老教师的传帮带作用，积极创造有利于专职辅导员开展工作实践和研究的教学科研条件，同时要坚持培养和使用相结合的原则，促进专职辅导员队伍的整体水平提升。

1. 实施辅导员"青蓝工程"

实施辅导员"青蓝工程"，通过开展指导教师与新辅导员结对子活动，发挥指导教师的传帮带作用，使辅导员尽快提高自己的职业道德、学生工作能力和管理水平，建设一支政治思想好、师德高尚，具有严格的科学态度、团结合作、创新进取精神的辅导员队伍，使他们在辅导员岗位上由合格提升到胜任，由胜任进步到优秀。"青蓝工程"中的青方是指新进校从事专职辅导员工作的青年教师，蓝方是指具有丰富学生工作经验的教师和管理干部。

"蓝方"的主要职责：（1）帮助辅导员提高政治思想素质和敬业精神，增强其工作能力、社会适应性和社交能力。（2）点评指导辅导员所开展的学生管理工作，指导辅导员开展重大、疑难的学生工作，帮助辅导员尽快提高学生管理工作水平。（3）帮带期为2年"蓝方"的聘任条件：①具有良好的职业道德和思想情操，为人师表，工作踏实，有积极进取的精神。②具有中级及以上职称，至少在本校担任过一届班主任工作且考核及格及以上者或从事学生工作2年以上的相关人员。

"青蓝工程"实施措施：（1）"青蓝工程"由学生处负责组织实施和考核。（2）每名新辅导员由所在系或学工部推荐指定一名指导教师。个体"青蓝工程"的培养计划由系部负责制订，并具体落实实施。（3）各系（部）负责对本系"青蓝工程"实施情况进行定期抽查和期终验收。（4）每学年末全院组织开展总结评比活动。（5）帮带期满经考核合格以上者，学院视考核结果，给予指导教师一定数额的奖励。被培养的新辅导员表现优秀者，学校同样需要给予一定奖励；经考核不合格者，青方将不予聘任或解除录用协议，蓝方视同班主任或任学生导师考核不称职。

2. 加大专职辅导员队伍培训培养力度

（1）坚持培养和使用相结合的原则

加强对专职辅导员的培养和提高。高等院校坚持培养和使用相结合的原则，加强对专职辅导员的教育和培养。通过组织经验交流、提高学历层次、定期培训、外出进修、参观考察等多种形式的培养教育活动，不断提高他们的政治理论素养和政策水平，增强敬业精神，努力提高组织管理工作水平和工作技能。要将专职辅导员的培养纳入学校师资培训规划和人才培养计划，享受专任教师同等待遇。

（2）建立长效性的培养制度

切实促进专职辅导员队伍的整体水平提升＊高等院校要建立长效培养制度，对专职辅导员定期进行培训，如岗前培训、日常培训、专题培训、更新知识培训等各种形式的岗前培训和在岗培训，培训内容主要包括马克思主义基本理论、时事政策、管理学、教育学、社会学和心理学，以及就业指导、学生事务管理等方面的知识和技能。对专职辅导员的培训要纳入学校的师资培训规划，由组织部、人事处及学生工作部负责实施。原则上每年对专职辅导员队伍至少进行一次业务培训，对新从事学生工作的专职辅导员进行一次岗前集中培训，每年与省内外院校进行校际交流1~2次，每两年组织一次省外学习考察。

第一，岗前培训制度。在新选聘的辅导员上岗前，职业院校要组织专业人员或资深辅导员对新参加工作的专职辅导员进行岗前培训，让他们了解学院的一些基本情况和学生管理工作的具体情况。专职辅导员经过培训达到基本要求，取得合格证书，方可上岗工作。

第二，学生工作例会制度。院校每月要召开1~2次由各二级学院党委书记（分管学生工作的副书记）或专职辅导员参加的学生工作例会，在会议上，要结合当前实践，加强时事培训，让专职辅导员了解更多的现行政策及管理条例，以会代训，通过例会学习文件、研究问题、布置工作等，从而让专职辅导员更好地了解学生工作的管理规定。

第三，专题培训制度。通过座谈会的形式或者讲座的形式开展培训，围绕某一学生管理工作主题，让与会的座谈人员进行经验交流，总结模式；另外还可以通过讲座形式，邀请有关专家开展专题讲座，加强专职辅导员对有关领域专业知识的了解和学习。

第四，在职学习与进修培训制度。高等院校支持专职辅导员在做好大学生思想政治教育工作的基础上在职攻读相关专业学位，鼓励和支持专职辅导员成为思想政治教育工作方面的专门人才。选拔优秀专职辅导员脱产攻读相关的硕士、博士学位，实现骨干队伍向思想政治教育和学生管理的职业化、专家化方向发展。专职辅导员工作满一定年限后，学校要有计划地安排他们一定时间的脱产、半脱产培训进修。此外，学校还需要选派一定数量的专职辅导员进行业务培训，比如心理咨询师培训、职业指导师培训等等。

当然，有条件的高等院校应设立辅导员培养发展基金，每年划拨一定专项经费，用于专职辅导员的培训学习。辅导员培养发展基金的管理和使用由学生工作部统一负责，根据学校计划和各二级学院申报的项目给予资助。各二级学院必须结合部门实际设立专项经费用于专职辅导员的培养提高。

3. 创造专职辅导员结合工作实际开展教学科研的条件

由于专职辅导员所从事的学生思想政治教育与日常事务管理是一门科学，所以高等院校要充分依托本校思想政治教育学科的资源优势，鼓励和引导专职辅导员挂靠思想政治教育或人文素质与职业素养教研室，为专职辅导员的专业化和职业化发展提供学科支撑。同时，要创造条件支持一线专职辅导员开展与实际工作有关的实践性研究，推动专职辅导员队伍由"埋头苦干型"向"实践—研究型"转变。条件成熟的高等院校最好能为专职辅导员配备专门的导师，通过一对一指导来提升辅导员的理论素养和科研水平等。高等院校要把学生思想政治教育与管理的研究纳入哲学社会科学科研管理范畴，规范管理。充分发挥学校思想政治工作研究载体的作用，为专职辅导员开展研究工作提供平台。学校要划拨研究专项基金，采取招标和委托的方式，就大学生思想政治教育中迫切需要解决的若干重大问题，支持专职辅导员开展应用性、前瞻性课题研究。支持和鼓励专职辅导员承担大学生思想道德修养与法律基础、形势政策教育、心理健康教育、就业指导等相关课程的教学工作，并合理核定其工作量。把专职辅导员开展教学和科研的情况作为年度考核和职称评定的重要依据。

总之，要培养出既有过硬的思想素质又能适应时代发展需要的应用型技能人才，从事高等学生管理的一线专职辅导员责无旁贷。在大力推进素质教育和加强大学生思想政治工作的今天，迫切需要建设一支思想品德过硬、专业素质扎实、工作能力和敬业精神较强的适应高职学生管理的长效性的专职辅导员工作队伍。

第三节　高等院校班主任队伍建设

中国的高等学校不同于欧美高校，欧美高校实行的是书院制，而我们则实行"院—系—班级"三级体制，同时，中国的高校特别强调学校的教书育人职责，因此，一般而言，各高等学校都按照中央的规定配备有足量的思想政治教育辅导员（简称辅导员）。与此同时，各学校都根据学生工作的需要，建立以班级为基本单元，以专业、年级、系部（或二级学院）为主要归口的管理组织形式。几十年来，作为班级具体管理者的班主任这个概念，无论在小学、中学还是大学都是十分牢固的。

目前的班主任工作模式主要有两种：一种模式是采用辅导员直接带班负责班级的教育管理工作，一些学校要同时配备班主任，此时的班主任主要侧重于学生的专业指导和学习辅导，班主任的角色定位类似于导师制中的导师；在这种模式下，也有一些学校不再另外配备班主任，由辅导员负责全部的班主任管理工作。另一种模式是按照《教育部关于加强高等学校辅导员、班主任队伍建设的意见》精神配备的，做到了"专职辅导员总体上按 1：200 的比例配备，保证每个院（系）的每个年级都有一定数量的专职辅导员。同时，每个班级要配备一名兼职班主任"。

一、高等院校班主任的地位与作用

中共中央《关于进一步加强和改进大学生思想政治教育的意见》指出，辅导员和班主任是高等学校教师队伍的重要组成部分，是高等学校开展大学生思想政治教育的骨干力量。班主任负有在思想、学习和生活等方面指导学生的职责，是大学生健康成长的指导者和引路人。

（一）学生成长需要班主任的扶持

斯坦福大学教育专家内尔·诺丁斯在《学会关心——教育的另一种模式》一书中指出，"强调教育的道德意义，主张教育应该培养有能力、关心人、爱人也值得人爱的人"。如果学生没有处于一个被教师关心的环境中，很难想象他们如何学会关心他人以及公共事务。

（二）班主任是班级工作的核心

在思想政治教育中，班主任是班级的直接管理人，是开展学生思想政治教育活动的组织者。在安全稳定工作中，班主任是对学生进行安全稳定教育的责任人，负责掌握学生动态、了解学生需求、消除安全稳定隐患。在日常学生管理中，班主任是落实学院学生管理的一线教育工作者，是提供学生动态信息的主要来源，是开展家校互动和提高学生就业竞争力的重要力量；在学风建设中，班主任是学生进行学业规划的引导者，在开展诚信教育、考风考纪教育以及鼓励学生积极参与社会实践活动、提高学生创新意识、培养学生创新能力等方面具有不可替代的作用。

（三）班主任是班级的灵魂

班主任是一班之主任，他从新生入学到毕业都在带班，可谓是，与学生千日相连、朝夕相处，毕业后会保持十分密切的联系。学校有什么任务乃至通知都通过班主任传达或安排；党组织要吸收学生入党，不管班主任是不是党员，也要听听班主任的意见；至于评选考核、推优评奖，与班主任更有直接的关联。人们在列举学生情况时，往往都说是哪个班的，甚至是哪个人（指班主任）的。毕业后回校或遇见校友，都会问或答我是哪个人（指班主任）班上的，或者称班主任是谁。一般地说，在专科、本科阶段，只有当过班主任的教师才会理直气壮地说"某某是我的学生"，相当于硕士和博士阶段的导师和研究生之间的关系。由于班主任与班级学生联系的广泛性、密切性、频繁性和长期性（高职一般三年连贯），使得班主任对学生的影响非常直接、非常广泛乃至非常深刻，一定意义上讲，班主任是班级的灵魂。

（四）从事班主任工作可提升教师能力，促进教书育人工作

教师担任班主任，一是可以促进教师进一步深入学生和了解学生，更好地把握学生的需求和特点，为更好地开展教学活动打下良好的基础；二是可以提高教师的组织管理、沟通交流和处理复杂问题的能力，让他们积累丰富的学生工作经验，促进理论知识与具体实践的相互促进融合，全面提高教师的自身能力和综合素质。三是可以将教书和育人工作有效结合。

以上各方面的现实需求奠定了班主任在高校系统中的地位，也充分体现了班主任在育人工作中的特殊地位。

二、高等院校班主任的角色定位

班主任作为开展大学生思想政治教育的骨干力量以及大学生健康成长的指导者和引路人，在工作中扮演着多重角色，发挥着多种不同的职能，从多个方面体现着班主任对学生成长成才的重要价值。

（一）班级工作的组织管理者

班主任作为班级事务的第一责任人和主要管理者，全面负责所带班级的日常管理工作。从学生入学至毕业的 3 年间，无数大大小小的事情都是在班主任的指导下，师生相互配合协作得以完成的。班主任如同掌舵手，在把学生输往顺利毕业和优质成长成才彼岸的过程中，在确保学生安全稳定的基础上，既要把握好班级的前进方向，又要善于处理协调班级工作的具体事宜。学生的思想政治教育、班风班纪教育、评奖评优、学生干部队伍建设等各项工作都与班主任日常工作密切相关，因此，班主任的重要任务之一是担当好班级工作的组织管理者，从宏观上掌控，从全局上把握，从细微处着手班级的各种事务，充分调动学生的主动性和积极性，营造积极向上的班风学风，营造良好的学习成长环境。

（二）学生成长路上的指导者

高等教育是一种以培养适应未来社会的具有较高思想道德素质和科学文化素质的准职业人的教育，其在人才培养目标、办学理念、教育模式、教学方式等各个方面都与中学教育存在着较大的区别。高职新生由于缺乏对大学的正确认识和深入了解，面对全新的高校生活往往表现出对新环境的不适应与对个人发展方向的迷茫困惑。部分学生存在着不自信心理和对目前所学专业茫然和不认可的心态。同时，处在不同阶段和不同专业的学生会面临各自不同的问题，这些问题与学生的日常生活、学习发展以及自身利益息息相关，若不能及时有效地处理将会对学生的成长成才带来或多或少的影响。因此，班主任对于学生成长过程中遇到的种种困惑给予指导和帮助就显得尤为重要，班主任的重要角色之一便是做好学生成长路上的指导者和引路人。

（三）人生观和价值观的引导者

班主任是青年学生道德晶质的塑造者和人生观、价值观的引导者。大学期间是学生

的道德修养、理想信念、人生观和世界观形成奠定的重要时期，学生的价值取向和道德追求很大程度上取决于其所接受的学校教育和文化熏陶，而班主任是与学生接触最多、联系最紧密的教师，其思想观念和言行举止会在无形中对学生的思想观念产生潜移默化的影响。因此，班主任要做好学生人生观和价值观的引导者，以日常思想政治教育为契机，引导学生树立正确的世界观、人生观和价值观，教会学生在复杂多变的社会环境中坚定立场、坚持原则、坚守信念、明辨是非。

（四）班级活动的主导者

班主任是班级活动的策划者。班级重大活动的开展，离不开班主任的指导以及学生干部的配合执行。一个学期举办什么样的班级活动，如何举办活动，活动要达到的目的和效果是什么，需要班主任审核把关。其中的一些具体活动，还需要班主任提供指导，学生负责具体事务的执行落实，双方相互配合，才能顺利有序地开展下去。例如，主题班会的开展，需要班主任围绕当前的中心工作并结合本班学生的实际特点进行组织策划，并以此逐步教会学生处理问题的思路和方法。

（五）学生的良师益友

和谐良好的师生关系应是一种亦师亦友的关系。作为班主任，除了需要以师长的身份引导教育学生，也应该以朋友的身份深入到学生中间，赢得学生的信任与喜爱。这也就是班主任既要在学生中树立威信，履行传道授业解惑的职责使命，关心关爱学生的成长成才，尽己所能为学生的发展和需要提供指导和帮助。同时，班主任又要与学生打成一片，俯下身子以朋友的身份拉近与学生的距离，增进师生之间的情谊，倾听学生的真实心声，敞开胸襟接受学生提出来的意见和建议。除此之外，班主任还要积极发扬民主精神，抛弃师生之间呈二元对立的管理与被管理的陈旧观念，淡化师长身份，与学生平等对话、亲切交流，形成亦师亦友的良好师生关系。

三、高等院校班主任应具备的素质

高等院校班主任身处学生工作第一线，是学生从学校到社会过渡的导航人，扮演着多面角色以及承担着来自多方面的工作，应具备良好的综合素质。

（一）思想政治素质

班主任是高等院校思想政治教育工作队伍中的重要组成部分，是开展大学生思想政治教育的骨干力量。班主任的思想政治素质主要包括三个方面：一是自身的政治理论水平。班主任应当具有较高的政治理论水平和马克思主义理论基础，及时学习党和国家的最新路线方针政策，以自己理论知识和文化修养去影响学生。二是积极进取的精神。政治理论水平的高低并不能代表思想觉悟的高低，关键在于理论学习之后通过自身的思考将理论上升为行动的指南，使理论真正成为推动实践和提高业务的动力，并以积极进取的精神感染带动学生成长。三是自身的道德修养和师德师风。学高为师，身正为范，作为一名高等院校班主任，在教育学生、管理学生和服务学生的过程中，如果具有良好的道德修养和师德师风，具有明确的善恶是非观念，那么他在做学生思想政治教育工作时，就可以通过身教的力量做好学生的思想政治教育工作。

（二）业务素质

班主任工作是一项十分讲究工作方法和技巧的综合性工作。班主任在实际工作中会面临多种问题，面对班级可能发生的事情，需要班主任具备扎实的业务水平，拥有丰富的知识储备，并且善于灵活运用知识。因此，班主任业务素质的提升对于提高班级管理的成效性具有重要的作用。首先，班主任需要加强业务学习，不断通过日常学习充实完善自身的知识结构，掌握与学生教育管理工作相关的教育学、管理学、心理学、思想政治教育原理与方法等多方面的知识，了解与学生管理相关的各种规章制度和实施办法，研究当代大学生的心理特点和成长规律，加深对班级管理和思想政治教育的理解与把握。其次，班主任应当主动学习、了解与自己所带班级学生专业相关的基础知识，从而更有针对性地对学生开展专业方面的指导，增进与学生之间的沟通交流。通过系统地了解教育目的和教育原则、教育过程和教育方法，科学地调控教育环境，合理利用各种教育资源，把握学生的最新动态，达到最佳的教育效果。

（三）心理素质

班主任工作对于学生的成长成才起着重要的影响作用，这要求班主任首先必须具备强烈的事业心和责任心，对学生工作怀有高度的热情和主动负责的精神，用爱心、关心、耐心和细心把班主任工作当作一项崇高的事业来对待和追求。其次，班主任应具备良好的心理素质。心理素质较好的人，面对各种问题能处乱不惊，通过自己敏锐的观察和客观的推断找到问题的关键所在并采取正确的方法予以解决。具有必要的心理健康知识的人，可以及时发现并有效化解学生的心理冲突，可以合理利用校内外资源做好学生的心理健康教育，培育心智健康的学生。除此之外，拥有年轻健康心态的班主任也更容易和学生相处，更容易成为学生的知心朋友，从而更好地开展学生工作。

四、高等院校班主任队伍结构

按照系统论的观点，一个系统能否产生较强的功能，取决于两个基本的因素：一是构成系统的要素质量；二是系统要素之间的组合联系方式，即系统的结构。高等院校要根据实际工作需要，对班主任工作队伍进行科学的结构配置。其中，一支结构合理的班主任队伍主要体现在以下几个方面：

（一）年龄结构

年龄结构主要是指班主任队伍人员结构中，不同年龄人员的比例构成和相互关系。年龄是一个衡量个体成熟程度的重要特征量，不同年龄的群体在身心特点、性格气质和思维方式等方面都有较大的差异，不同年龄的教师具有不同的优势，以及教育和管理学生所运用的方法与手段也不尽相同，因而它是班主任队伍人员结构中的一个重要因素。例如，老年教师的教学经验较为丰富，教学基本功底扎实，但可能激情和活力相对不足，且可能会与学生之间存在较大的代沟；青年教师充满激情和活力，教学方式和手段比较新颖多样，较易与学生打成一片，但是实际教学经验比较欠缺，处理问题的能力相对欠缺；中年教师兼具了老年教师与青年教师的优势，但往往由于家庭、生活、教学、科研等事务缠身而导致投入到学生身上的时间和精力有限。因此，在加强高职院校班主任队伍建设中，我们应考虑把不同年龄段的教师吸纳进来，全面覆盖到"老马识途"的老年教师、"中流砥柱"的中年教师、"生机勃勃"的青年教师，使不同年龄阶段人员的优势互补，从而构成一个老、中、青相结合的比例均衡的综合体，并使此结构处于不断发展的动态平衡中。

（二）知识结构

知识结构主要是指班主任队伍中具有不同知识水平和知识结构的人员的比例构成和相互关系。从知识水平来看，高等院校教师的知识有多少之分和深浅之别，学历层次涉及从本科到博士各个层次，并且教师的教学和科研水平也有着显著的差异。从知识结构来看，高等院校各系部教师的专业五花八门，跨度较大，涵盖了学校所有的学科门类，每位教师所擅长的具体研究方向不尽相同。因此，要打造一支拥有合理知识结构的高等院校班主任队伍，必须将不同知识水平和知识结构的人员编排进来，结合每名教师的特点和长项，分别担任不同年级和不同专业的班主任，并且尽量保证班主任所学的专业与所带班级学生的专业相同或相近，以便更好地对学生开展学业和专业指导。另外，在知识水平方面，应当由初级、中级、高级职称的人按一定的比例构成，一方面鼓励知识水平相对较弱的年轻教师积极投入学生管理工作，另一方面也可以充分发挥中高级职称教师对年轻教师的引领和带动作用。

（三）能力结构

能力结构主要是指班主任队伍中，具有不同工作能力人员的比例构成和相互关系。每名教师所擅长的能力各有不同。班主任能力主要包括专业能力和个人特长两个方面，其中个人特长包括演讲表达能力、动手实践能力、社会调研能力、写作表达、组织策划能力等各种具体的能力水平。专业能力和个人特长分别对于帮助学生进行学业指导和发展学生的综合素质具有重要的作用。例如，可以安排动手实践能力较强的老师担任工科专业类教师，指导学生开展各类电子机械类作品制作；安排喜好计算机的教师担任信息技术类专业班主任，安排有丰富社会实践和推销经历的教师担任市场营销类专业班主任。通过对不同能力结构的人员进行合理的配置，形成能够发挥最佳效能的有机整体。

（四）性别结构

性别结构主要是指班主任队伍中，不同性别的人员的比例构成和相互关系。思想政治教育工作对象的性别差异，要求思想政治教育工作队伍必须有合理的性别结构。在不同的情况下，应有不同的男女比例组合。例如，对于女生较多的班级，应侧重于选择女教师担任班主任，以便班主任能以过来人的身份设身处地感受女生的一些真实想法，同时这也方便班主任进寝室了解学生的生活情况。但是，性别结构并不意味着男女师生必须一一对应，有时候也要考虑到性别的互补，在性别比例较为失调的情况下选择异性教师能弥补某一方面较弱带来的缺陷，有时反而会给班级带来意想不到的效果。总之，性别结构应在总体平衡的情况下，视具体情况进行调整和配置。

五、高等院校班主任队伍建设的原则

教育以育人为本、以学生为主体，办学以人才为本、以教师为主体。而班主任是教师队伍的中坚力量，是学生思想政治教育的主要力量，需要以正确的理念和方法加强高等院校班主任队伍建设，以确保班主任人才层出不穷，活力永驻。

（一）人尽其才，优化配置

建设一支思想素质好、业务水平高、综合素质强的高等院校班主任队伍，关键在于对教师进行人才资源开发，对学校教职工的知识、能力和素质进行综合测定，科学合理地开发组织和使用，持续不断地增强学校员工的能力，形成群体合力，提高学校整体效能的管理活动。首先，学校要帮助教师对自己进行正确的认识和全面的评估，包括对自身的条件、兴趣、爱好、优缺点、能力和追求的认识或评价，认清自己的脾气秉性、优势才干。其次，学校要注重战略性和整体性，谋求人与事、人与人之间的相互适配，充分发挥教师的潜能和作用，帮助他们制订职业发展规划。再次，学校在对教师职业生涯设计评价的基础上，提供职业发展的信息和职业咨询，制订开发策略，使教师和工作岗位实现良好的匹配。

（二）统筹兼顾，合理引导

高等院校班主任队伍建设是一项系统工程，不仅要考虑到队伍中人员的数量和质量，还要考虑到队伍的结构性问题以及个体与整体之间的关系，个体与岗位的匹配程度，等等。因此，高等院校进行班主任队伍建设时，应当秉承统筹兼顾、合理引导的原则，从宏观上掌控，从全局上把握，打造一支结构合理的班主任队伍。在进行队伍的整体设计时，要将设计的出发点和目的告诉班主任，争取每一名个体成员的积极配合，避免因沟通不畅引起不必要的误会。同时，要加强对班主任的合理引导教育，帮助班主任树立大局意识，让其充分发挥自身的主观能动性，自觉地与学院的总体要求保持一致。

（三）公平公正，科学考核

为了充分调动班主任工作的主动性和积极性，应制定高等院校班主任工作条例，进一步明确其工作职责和工作要求。应本着公平公正、奖惩分明的原则，建立科学完善的考评机制，对班主任的工作表现和工作业绩进行客观的评价a考核要坚持定量考核与定性考核相结合。定量是定性的基础和前提，没有一定的工作量的付出，不可能会有工作性质上明显的绩效的提高。定性评价是对一个阶段或者一个年度的工作情况给出一个结果。将定量考核和定性考核结合起来，保障了考核的客观性与科学性。要将考核结果与职称职务聘任、奖惩、晋升等物资和精神奖励挂钩。要完善班主任评优奖励制度，将优秀班主任表彰奖励纳入各级教师、教育工作者表彰奖励体系中，按一定比例评选，统一表彰。要树立一批班主任先进典型，宣传他们的先进事迹，充分肯定班主任在学生思想政治教育中的贡献，并从物质层面、精神层面和个人发展等多方面对优秀班主任给予大力支持。对于工作不称职的班主任要进行批评教育，仍无改进的应调离工作岗位。在事关政治原则、政治立场和政治方向问题上不能与党中央保持一致的，不得从事班主任工作。通过建立完善班主任工作考评机制，充分调动班主任工作的积极主动性，促进班主任队伍建设朝着规范化、有序化和竞争化的方向发展。

六、高等院校班主任工作的特征与重点

高等职业教育的目的是培养一线应用型人才，其教育的职业导向尤为明显，高等职业教育中与学生成长紧密相关的班主任工作具有鲜明的阶段性特征。这种阶段性特征要求班主任根据不同阶段学生的身心特点和发展需要开展具有针对性的活动。

（一）大一阶段是帮助学生尽快适应新环境的重要阶段

努力实现从中学到大学的平稳过渡，调整个人认知和心态情绪，使学生能更好地融入大学生活。班主任要注重对大一学生进行学习习惯养成和学业生涯谋划的指导工作。大学与中学的教育管理模式截然不同，而许多学生对大学的认识是非常片面和浅薄的，同时他们也缺乏相应的思想和心理准备，当面临完全不同的大学生活时，他们往往会变得手足无措和迷茫困惑。另外，一些学生在高中时期习惯了一切以高考为中心的学习生活模式，而上大学后由于失去了曾经奋斗的目标，不知道自己努力的方向，从而产生了强烈的无所适从感。这时，班主任需要及时帮助新生调整个人认知和心态，树立新的奋斗目标，指导他们开展以职业为导向的学业生涯规划，让他们尽快找到自己的兴趣点和未来的发展方向。

（二）大二、大三阶段是学生进行知识积累和能力提升的关键时期

在学生逐步适应大学的生活，养成大学的学习习惯之后，就进入了专业知识的学习生活。班主任在这一阶段的工作重点是对学生进行职业能力培养、职业操守养成和职业素质提升。在此阶段，知识传授和技能培养的工作主要是由专业教师担任，班主任应主动与之沟通做好专业教育。而一些班主任往往也是专业教师，更应当将专业教育与日常学生管理巧妙地融合在一起，实现班主任与专业教师双重角色的有机统一，促进学生专业知识和职业素质的提升。

（三）大四阶段是学生逐步走出学校进入社会成为一名准职业人的重要阶段

经过前三年的学习、积累和准备，大四时许多学生将踏上实习岗位开始全新的生活。这一阶段班主任的工作重心在于加强对学生的就业与创业指导，做好学生毕业实习的教育管理工作。大四开始，班主任就应当帮助学生树立正确的就业和择业观念，根据自身的条件和兴趣爱好明确自己的就业目标和求职意向，并不断调整修正和完善。班主任应当对学生进行就业政策宣讲、求职与就业技巧指导，使学生有充足的准备和充分的把握去应对求职就业，提高学生的就业成功率。这一阶段需要班主任紧紧围绕促进学生

就业这一中心目标投入大量的时间和精力对学生进行就业指导工作。同时，班主任应做好学生毕业实习的教育管理工作。通过现场走访，通过电话、QQ、短信、微信等方式进行联系，及时了解学生的实习状况并做好安全防范教育，做好思想、心理上的教育和引导工作，使之适应实习生活，为其进入社会做好心理和思想的准备。

七、高等院校班主任队伍建设存在的不足

由于在实际操作中的种种原因，当前高等院校班主任队伍建设还存在一些不足，这主要表现在：

（一）新人当班主任居多

许多学校都是依靠刚参加工作的教师当班主任，一方面是学校出于想尽快使新教师融入学生，了解学生情况，以便今后更好地开展工作；另一方面是因为新来的教师刚入校比较听话，对于上级安排的任务都会无条件答应，且其本身也有尽快融入学校和学生、做出一番业绩来证明自己的心理需求。然而，新进校的教师担任班主任多半是从校门到校门，缺乏实际的教学经验与学生管理经验，且由于刚到学校，对学校的整体情况和各项规章制度尚不熟悉，有的新进校教师甚至还没有一些大二、大三的学生熟悉和了解具体情况，因此在实际工作中很难给学生提供有效的帮助。另外，由于许多新教师都要承担较重的上课任务，因此，精力不够、政策不熟、力度不到等问题也会随之产生。与此同时，新教师往往正面临或即将面临恋爱、婚姻、住房、育儿等个人问题，很难有足够心思和精力来做好班主任工作。

（二）带着任务当班主任

由于大多数高等院校对于教师职称晋升都有一定学生工作经历的年限要求，许多教师为了晋升职称不得不兼任班主任工作，但其内心往往是不愿意的，因此在实际行动中就表现得较为懈怠。有的班主任长期不与学生联系，经常以各种理由推脱参加学生的各类活动，对于学生的思想、学习、生活情况也知之甚少，很少对学生有深入的交流和细心的关怀，带有明显功利色彩和任务观念，在班主任工作中出现了主动性和积极性明显不足的现象。

（三）对班级工作投入力度有限

实事求是地说，高等院校班主任的工作是比较辛苦的。他们一般都是身兼数职：作为教师，班主任要寓德于教，充分发挥本学科潜在的德育功能，尽力上好课；作为研究人员，班主任要追踪学科前沿，发表科研成果；作为班集体建设的领导者，班主任要更多地关注每一个学生的发展，尽力满足每一个人不同的发展需要。当一个人身兼几种角色时，当目前职称导向、教学导向明显强过育人导向时，班主任便无法投入更多精力去做好班级工作，甚至有时连投入班级工作的时间也是没有保证的。

那么，究竟为什么会出现老师不愿意当班主任的情况呢？原因恐怕有五：一是班主任工作事无巨细，工作繁杂，尤其是当个别学生出现突发事件或者出现班主任管理上的

漏洞时，承担的责任大。二是学生数量多，需要投入的精力大。由于近年来高校扩招，高等院校的学生人数与日俱增。面对数量庞大的学生群体，许多高等院校只好采取一名班主任同时管理几个班级的措施，无形中增加了班主任的工作量。三是部分学校班主任待遇落实不到位，不利于也不能够调动教师当班主任的积极性或者说不能产生激励效应。四是部分班主任对育人工作重要性认识不到位。五是辅导员与班主任制度存在职责不清、管理交叉的问题，容易造成辅导员领导班主任的感官印象。

八、加强高等院校班主任队伍建设的思考和建议

应该说，纵然有诸多原因影响教师担任班主任工作，但班主任工作的重要性是显而易见的，班主任队伍建设更是一项紧迫而系统的工程，必须予以加强。

（一）从指导思想上重视班主任队伍建设

对辅导员队伍建设，中央有明确要求，也有明确考核机制，而班主任工作主要靠学校自觉，相对难以引起主要党政领导和全校上下的重视。正因为这样，我们认为，各校党委必须从加强和改进大学生思想政治工作，从切实推进全程、全方位、全方面育人的高度认识问题，从培养社会主义现代化建设优秀接班人和合格接班人角度认识问题，从学校校友队伍建设、品牌建设和可持续发展高度认识问题。

从教师角度来看，应该认识到，育人是人民教师的崇高职责，承担班主任工作是教师应尽的义务；做班主任工作也是一种锻炼，一种经历，是人生的宝贵财富，也是教师特有的人生体验，意义重大，他人还无法替代；有机会带班做班主任工作，也是人生一大本事，更是能力和水平的展示，培养一批优秀的学生，终身受益，一生荣耀。

（二）认真做好班主任队伍的选聘配备工作

做好高等院校班主任的选聘配备工作，是加强班主任队伍建设的首要基础。高等院校要根据实际工作需要，科学合理地配备足够数量的班主任，为每个班级都配备一名班主任。高等院校在选拔班主任时，应在学校党委的统一领导下，在学生处及各院系的具体组织下，采取组织推荐和公开招聘相结合的方式进行选拔。

在保证数量充足的基础上，要倡导和选择高层次人员担任班主任工作。从职业道德与职业技能相结合，专业知识与能力培养相结合的角度认识班主任工作，必须倡导和要求下列人员担任班主任工作。一是专业主任承担班主任工作。专业主任是本专业教学培养的主要设计者，也是连接人才培养与行业企业的主要活动者，教学方案的主要实施者，如果能够担任班主任工作，不仅能收到业务和素质双重功效，校内和校外双重效能，而且也有利于带领更多的教师参与到教书育人的工作中来，从而提高整体育人水平和质量。二是高职称专业教师承担班主任工作。高职称专业教师学识渊博，基础扎实，容易受到人们的尊重，也容易影响和教育学生。最近浙江大学出现的院士当班主任效应就能很好地说明问题，如能发挥高职称学术带头人作用，则班主任工作也会收到事半功倍的成效。三是高学历教师承担班主任工作。高学历教师见多识广，资源丰富，往往也

受学生崇拜和尊重，让这些教师担任班主任工作，既会得到学生的喜爱，也有利于引导学生走上爱学习、爱钻研、爱知识的好轨道，必然有利于学风建设。

（三）大力加强班主任队伍的培养培训工作

加强高等院校班主任队伍的培养培训工作，是提高班主任工作能力和水平的关键。各地教育部门和高等院校要制订详细的班主任培训计划，建立分层次、多形式的培训体系，做到先培训后上岗，坚持日常培训和专题培训相结合。其中，要重点组织班主任系统学习"三个代表"重要思想、社会主义核心价值体系和科学发展观等一系列党的理论成果，了解掌握党和国家的大政方针政策，学习管理学、教育学、社会学和心理学等相关学科理论知识，以及大学生学业与职业生涯规划、就业与创业指导、学生事务管理、心理健康教育等方面的知识。同时，要适时安排班主任进行脱产、半脱产或在职培训进修。通过定期输送一批班主任参加业务培训学习、社会实践和学习考察，不断提高班主任的思想政治素质和业务素质，使其开阔视野、拓展思路、提高解决实际问题的能力，增长做好思想政治教育工作的才干。

（四）合理划分班主任和辅导员的职责

辅导员、班主任是高等学校教师队伍的重要组成部分，是高等学校从事德育工作、开展大学生思想政治教育的骨干力量，是大学生健康成长的指导者和引路人。可见班主任和辅导员的地位、性质和作用有着基本的共同点。

尽管如此，他们具体的职责还是不同的。辅导员按照党委的部署有针对性地开展思想政治教育活动，班主任负有在思想、学习和生活等方面指导学生的职责。由此可以看出，班主任和辅导员在工作内容以及工作对象上是不同的。从工作内容来看，辅导员从宏观的角度统筹和兼顾学生的文化、社会活动的组织开展，集中开展学生政治理论学习活动，加强学生的理想信念教育。班主任则侧重于学生教育管理的更加细致和深入，对个别学生的思想问题要给予引导和疏通。从工作对象来看，辅导员负责一个年级学生的思想政治教育工作，而班主任则负责一个教学班级学生的日常管理和思想政治教育。班主任与辅导员之间的关系应当是点和面的关系，班主任工作则是对辅导员工作的有益补充。从组织领导来看，他们都在高校院系党组织领导下，独立地从事学生的教育培养工作，是两个平等的教育主体，不存在一方领导和管理另一方的问题，共同对院系党组织负责。当然，在实际的工作中，无论是辅导员还是班主任都应当主动和另一方通气，通报学生工作情况，相互支持和配合，这样才能做好学生的各项教育培养工作，才能避免因辅导员与班主任角色错位产生弱化班主任工作的现象。

（五）切实为班主任工作和发展创造条件和提供保障

制定促进班主任工作和发展的制度政策，是加强班主任队伍建设的重要保障。要切实为班主任的工作和发展提供资源和有利条件，加强对班主任的物质保障和人文关怀，解决好与班主任切身利益相关的问题。具体而言，一是计入教育教学工作量。建议把教师工作量统称为教育教学工作量，担任班主任就是直接的育人，应该占据一个教师 1/4

左右的工作量，据此作为考核依据。二是提高报酬和待遇。按照一个班主任带两个平行班相当于 1/4 工作量的标准，建立相应的报酬和补贴制度，使其达到应有的报酬水平。三是建立奖励机制。除了每年开展优秀班主任评比，并对优秀班主任进行奖励以外，还要采取更加优厚的措施，如提高奖励标准，必要时可尝试学术或调休制度，即带好三年一届班主任后，可以让教师享受半年学术假或实践假，以鼓励班主任工作。四是完善提拔晋升机制。对班主任工作做得好的教师可以在晋升专业技术职务、提升行政级别等方面予以倾斜，对长期担任班主任工作成效显著的教师可特设岗位给予倾斜。

总之，我们在政策上要崇尚担任班主任光荣，在物质上要给班主任尝甜头，在机制上要让班主任有盼头。

第五章 高校人事档案管理

第一节 高校人事档案的含义及作用

一、高校人事档案的含义

高校人事档案是人才信息的重要载体，是记录和反映教职员工个人学习、工作和生活经历有关情况的原始记录。它准确、真实地呈现了高校教职员工德、才、能、绩各方面的表现，能反映出他们的工作表现、奖惩情况、行为轨迹、家庭历史背景和经历的各种重大事件。因此，其管理工作的好坏优劣，直接影响着高校的人才选拔、任用，关系到学校教学水平的提高和科研层次的提升，制约着高校的人才培养的质量水平和长远发展战略的实施。高校人事档案管理工作，虽然内容比较庞杂，但总体来说，主要是指人事档案材料的收集、鉴别、整理、保管、转递与利用等环节。在工作对象上，它既要与物（纸质材料、电子材料）打交道，又要服务于人（教职员工）；在工作属性上，它既有主动性，要从高校各个相关部门、院部等收集原始材料，又有被动性，要服务、服从于学校发展和教职员工的各方面的需要；在工作要求上，它既有传统性的一面，大部分时间要按照《中华人民共和国档案法》的要求和基本流程做好文档的收集、归类和利用，工作枯燥、单一。又要不断学习、与时俱进，引入现代化的管理。因此，总体上看，高校人事档案管理工作是一项富有挑战性和开拓性的工作，地位和作用不容忽视。从其对高校发展的功能上看，首先，管理好作为学校发展轨迹和教职工个人成长经历记录的档案，能协助各高校根据自身的历史和发展，提出比较符合其特点的办学定位、指导思想，还能不断提升高校内部干部和教师的管理水平和业务能力。其次，它是高校组织、人事工作的重要组成部分，能为单位选拔、聘用和晋升等工作提供真实依据和凭证，是干部工作和人才工作的重要工具。只有全面考察教职工个人经历和不同时期的德、能、勤、绩、廉的表现，才能历史、全面地了解每一个人，做到人尽其才，才尽其用。再次，人事档案是教师教学和科研情况的真实凭证。人事档案管理工作，在人才引进与培养、人才政策制订方面具有举足轻重的作用，它是高校实施人才强校战略的必要条件。二近年来，学术理论界围绕高校人事档案管理工作进行了诸多方面的分析和探讨，在理论建构和实践操作层面，都提出了很多新的观点和做法。

二、高校人事档案的作用

（一）人事档案的凭证作用

高校人事档案与其他各类档案相比，其凭证的价值不仅具有法律效应，而且更加具有现实效用。这是由于它是个人的经历、思想品质、业务能力经过组织认可的真实记录。从内容上看，人事档案由组织定期布置填写的履历表、年度考核表、鉴定表、学历、职称、政审、党（团）材料、奖罚、工资待遇、任免等各种材料组成。它在个人的工作及生活待遇方面，都起着极其重要的凭证作用。

高等学校的人事档案管理是高等学校人事管理工作开展进行必须具备的条件在高等学校中，人事档案对于人事管理工作有着凭证性的作用。在对学校工作人员进行人用、罢免、调动及人才选拔方面都提供了非常重要的参考价值。通过对人事档案的查阅及分析，能够很方便地了解到这个人的基本情况和信息，由此能够看出高等学校的人事档案管理是高等学校人事管理工作开展进行必须具备的条件。

（二）人事档案是选拔和培养人才的重要依据

人事档案具有双重作用，一方面它是在人事管理的活动中形成的，反映了组织对个人培养的过程，是个人历史的记载，一个人如果缺少了个人的档案，是难以得到社会认可的。另一方面人事档案又服务于人事管理和组织的发展，通过掌握齐备的人事档案，可以使组织及时准确地了解每个人的工作经历、思想品德、业务能力、技能状况、工资待遇等情况，为任用干部，评聘专业技术职称提供重要依据。由此可见，人事档案在干部队伍的年轻化、知识化、专业化建设中，在加强人才的保障和干部梯队建设中有着不可替代的作用。

高等学校的人事档案管理工作为高等学校的人事管理提供相关的参考依据在高等学校的人事管理工作中，对于高校人事档案的管理在其中起着非常重要的参考价值。高校人事档案能够清晰地将每个人以往的工作经历和他的基本情况反映出来，因此能够对学校人事管理部门在对学校的人事进行管理时提供一定的参考依据。目前情况下，对于人事档案的管理已经收到各高等学校人事管理者的关注及重视，学校普遍也都成立了相关的认识档案管理部门，能够很方便的开展人事档案的管理工作，进而为学校的人事管理提供合理的参考依据。

（三）人事档案在开发人才资源方面的作用

社会的发展紧紧依赖于科学技术的进步，而科学技术的进步又取决于人才的素质，人才资源的开发已成为科技进步和促进经济发展的重要因素。作为人才信息"缩影"的人事档案，在开发人才资源方面起着积极的作用。如，向学院人才信息库提供各种有价值的信息，院校组织部门可以根据人才信息库提供的信息，及时发现能人，避免压抑人才、埋没人才，使各种人才扬其长、避其短、司其职、用其智，最大限度地发挥人才效益，并且使部门之间、系统之间、单位之间的人才合理流动，避免产生人才积压和所学非所用现象。

高等学校的人事档案管理工作是高等学校人事管理工作中非常重要的一个组成部分在高等学校中，是否有一个比较完善的人事档案管理对于高等学校人事管理工作的顺利进行以及高等学校人事管理的相关规章和制度的改革及完善和人员岗位的调动都有着很重要的作用。通过合理的对人事档案进行管理，能够很方便的给学校提供合理的在对人员管理方面的意见，进而促进学校的改革及发展。因此，必须要努力的将人事档案的管理工作做好做完善，有效地提高档案的整体利用效率，真正地发挥出人事档案应有的价值，为学校的管理作用起到一定的推动作用。

三、高校人事档案的意义

高校人事档案工作是高校组织人事工作的重要组成部分，是高校干部工作、人才工作的基础性工作。只有将反映教职工个人经历和不同时期德、能、勤、绩、廉表现情况的全部材料及时准确、完整齐全地集中起来，有条理地整理成卷，才能历史、客观、全面地了解高校里的每一位成员。同时，只有具备完整真实的人事档案材料才能真正发挥高校人事档案的作用，做到人尽其才，才尽其用。

（一）高校人事档案工作是干部选拔和任用的重要基础

要顺利完成任务，关键是要切实加强干部职工队伍建设，把优秀干部选拔出来，担当重任。同样，面对飞速发展的知识经济环境，高校要求得生存和长远发展，就必须拥有一支革命化、知识化、年轻化、专业化的技术干部队伍。这就需要学校人事部门对各类人员的综合情况了如指掌，建立准确完整的人事档案管理机制，从而有效及时地为学校管理者提供有价值的关键信息和数据。

（二）人事档案工作是实施人才强校战略的必要条件

人事档案工作在高校管理工作中具有导向和联结作用。从当前高校现实来看，人事档案是高校档案的重要组成部分，是高校人事管理资料的核心内容，也是高校人事工作的基础工程。做好人事档案工作，对于高校人才的培养与引进、人才预测以及人才政策的制定等方面都具有十分重要的作用。在实施"人才强校"战略的背景下，加强人事档案工作，建立科学有效的人事档案管理制度，可以为发现人才、识别人才、培养人才、使用人才提供真实、准确的信息。

（三）高校人事档案工作是学校人事管理工作的重要依据

随着高校人事分配制度改革的不断深化，人事档案已成为一所高校教师职称评定、履行岗位职责、考核等方面的重要依据。一方面，由于高校中专业技术人员较多，职称作为评价其德、能、勤、绩的重要依据，作为他们切身利益的重要保障越来越被重视。在使职称评定更加规范化，真正做到公平公正方面，人事档案可以提供可靠有效的鉴定材料。人事部门根据本人档案提供的有关依据，综合其平时表现，提出合理化的评审意见和建议。另一方面，利用人事档案，结合单位自身特点和各专业人员的岗位职责，建立和完善考核制度，制订可操作的检查、考核标准以及监督措施，根据专业技术人员完成工作的数量、质量、效率、效益、职业道德等综合情况，细化、量化考核标准，可以及时调整受聘人员的岗位。

（四）高校人事档案工作是教师教学和科研情况的真实凭证

教师是高校教学过程中的主导因素，教师队伍的素质、水平直接影响教学质量乃至所培养人才的质量。而人事档案具有系统反映每位教师的业务能力、学术水平、工作业绩的历史真实情况的凭证功能。此外，随着科学研究在高水平大学的建设中发挥着越来越重要的作用，科技人才的人事档案可以帮助学校各级领导在组织和实施科学研究中确定研究方向、选择科研课题、设立科研机构和组建科研队伍，进而组织强有力的科研团队，形成知识和智能结构合理的课题组。因此，人事档案在科学研究工作中具有选才作用。

第二节　高校人事档案的内容及特征

随着我国高等教育改革的不断发展与高校办学规模的不断扩大，高校之间人事流动日趋频繁，信息交流日渐扩大，使得高校档案业务量急剧增加，档案信息内容与应用更为复杂化和多元化，呈现出诸多特征。了解现代高校档案建设中的趋势特征，对于提高高校档案管理质量与效率，实现高校档案制度化、信息化管理具有十分重要的意义。

一、科学的档案制度化特征

制度化是群体与组织发展、成熟的过程，也是整个社会活动规范化、有序化的变迁过程。实现高校档案制度化管理是高校档案建设的重要方面，主要包括高校档案收集制度、高校档案管理制度两个方面的内容。高校档案收集制度是建立高校档案的首要环节，制定档案收集的相关程序制度是实现收集工作规范化、有序化的重要保证，必须严格把关，确保档案收集的全面系统。在管理制度方面，需要采取科学合理的管理原则，建立档案管理机构组织，建立档案管理网络，形成一个自下而上的有机体。此外，高校需要建立有效的档案辅助机制，如档案运作机制、教育机制、评估机制、奖惩机制、承诺机制等。

二、全面的档案信息化特征

高校档案信息化建设是指利用信息技术工具获取、处理、传输、应用档案资源，提高档案管理效率与效益，发掘和整合档案资源，向社会提供更多有价值的档案信息，从而实现档案信息资源共享。因此，在高校档案信息化建设方面，首先，要转变观念，正确认识档案信息化建设的重要性，加大组织领导力度，提高信息化建设的主动意识。其次，要加强档案信息数据库建设。加快数据库建设进程，丰富档案数据资源储备，为高校档案信息化做好后台数据库支持，并为政务信息化大型基础数据提供核心资源，逐步实现高校馆藏档案信息传输网络化和利用在线化。第三，网络安全建设是信息化建设的重要条件。为了防止档案信息的损毁和遗失，必须减少操作失误、保证设备正常运转、防止病毒感染与黑客攻击等。对于涉密信息，要制定合理严格的档案信息化安全保密制度，建立严格的监控机制，引入科学实用的网络安全应对策略，使用物理隔离和逻辑隔离等多种安全防范手段，并注意做好纸质档案的保存和重要电子档案的异地备份工作。

三、多渠道的档案管理模式特征

首先，高校馆藏模式需要由传统单一的纸质档案向电子档案转化，这一转变不仅能真正实现海量存储，还能使文件传输、处理、归档保存更加快速、长期、有效。其次，高校档案管理重点需要从档案实体管理向档案信息化管理转变，使得高校档案管理模式向多渠道、多途径拓展。然而，"重收集轻开发""重保管轻利用""闭架借阅""你查我调"等传统做法已不能满足当今社会发展的要求。因此，只有多形式加强档案管理模式创新，才能使档案管理工作更加科学、有效。

四、多形式的档案服务意识特征

要提高高校档案利用服务的质量与效率，必须树立适应高等教育发展与人才培养要求的档案利用服务观念。一是全面服务观念，通过各种服务方式与方法满足学校内、外用户的利用需求。二是主动服务观念，摒弃被动的传统服务观念，主动寻找用户。三是及时服务观念，在第一时间内满足档案用户的利用需求。四是优质服务观念，在准确把握用户利用需求基础上提供档案利用服务，帮助用户获得资料。

五、周期性的档案评估机制特征

周期性的高校档案评估是对高校档案管理条件、档案质量、管理水平的全面考核，是提高高校档案质量、提升办学水平、扩大社会声誉的重大举措，对于增强高校办学实力、拓展发展道路具有重要意义。通过周期性评估，有利于促进档案工作的整顿、改革和建设，提高档案管理效能，从而形成一种周期性的自查、自评、整改和自建的长效机制，以此为档案管理日常运行机制提供质量上的监控与保证。同时，通过周期性评估有利于进一步加强国家对高等学校档案工作的宏观管理，促使各级教育主管部门重视和支持高校档案工作，促进各高等学校自觉按照档案管理要求不断明确档案管理指导思想、改善档案管理条件、加强档案业务建设、强化档案管理要求、深化档案管理改革、全面提高档案质量和档案效益，促进我国高等教育档案管理水平的提高。

六、"以人为本"的档案服务模式特征

倡导"以人为本""人本管理"是现代管理学的重要理论。"以人为本"中的

"人"，对于高校档案管理工作而言，包括两个方面内容：即作为主体的档案工作者和作为客体的档案用户。档案工作的三要素为：档案管理人员、档案和档案利用者。其中作为主体的档案工作者是最基本、最重要的因素，是联系档案实体与档案利用者的桥梁。档案工作者的业务水平、工作能力、文化素养、创新意识、敬业精神越强，则高校档案管理的整体水平越高。因此，高校档案工作要"以人为本"，首先要以档案工作人员为本。此外，高校档案管理的"以人为本"，还体现在服务工作中，即以用户为本，服务至上。档案用户一般分为两大块：单位用户和个人用户。当前，部分高校档案的利用服务工作仍存在着重部门、轻个人的现象，即只重视为校内各单位、各部门提供利用服务，而忽略了对个体档案用户进行服务，这是导致当前档案利用率较低的一个重要因素。因此，在档案服务工作中，应当以"用户"为本，从用户的需求、动机等因素出发，最大限度地满足各种用户群的利用需求。

第三节　高校人事档案管理的基本原则

一、人事档案管理工作

人事档案管理是人事管理工作中不可缺少的一个重要组成部分，是人事工作的基本条件之一，直接影响到单位和个人的工作效率和质量。认识新时期高校人事档案管理的特点和作用，分析存在的问题和不足，切实做好高校人事档案管理工作，对于促进高校各项工作及经济社会发展进步具有积极的意义。

（一）注重宣传，强化管理，提高对高校人事档案工作重要性的认识

高校档案部门一要采取多种措施增强全校师生对人事档案管理工作的了解与支持，如经常利用高校宣传栏，宣传人事档案相关知识；积极参与学校的人事政策调整、人才选拔、工资晋级、职务晋升等工作，以优质的服务获得人们认知，促使更多的人了解人事档案工作及其在高校工作、社会生活中的重要作用。二要以《档案法》为依据，健全各项规章制度，制定符合校情的实施细则，明确人事档案部门的职责范围，赋予其必要的管理权限，突出档案管理的行政管理职能。三要形成坚强的组织保证，建立一个以主管校领导牵头、档案馆负责、各职能部门具体实施的网络式责任制，提高监管、反馈的整体意识，努力使人事档案工作走上规范化发展的轨道，确保人事档案材料的科学性和完整性，创建管理与服务之间的和谐氛围，使人事档案在被社会认可的同时，被人们所关注和重视。

（二）充实内容，增加信息量，确保高校人事档案的实用性和真实性

一方面，要根据高校特点，以新的人才标准来更新档案内容，通过补充内容，更全面、更直观地反映个人的综合素质，通过档案收集材料的全面、科学、完整，提高人事

档案的全面性、客观性，增强实用性。为有效充实人事档案内容，人事资料的收集工作应体现出如下原则：一是注重档案材料的多样性。人事档案部门应主动与各档案材料形成部门沟通联系，及时将反映档案当事人业务水平、工作实绩、学习进修以及在从事岗位工作过程中形成的聘约、合同等最新材料及时纳入档案管理，并从大量的人事档案材料中去粗取精、去伪存真，从源头上确保人事档案内容的完整、真实；二是注重"活信息"的收集。将以电子文本、数据库及相关程序、多媒体资料、各类网页、图形、图片等材料及时收集，并对人事档案材料收集实行动态跟踪；三是注重特色档案材料的收集；四是探索通过现代化手段建立人才业绩跟踪系统，将最新的业绩信息不断充实到人事档案信息管理系统。另一方面，真实性是干部人事档案的生命，档案材料的内容必须准确可靠；只有实事求是地反映一个人的情况，档案才能成为提拔干部、录用人才、调资、专业技术职务晋升、离退休、出国政审等人事工作的重要依据。因此，要严把"三关"即材料审查关、材料转入关和档案转递关，避免失真档案信息入档，增强真实性。

（三）更新手段，强化利用，保证高校人事档案信息功能的实现率

人事档案原始地记录了当事人的个人经历、德才表现及发展历程，是历史地、全面地考察人的重要依据。因此，在相关法律法规允许的范围内，对高校人事档案信息进行开发利用是促进高校人力资源合理配置的重要手段，也是发挥人事档案信息功能的有效途径。可以探讨的途径有：一是建立职工信息数据库，为人力资源管理服务；二是积极创造条件，开展诸如人才信息报道、信息咨询、信息调研分析等深层次服务；三是在正确处理好利用和保密关系的前提下，组建各类人才信息库，以反映各类专业人才个性特点和专业特长的信息，使学校在选才时，用其长，避其短，更大限度地发挥人才效力；四是建立高校人事档案信息管理系统，实现个人基本信息的联机网络检索和联网查询，用现代化手段管理和提供利用，为用人单位选才提供保障。此外，从保护人事档案原件和提高利用率的角度出发，必须大力开发电子档案，提高人事档案信息化建设水平。要利用计算机、扫描仪等现代设备和现代技术，将人事档案资料整理输入计算机，通过相应的技术处理，将文字图片、声像资料转换成数据信息，实现人事档案纸质与数据格式并存。即使不能完全建立电子信息系统，也应将有关档案信息进行计算机处理，以方便自动检索统计、加工整理、及时更新和提取利用，提高人事档案工作效率。有条件的地方还可参照教育部学历查询网的做法，建立人事档案信息网，将个人可以公开的一些信息上网公布，方便用人单位查阅；在档案管理部门之间建立网络链接，通过局域网实现档案信息资源的共享，最大限度发挥作用。当然在人事档案信息利用过程中，要注意使用权和管理权问题，严防失密。

（四）人本管理，建设队伍，提升高校人事档案管理人员的专业性

人才队伍建设是高校人事档案工作发展的关键。因此，实施人本管理，在保证人事档案部门有一定专业人才的基础上，进行合理的人力资源规划与管理，是高校人事档案管理发展的必然要求。建设一支高素质的档案管理人员队伍始终是高校人事档案管理工

作的重点。随着近几年高校的快速发展，高校人事档案管理的状况发生了较大的变化，加之人事档案管理的信息化建设，使原有的管理队伍面临着如何在新的形势下适应新情况、解决新问题，这就要求我们的管理人员要与时俱进，不断提高自己各方面的素质。一是实现人力资源合理配置。在加强人事档案队伍建设方面，要确保档案管理工作人员数量，并且要以主要精力从事人事档案工作。二是实现人力资源人性管理。学校领导应加强对人事档案工作人员的关心和体贴，在日常管理中注入人情化手段，尊重他们的价值，倾听他们的需求，提高他们的合理待遇，以人为本，营造档案部门的人文氛围。

二、高校管理人事档案应坚持的原则

（一）专人管理、分级负责

高校的人事档案管理是一项政策性强、业务要求高的基础性工作，应由人事部门配备专人收集整理。工作人员必须认真学习党的干部人事工作方针、政策和高校档案工作的专业知识，熟悉人事档案的有关规定，掌握整理人事档案的基本方法和技能，做好收集、整理、补充等工作。人事档案的业务工作应注意协调好与校档案管理中心及和各院系的关系，接受本校组织人事部门和上级业务部门的检查指导。

（二）一人一档，真实可靠

人事部门在收集清理人事档案过程中，应本着"一人一档"的原则，对同名异人、张冠李戴的材料要及时清理出来，对其中有价值的材料交由文书档案或有关部门保存，组织不需要保存的退给本人，不宜退给本人的报主管部门销毁。

（三）突击性收集和经常性收集相结合

突击性收集是指一次性、有计划、广泛地收集工作，如高校引进人才时对新进教职工人事档案进行的整理。经常性收集是指贯穿在人事部门日常工作中的一种补充性的收集工作。如每年的年终考核情况表、教职工进晋职称后的职称材料等都要由人事部门审核后补充进档。

第四节　高校人事档案管理的方法及要求

一、加强领导，强化人事档案意识

档案意识是人事档案赖以存在和发展的基础，是人们对档案和档案工作了解的程度和认识水平。高校人事档案工作不是一个完全封闭的系统，它的生存与发展受制于社会、单位领导与档案形成者。目前，我国政府对档案的重视程度越来越高，不仅出台了相关的档案法规，同时也建立健全了相关的档案机构以及有关制度政策。教职工对人事档案的重视程度也在不断地提升。作为管档人员，要积极争取领导的重视和支持，将人事档案工作纳入工作计划，加大经费投入，确保足够的人力、物力和资源配备。向教职员工宣传人事档案工作的重要性，使人们认识到，干部人事档案是组织上考察、了解、用人和培养人的重要工具，是开发人才信息资源的源泉，对于档案形成者本人，则是维护个人权益、福利，落实党的政策、待遇，澄清问题的可靠凭证，它和个人的成长与发展密切相关。要认真贯彻落实好《档案法》，按照法律和政策规定，本着对党负责、尊重历史、服务于人民的态度和责任感做好档案工作，使人们理解、重视和支持人事档案工作。

过去，人事档案在人们心目中比较神秘，甚至在某些方面决定着一个人的前途和命运。因此，突出人事档案管理工作的政治性和保密性是一个重要特点，同时也使得相关领导和管理人员易在思想意识上形成一种"保管型"观念。而现代社会的发展，使得人事档案管理工作在作用和性质上发生了一些变化，尤其是在高校，作为现代高等教育、科研和技术创新的前沿阵地，需要的是开放、民主和充分利用人才的良好氛围，深入了解本校人才的状况，做到人尽其才。因此，转变传统观念，树立现代人事档案管理意识包括：提高领导对人事档案管理的重视意识，提高管理人员的责任意识和职业道德素养，提高对人事档案信息资源的开发利用意识，使得人事档案管理工作在信息资源的利用上真正发挥促进学校发展的应有作用。

为增加教职工的档案意识可印发高校人事档案制度汇编；开展有关知识讲座、培训；在干部会上宣传人事档案的重要性；将人事档案的十大类需归档内容挂在校园网上，以便大家平时加以收集、积累，及时存档。

二、完善制度建设，确保人事档案的齐全、完整和真实

完善制度建设是做好人事档案工作的重要保障。档案部门应根据中组部《干部档案工作条例》有关规定，结合学校实际情况，制定《干部档案管理人员职责及档案室管理职责》《干部档案材料收集制度》《干部档案鉴别归档制度》《干部档案查（借）阅制度》《干部档案转递制度》《检查核对制度》《保管保密制度》《干部档案计算机使用管理制度》等，坚持按照八项制度的要求逐步健全档案室的一系列管理措施，使档案管理工作有章可循、有法可依，使人事档案管理工作更加标准化、规范化、制度化。要主动与人才交流中心沟通，争取把人事代理人员的档案转至本单位，由单位的组织、人事部门统一进行管理，改善人事档案管理分散的局面；在引进人才方面，做到"先见档，后进人"；要增强责任心，严格把好档案关，坚决杜绝擅自改档现象的发生。

人事档案是人事工作的一个重要组成部分，档案室是人事工作服务的窗口，要发挥档案的作用，要以人为本，以服务为本。在日常工作中，档案管理人员要做到嘴勤、腿勤，善于主动联系、掌握信息，根据形势的需要，主动向形成材料的部门收集材料，发现不齐全、不完整的，管档部门要主动催要，及时补齐，确保职工档案能够不断得到充实和完善。要勤于鉴别档案内容的翔实，精确检验档案质量的标准。在档案整理及收集

材料过程中，做到认真鉴别，发现问题及时解决，对有些材料归档不及时的，当即进行催办，对一些有明显问题的材料，要及时纠正，限期改正后归档。增强监管机制，在一定范围内增加人事档案的透明度。

在管理体制上，要改变目前人事档案管理中管理体制的混乱所造成的效率低下的状况，必须按照《普通高等学校档案管理方法》设立档案综合管理室或档案馆，实行集中综合管理体制。其次，按照该校人事档案的类别，即干部档案、教职工档案和学生档案，根据对人事档案信息资源的不同需求，可以分别采取纳入管理模式和非纳入管理模式，这样既可以节约不必要的人力、物力，实现各负其责，又可以兼顾人事档案的保密性和利用率，从而提高管理的效率。再次，为了避免人事档案管理中的工作漏洞所造成的材料失真问题，必须建立完善的人事档案工作制度。针对高校的特点制定归档制度，把归档范围、归档途径、归档时间、归档手续和归档要求落实到每一个相关人员，形成一整套查阅、传递、材料收集、清理、整理的体系，使人事档案管理工作有法可依、有章可循、职责分明，从而提高工作的科学性和规范性。

三、建立高素质的档案人才队伍，提高人事档案工作质量

档案人员素质的高低直接关系到档案工作的好坏，要做好档案工作，必须建立一支思想素质、业务素质和知识素质很强的档案人才队伍。

经济社会的发展推动了档案事业的发展，特别是信息时代的今天，从事档案工作的人员面临着政治素养、文化知识、专业水平和操作技能等方面的挑战。档案工作是一项政策性、法规性很强的工作，其性质决定了从事这项工作的人必须具备良好的政治思想素质。管档人员要热爱档案事业，有高度的为人民服务的事业心与责任感，树立法纪观念，以国家的法律和档案法规规范自己的职业行为；要有淡泊名利，无私奉献精神；要尊重档案，尊重历史；树立严格的保密观念，养成良好的保密习惯，确保档案在政治上的安全。建立良好的学习机制，有计划地对在岗人员进行岗位培训与继续教育，全面提高档案人员的专业知识素质，培养复合型、多方位的档案工作人才，使档案工作人员在能力、智力、成绩、学历和资历等诸方面得到提高。

要通过多种途径积极提高管理人员的业务素质和综合素质。这方面包括：建立优胜劣汰的业务能力考核制度，建立公开、公平的奖惩制度，对档案管理人员的业务能力水平和工作表现进行定期考核，采取对业务能力水平和工作表现不佳的同志进行警告、责令改正，甚至调离工作岗位等措施，营造一种压力与动力并存的有效机制，通过激发档案管理人员的危机意识来激励他们通过多种途径提高自身的业务能力水平；着实为他们提高业务水平和综合素质提供种种便利条件，如对自觉参与业务学习的同志进行时间和财力上的支持，鼓励他们积极参加继续教育和业务培训；对在岗人员进行在职学习与全面系统培养相结合，自学提高与脱产培训相结合。其次，高校应为人事档案管理提供必要的"物"的因素，如计算机等设备的购置，既可以鼓励和实现人事档案管理人员采用

现代管理工具，取代传统落后的手工管理手段，又可以实现资源共享，有利于人事信息资源的开发利用，从而提高管理的实效。

四、加强人事档案现代化管理手段，提供科学、全面、高效的服务

信息化社会给传统的档案工作带来了巨大的影响和冲击。如果档案事业长期处于落后状态，在未来信息业的竞争中档案事业将处于不利地位，档案信息资源的开发将受到影响。只有以现代化的管理方式和手段来提高档案工作的效率和质量，档案事业才能获得应有的地位，发挥更大的作用，档案事业本身也才有光明的发展前途。

要努力实现高校人事档案管理现代化，运用电子计算机技术，实现人事档案管理的自动化；运用网络技术建立用人单位、上级主管部门和高校内部的局域网和广域网，使不同的利用者能够共享人事档案信息资源；运用现代光学技术，实现人事档案缩微化；运用现代技术提高人事档案保护水平；运用现代化管理手段，完整、准确、高效地为领导决策提供各种人事数据，为合理配置、使用人才，及时有效地在更大范围内开发人才提供科学、全面和及时的服务。

第五节　高校人员聘用制度下的人事档案管理

当前，全国各地高校正普遍进行以人事制度改革为重点的新一轮内部管理体制改革，目的在于"转换机制、优化结构、增强活力、提高效益"，促进高等教育的深入发展。在高校实施人事制度改革的过程中，高等学校内部的一系列管理制度必然要发生革命性的变革，如多数高校进行的内部分配制度、教师职务评聘机制等项改革、实行绩效考核等。人事档案工作作为人事管理工作的重要组成部分，也必须顺应潮流，做出相应的变革，才能适应高校发展变革的需要。根据党中央、国务院关于人事制度改革的政策，高校聘用制的实施将成为高校人事制度改革的必然。于是以人事制度为基础的人事档案制度，也必然要迎接这一挑战，以适应时代的变化，促进自身发展。

一、聘用制对高校人事制度改革中档案管理的影响

聘用制的实施，对高校人事档案管理工作产生了深远的影响。人事档案管理工作将面临新的机遇与挑战，人事档案工作者应认真分析，对工作的各个方面、各个环节进行相应变革，才能适应聘用制发展的要求。

（一）聘用制对档案工作程序的影响

聘用制下人事档案管理工作必然面临着管理流程的重组。高校原有的人事档案文件的收集、整理、价值的鉴定、保管、提供利用、档案编研等工作环节将会呈现出新的特征。随着人事制度改革的逐步深化，人才的竞争更趋激烈，高校人才流动将更加频繁，

这就需要人事档案工作积极与档案人建立紧密的联系，及时将具有保存价值的档案材料整理归档。档案的整理工作也将从片面强调保管的有序化、条理化、轻利用的模式向有利于人事档案利用的模式转变，力图在尊重和维护档案本质特性，保持档案文件之间的历史联系的同时，更多地考虑方便利用，探索用多样的整理方法来满足不同利用者的需求，并保证材料的精练。在人事档案提供利用方面，要简化利用程序，尽可能地以多样化的服务，高效、快捷地使人事档案成为社会公共服务领域重要的参考依据，成为高校人力资源开发的信息库。

（二）聘用制对档案内容的影响

事业单位人员聘用程序是一个动态的过程，要经过若干阶段或步骤，人事档案要系统地记载和反映这些阶段的不同特点、不同内容，以全面直观地反映本单位教职员工在聘用过程中的全貌，作为继续聘用或晋升的依据。聘用制下人才流动将更加频繁，于是对人才诚信的了解将被提上重要议程。人事档案中应扩展原有的收集范围，注重于收集个人和社会生活中信用状况的原始记录，目前我国的人事档案在诚信建设方面还存在着许多问题，造假现象屡屡发生，人事档案的可信度在大幅降低。因此，应借鉴美国为公民建立个人信用档案的做法，在人事档案中增加个人信用情况的记录。

二、聘用制下高校人事档案管理存在的问题

（一）对档案工作的重要性认识不够

当前，很多高校都存在着聘用制人员人事档案工作"无用论"的思想，错误地认为对于这些不占全民职工编制的人员只要能够反映出这些人员的工资、津贴等基本的信息就可以了，没有必要费神费力地认真把材料审核、整理、归档等每一个细节做好。这种思想意识在高校领导和从事档案管理工作的人员中更为普遍。但是聘用制人员作为全员聘用制形势下事业单位中最为主要的组成部分，应该完全消除"身份"这一对人本身进行区别的概念，上述的这种思想意识势必会影响到各项工作的开展和改革的推进。

（二）重新建档现象严重

"重新建档"原是人事档案工作中一种非常措施，其本意是为了方便人事档案管理，对人事档案丢失或无从查考的人员重新建立人事档案，是由于人事档案管理中的某些环节疏忽而导致的补救方法。而随着聘用制的实施，高校人才流动加剧，扣留人事档案成了有些单位防止人才流失的杀手锏和维护自身利益的有力手段。而通过重新建档，有些用人单位也收到了意想不到的人才引进和"留人"效果。"重建档案"行为导致的直接后果是"一人多档""有档无人""管档与管人不统一"，这严重地违背了人事档案的管理原则。一方面对于员工的原单位来说，大量的档案由于档案主人的弃档而积压，这些档案，既不能转出去，又不能销毁，不仅不能发挥作用，还要花费大量的人力、财力去管理，造成极大的浪费；另一方面，对于员工的新单位来说，大量的无档人员由于缺乏档案作为依据，增加了主管单位，特别是人事组织部门对员工考察了解的难度，降低

了人事档案的利用率和可靠性。

（三）档案内容欠完整

人事档案包括了职工的自然情况和德、能、勤、绩等方面的情况，完整地反映了一个人的全部面貌。缺少任何一个阶段的材料或任何一张材料上的手续不完备，都有可能给职工个人利益带来影响。此外，长期以来，人事档案侧重于记载和反映个人的社会经历、政治面貌、思想表现等方面的内容，千人一面，对反映个人知识结构、能力特点、工作实绩的材料收集过少，体现不出个性特点，人事档案基本上是静态的、固定的，不能反映出即时信息。因此，从已保存的人事档案来看，普遍存在着管理模式雷同，管理形式单一，档案内容匮乏，人事档案不能客观反映一个人的近况和全貌，不能为单位用才选能提供人才信息保障。

（四）档案遗弃严重

随着独资、合资…三资、民营等企业形式的蓬勃发展，为社会提供了较多的就业机会，也带来了全新的用人机制，这些企业对员工的约束主要是靠合同、协议，而不是人事档案。聘用制下的高校亦是如此，教职工为了自由流动，往往放弃档案，选择更适合自己的岗位，在此种背影下，人事档案似乎变得可有可无，许多人选择了"弃档"。再加之人事档案信息单一，信息失真等原因，使弃档人数激增。在高校，"弃档"最严重的主要有出国人员、待业人员、跳槽人才。

三、实行聘用制形势下高校人事档案管理的对策

随着高等学校岗位聘任制的实行和制度的不断完善，对人事档案工作提出了更新、更高的要求。人事档案工作在管理的策略及方法上需要重新审视和改进的地方突出体现在以下几个方面。

（一）提高人事档案工作的认识

做好人事档案工作必须提高各级领导和工作人员对聘任制人员档案管理工作重要性的认识，并给予充分支持和高度重视。要以《档案法》为基础，健全各项规章和奖惩制度，制定符合各自学校校情的细则，明确人事档案工作的职责范围，赋予其必要的管理权限，突出档案管理的行政管理职能，视之为一项长期的基础工作一抓到底。并建立一个以校长牵头，主管校长负责的层层责任制，形成涵盖所有部处、科室的有效网络，提高上下监管、反馈的整体意识，努力使人事档案工作走上最佳的轨道，确保人事档案及相关材料的科学性和完整性，创建管理与服务之间的和谐氛围。

（二）人事档案管理标准化

标准化是实现干部人事档案工作现代化、信息化的重要手段，是科学管理的重要组成部分。没有标准化，就没有专业化，就没有高质量、高速度。标准化是干部人事档案工作现代化的基石，是实现科学管理的必要条件，是提高工作质量和效率，节约人力物力的技术保证。高校人事档案管理标准化，前提之一就是人事档案材料实体的标准化。

使聘用制下高校人事档案工作的实现档案信息的现代化采集、处理、传输和利用等工作的标准化，尽快出台网络环境下人事档案信息的等级划分和权限的规范标准，人事档案信息数据输入规定，软件使用标准及数据编排细则等事关基础性工作的国家标准。

（三）提高档案人员的整体水平

许多高校的档案管理人员水平不高这是由于人们对人事档案工作的认识还是停留在起初的收发、整理、剪裁等最基本的文秘工作的阶段，认为只要工作态度端正即可，根本不需要一些高学历、高文化背景的人去做，所以导致一线工作人员的业务水平偏低。但是，这种情形在实行全员聘用制的情况下，直接违背了"公开、平等、竞争、择优"的用人原则。我们应该对从事人事档案管理的人员进行培训、激励、考核机制，竞争上岗；要形成合理的人才梯队；还要保证工作的连续有效性；也可以聘请专家作专场的报告或现场的技术指导，扩大我们的眼界。总之，要真正选出那些有良好的服务态度和工作热情，能够胜任工作并且有活力、有热情、有条不紊地人员充实队伍，并进行合理的有计划的培训、培养，使人事档案工作成为一个培养人才的良好有效的平台，让每一个寻求服务的人"带着困难而来，带着满意的微笑而去"，让人事档案工作在突出管理职能的同时走上正规的服务化道路。

（四）建立高校的兼职档案信息员队伍

在学校建立兼职档案信息员队伍，定期培训。学校各部门指定专人收集、整理、归档、上缴本部门的纸质、电子人事档案资料。

（五）建立长效发展机制

聘用制下加强高校人事档案管理，对档案工作者来说，是一项迫切而复杂的任务，在具体的工作中一定会遇到各种各样的问题，必须有现代化的技术和管理手段做保障。可能考虑的途径有：（1）培训培养一批档案部门自己的技术队伍，解决档案信息资源开发利用中的关键技术问题。（2）建立专家咨询委员会，对工作中出现的问题和争议提供参考意见。（3）实行开放式的人才管理模式，密切与技术力量雄厚的单位联合和联系，解决人事档案管理过程中的尖端技术难题。

其次，要确立服务保障机制。不断拓展服务领域，创新服务机制，变被动服务为主动服务，建立教学、科研单位与档案部门的横向联系，进一步整合相关学科科技创新人才资源，实现优势互补，共同推进人事档案建设。同时，要健全信息共享机制，联合进行档案信息资源的开发利用，促进基础研究、应用研究和科技成果的转化。

人事档案管理工作的推进显然不是一朝一夕能完成的。在其发展变革的过程中，还将涌现出许多新的问题，还要涉及更为广泛的社会领域。但是，在广大人事档案工作者的努力下，一定能集各学科人才聪明才智之大成，使人事档案工作更好地服务于高校和社会的发展。

第六章　高校教师资源动态配置创新研究

第一节　高校教师资源动态配置的内涵

一、高等院校教师资源的优化配置

所谓资源配置，就是社会如何把有限的人力、物力、财力和土地等资源，合理地分配到不同的地区和部门，使它们在社会运行过程中得到最有效的利用。社会资源的配置存在两种基本类型，一是物质资源的配置，一是人力资源的配置。物质资源作为物质资源配置的对象，其自身没有能动性，听从物质资源配置主体的安排；而人力资源作为人力资源配置的对象，虽然在这种资源配置中是作为配置的客体而存在，但是这个客体本身是有能动性的。正是由于这种能动性，使得人力资源配置的优化要比物质资源配置的优化困难得多。因为，物质资源的配置是单向的，要实现物质资源配置的优化，单从资源配置主体方面努力就能实现。而人力资源的配置是双向的，无论是配置的主体，还是配置的客体都是人，都有主观能动性。由此可见，实现人力资源的优化配置，是一项十分复杂而艰难的工程。高等院校作为社会运行的特殊主体，其人力资源之首的教师资源的优化配置更是难上加难。

任何事物都是质和量的统一，任何事物的变化都可以从量的增减和质的提高两个方面进行。教师资源的配置也不例外。从宏观角度来讲，高等院校教师资源配置的主体是国家和社会；从微观角度来看，高等院校教师资源配置的主体是高校。高等院校对教师资源的配置一般是先对资源进行量的配置，后对资源进行质的配置。高等院校教师资源的优化配置，从某种意义上讲，就是调整和改善教师资源的空间关系。这种空间关系包括两个方面的基本内容：一是教师资源与物质资源的空间关系，即以教师岗位为基础，根据专业和学生的特点、要求配置教师，达到人与物（岗位）的有机结合，从而实现能岗配置，这是教师资源优化配置的第一层次；二是教师资源之间的空间关系，以能岗配置为基础，通过调整和改善教师资源之间的空间关系，达到人与人的相互协调、互补，从而建立和谐共进的人际关系环境，这是教师资源优化配置的第二层次。

以岗位为出发点，高等院校在进行第一层次教师资源优化配置的过程中，要注意教师资源的文化技术素质、人格素质和职业道德素质的统一。目前，高等院校实现能岗配置还存在一些问题，表现为以下几个方面：教师资源具备教师岗位的文化素质（这是高等院校配置教师的基本要求），但不具备教师岗位的技术素质。在教师岗位上存留着大量的非师范院校的毕业生，这些毕业生有的经过岗位培训，很快掌握了教学技巧，走上了教学第一线。有的虽然也经过了培训，但还不能适应岗位的要求，并且教学技巧很难再提高。为此，必须重新进行教师资源的优化配置，使这部分教师从教学第一线上游离出来。

教师资源具备教师岗位的技术素质，但不具备教师岗位的文化素质。高等院校的专业设置要随着时代的发展和社会的需要适时进行调整，教师岗位的具体内容是变化的。因此，教师的文化知识结构和水平不总是同岗位要求相一致。这就要求一方面对教师进行再教育，给他们提供进修、学习、培训的机会；另一方面要对教师资源重新配置，高校根据具体的教师岗位选择教师，教师根据自己的特长选择具体的教师岗位。借此使教师与岗位相适应，是一条既经济又快速的高校教学管理体制改革之路。

教师资源的人格素质与其岗位要求不相适应。人的个性与职业有紧密联系。一方面，人们的性格、兴趣、能力、气质等，制约着人们职业种类和就业岗位的选择。另一方面，在一定的岗位上，由于人的个性不同，其劳动效果也大不一样。正是由于这些原因，人的个性与职业的匹配问题成为重要的研究课题，并形成一定的理论——"特性－因素匹配理论"。该理论是由职业指导领域的创始人、美国波士顿大学教授帕森斯创立的，后由著名职业指导专家威廉逊等人进一步发展成型。这一理论认为，每个人都有自己独特的人格特性与能力模式，这种特性和模式与社会某种职业的内容及其对人的要求有较大的相关度。个人进行职业选择以及社会对个人的选择进行指导时，应尽量做到人格特性与职业因素的接近和吻合。每一种类型的人都有自己的长处和短处，从全社会的角度以及从人的心理差异的角度来看，无所谓好与坏，而只有与职业类型是否协调、匹配的问题。高等院校在教师资源的配置中必须克服以往重文化技术素质、轻人格素质的倾向，充分考虑人格素质与教师岗位的适应问题，从而优化教师资源的空间配置。

教师资源的职业道德素质与其岗位要求不相适应。职业道德是道德在职业生活中的特殊表现，它带有某种职业或行业活动的特征。由于职业或行业上的差别，人们在道德意识和道德行为上不可避免地产生一定的差别，形成特殊的道德样式。高等院校在进行教师资源配置的时候要尽力选择拥有与教师岗位相适应的职业道德素质的教师资源，实现其与岗位的优化配置。

在能岗配置，即在教师资源和工作岗位之间优化配置的基础上，要努力实现教师资源内部，即教师资源和教师资源之间的优化配置。结构主义的一条基本原则是结构决定功能。使用两个以上的人，存在极高的科学性与艺术性。这时他们的作用发挥和工作成效，不仅取决于每个人的知识能力等状况，更取决于整体水平与能力状况以及他们的群体结构。所以，为了使教师资源产生结构效益，必须究人才的群体效应。对教师资源实施优化设计，实现教师资源专业结构、年龄结构、智能结构、知识结构与素质结构的合理配置，使个体资源在群体中发挥最佳的作用，从而产生 1+1＞2 的整体效益，使教师资源的配置在更高的层次上得以优化。

二、高校教师资源动态配置的内涵

高校教师资源动态配置就是围绕高校自身的办学定位和发展目标，构建起精简高效的学校组织框架，在动态框架下优化人力资源组合，最大限度地发挥人力资源在人才培养和科学研究中的作用。高校师资动态配置主要包括三个方面的内涵：一是围绕学校的办学方向和发展目标，建立起以精简高效为特征的学校组织机构，并以此作为人力资源配置的框架；二是在精简高效的组织框架里，根据组成人力资源的各个个体的优势和特点，合理组合和调配人力资源；三是在合理组合调配的基础上，最大限度地发挥人力资源的作用，最大限度地使用人力资源，充分调动每个人工作的积极性、创造性、主观能动性和工作热情。

资源动态配置体现了以下基本含义：

（一）科学合理的人员组合是资源动态配置的基本内容

高校师资动态配置的基本内容是将师资按照所设机构进行科学合理的组合。师资动态配置的目的是使一定数量的高校师资能够对其教育产出做出尽可能大的贡献。

（二）精简高效的组织机构是资源动态配置的基本保障

高校的组织机构是支撑高校完成人才培养、开展知识创新和科技创新的系统，是高校的"骨骼"，是高校师资实现配置的框架。有了组织机构，高校工作才能运转，师资才有配置的去处。而高校科学合理地设置组织机构，建立精简高效的组织系统，则是实现资源动态配置的首要工作。

只有真正建立了这样的组织机构系统，高校师资动态配置才有保障，才能为高校师资动态配置建构一个合适的组织框架。因此，如何根据高校的目标任务建立起科学合理、精简高效的组织机构，是高校师资动态配置的重要基础工作。

（三）最大限度地发挥每一个人的作用是高校师资动态配置的最终目标

资源动态配置的最终目标是在合理设置精简高效的组织机构和科学合理的配置人员之后，最大限度地发挥每一个人的作用。应当说，在建立了精简高效的组织机构和合理的配置教师之后，充分施展每一个教师的才干，充分挖掘每一个教师的潜能是资源动态配置的最终落脚点。

第二节 高校教师资源动态配置的原则

人才是当今世界经济和社会发展最宝贵的资源，是确保一个国家和地区在激烈的国内国际竞争中立于不败之地的重要保障。社会主义市场经济条件下高校教师的人才流动出现了许多新情况、新问题、新特点。做好新时期高校教师资源配置工作已成为一项紧迫的任务。

一、社会主义市场经济体制对人才管理体制的本质要求

思路决定出路，理念指导行动。教育具有先导性、基础性的地位。在新的历史时期，加强高校人才队伍建设是构建国家知识创新体系的基础。高等教育的发展水平、人才培养的质量，乃至可持续发展的后劲等，很大程度取决于教师队伍的整体素质。我们要深刻领会"科技是第一生产力，人才是第一资本"思想内核，树立全新的知识经济观、人才资本观、竞争引才观。我省各级政府和教育主管部门必须进一步解放思想，转变观念，牢固树立"人才第一"的思想，确立"只有一流的教师，才有一流的教育"的意识，"先造教师，再造教育"，从战略高度重视高校人才队伍建设。应把高校人才队伍建设纳入科教兴省的社会经济发展战略的总体布局和本地区经济建设总体规划，加强领导，加大支持力度，推进制度创新，使教师队伍建设的目标、任务落到实处。

二、规范有序的人才流动模式是高校教师资源配置的必然要求

人才市场运行要按规则行事，做到规范化运行。我省人才市场目前还处于发展阶段，法制还不够健全，执行法律的力度也还不足，人才流动总体上还处于无序状态，需要建立一种法律机制，以规范人才市场，使人才流动有序化。要进一步强化法制意识，认真贯彻执行《高等教育法》《教师法》《劳动法》等法规，完善法规体系，增强政策的统一性和透明度，有章可循，有法可依，依法管理，逐步实现以政策导向和法律监督为调控手段的人才资源管理体制，提高依法行政和按规则办事的意识和能力，促进人才流动健康有序地开展。政府主管部门可制定具体的制度、办法、措施和细则，加强高校人才资源配置工作。

拥有完善的人才市场，是人才合理流动的前提。目前的人才市场、人事代理、社会保险等都处于初级阶段，规范性和可操作性都有待提高。人才引进缺乏明确的政策依据，配套措施不完善，保障机制不健全。在人才流动中，畅流是方向，依法流动更是关键。

人才市场的主体是人才和用人单位，而不是政府，因此要进一步落实高校的法人地位，要坚持"政府调控，行业指导，高校自主"的原则，强化高校在人才资源开发中的主体地位。目前我省人才市场的经济色彩和行政色彩过于浓厚，服务功能有所弱化。人才市场的主导功能应该是服务而不是管理，应进一步完善其服务功能，改进服务手段，提高人才服务的法制化、信息化水平，提升服务质量和效率，形成机制健全、运行规范、服务周到、指导监督有力的人才市场配置体系和社会保障体系，积极为高校人才流动提供宏观指导和优质高效的服务。要打破人才的传统身份属性和阶层意识，建立超越学历、职称的"大人才观"，而不再将"一旦拥有，享用终身"的学历、职称作为高校

引进人才的唯一衡量标准；要坚持因地制宜，实事求是，促进人才成就多元评价观念和体系的形成，从人才的选拔、引进、使用、流动到奖励，形成一整套综合性的吸引人才、稳定人才、遴选人才、使用人才和评价人才的有效培养机制和竞争激励制度。

追求人才的产出效益是高校引进人才的根本目标。高校对高层次人才的引进，一定要从梯队建设和学科发展的目标出发，确定发展定位，不要"小庙供大菩萨"，造成人才冗余和闲置。要树立人才的成本观念，建立引进高层次人才的成本与效益核算机制，加强人才引进的有效性和针对性。

高校要将人才的内引外联结合起来，以市场机制为导向，建立相对稳定的人才骨干层与出入有序的流动层相结合、双向复合管理模式。要保持人才队伍的良性循环和动态平衡，以活跃高校的学术空气，不断形成新的人才组合、排列，保持队伍结构的高度适应性和合理性，促进高校人才资源的集约化配置和人才增值，提升人才资源的能级结构，实现高校人才资源的层次结构高级化、配置分布最优化、投入产出高效益化，形成人尽其才、才尽其用的合理配置状态，最终达到人才总量充足、人才结构合理、各学科人才分布均衡，高层次人才引得进、留得住、发挥自如，人才进出通道顺畅。

三、制度创新、机制创新是积极推进高校人才队伍建设的动力

从本质上讲，高校目前的人才问题，既不是数量问题，也不是质量问题，根本的问题还在发展机制上：良好的机制是高校组织良性、有序、健康发展的物质条件和精神条件的综合体。在社会主义市场经济条件下，人才是"活"化的，机制也必须要激活。高校必须将一系列先进的、具有广泛开放性的人才开发理念积极转变成行为规则，再把规则及时转化为机制。

首先要强化创新意识。按照"有利于优秀人才集聚，有利于优秀人才发挥作用，有利于优秀人才成长"的要求，突破传统思维方式，树立全新的人才开发模式，以超常规的运作方式，提供快速便捷的人才服务。根据国际国内先进科学技术的发展方向，大力培养、引进对我省高等教育发展具有较强适应性、支撑性意义的高层次人才，在重视人才总量增长的同时，着力提升人才的质量和效益。实行培养、引进、使用、储备并举的人才立体开发战略；在落实现有人才政策的基础上，加紧制定特殊政策，加快创新用人机制。

其次，要建立公平竞争机制，发挥市场在高校人才资源配置中的基础性作用。人才市场通过其内在的供求机制、价格机制、竞争机制作用，影响和推动人才资源的流动和调整，使人才资源在地区、高校与岗位之间的配置和供求关系能较好地趋于平衡，形成较为成熟而完善的人才流动机制。只有通过市场，才能把作为生产要素的人才，配置到最合理的地位、最能创新价值的地位、最有效率的地位。高校人才队伍建设要在遵循教育规律和人才成长规律的前提下，更好地运用市场机制，使人才市场发展成为高校人才合理、良性流动的平台，为学校的人才进入退出提供保障，使高校在竞争中不断吸引人

才，在开放、流动中不断优化自身的人才结构，蓄积高质量的人才资源。要建立健全各专业性人才市场，在条件成熟时，组建江苏教育人才市场。

四、努力营造教师队伍建设的良好环境

从小环境讲，高校作为人才实现自我价值的实体，有责任为人才的发展创造机遇，创造和谐、开放的人文生态环境。在高校内部要牢固树立"教师为学校主体"的思想观念，真正把教师放在学校建设的主人翁地位。在制定学校的发展大计和涉及教师切身利益的政策措施时，要广泛听取教师的意见，使学校的各项政策措施，能更符合教师的实际，更充分地代表教师的利益。高校各级领导要积极主动地为教师排忧解难，以政治上的关心、生活上的关怀和工作上的支持来增强对教师的感情投入，努力创造一个使教师有"用武之地"而无"后顾之忧"的成才环境。

事业留人、感情留人、待遇留人。良好的工作条件、生活待遇是基础。我们要紧紧围绕"富民强省，率先基本实现现代化"的目标，从实施科教兴省战略、努力把我省建成真正的教育强省这一高度出发，加大对高校人才队伍建设的投入，不断改善教师工作、生活条件，创造安居乐业的教师成长环境，进一步提高教师工资收入水平，为吸引高层次人才创造条件。特别是在为引进高层次人才所支付的违约金、大型科研设备购置、科研项目配套经费方面，政府应提供积极有效的支持和帮助。在"九五"高校师资队伍建设专项经费的基础上，增加教师队伍建设专项经费，为教师培养、人才的快速成长创造条件。

高校要以事业的不断发展和广阔的发展前景吸引人才，为教师的成长和事业发展搭好舞台、做好服务、维持好秩序，使教师能在平等、宽松、愉快的环境中工作，给人才以较大的主动权和学术活动空间，使其能最大限度地展示自身价值，实现事业追求。同时高校还应培育和保持一种自主与协作并存、求真务实的校园文化，使人才有一种安全感和归属感，能够不断地激发创新灵感，增加满意度，提高人才的活力和高校的凝聚力。

高校应制定切实可行的政策，在经费和制度上保障教师的培养、培训和学术活动。积极创造条件，让优秀青年教师走出校门，参加各种学术交流活动。通过交流，可以拓宽视野，开阔眼界，及时了解学术发展的前沿动态和最新成果，把握未来发展的趋势，使他们有机会结识老一辈的学术大师和新一代的同行学友，建立广泛的学术联系，提高他们的知名度。在聘任教师时，也应当大胆选拔优秀中青年骨干教师担任教授、副教授职务。

五、各种师资需求的轻重缓急程度原则

高校是培养高素质人才的地方，理应由具有高级专门知识和技术能力的人充当培养的主体。对于高校来讲，专家学者是最急需的，尤其是在紧缺的学科、专业上，其余依次为讲师、助教。相应地，引进和培养专家对于高校来讲需要付出的代价也是很大的。

第三节 高校教师资源动态配置影响因素分析

教师资源是高校发展的第一资源和核心动力，教师资源优化配置是高校实现跨越式发展的前提和必备条件，也是体现高校现代化管理理念和科学管理水平的重要标志；同时，高校的改革发展对教师资源配置的要求也越来越高。近年来，随着高校教师聘任制度和收入分配制度改革的不断深入推进，高校教师资源配置更加科学化、合理化。但是，从现状来看，高校教师资源配置还存在着许多问题，与建立现代高校管理制度的要求相比，仍有一定的差距。

一、高校教师资源优化配置的主要特征

教学、科研和社会服务是高校的三大主要功能，高校教师资源配置是否优化，主要体现在高校教学、科研和社会服务的功能是否得到了充分、合理的发挥，同时也体现在是否有利于教师个人的成长和发展。总体来看，高校教师资源优化配置主要有以下四个方面的体现：

（一）体现在教学上

教师资源配置应有利于培养符合社会需要的各级各类人才。人才培养是高校的主要任务之一。当前社会的分工越来越细，但是相互之间的联系与合作也越来越紧密，对高校人才培养提出了更高的要求。教师资源配置应与社会对人才培养的需要紧密结合起来，打破院系和专业之间的界限，科学合理地安排课程和任课教师，建立科学的课程体系，努力培养符合社会需要的专业化、宽口径人才。

（二）体现在科研上

教师资源优化配置应有利于教师充分享受学术研究自由并能平等地开展合作研究；有利于相同兴趣领域或交叉发展的学科领域教师相互合作、互相激励、取长补短，进行原创性研究工作；有利于学校的实验平台和研究资源共享。

（三）体现在社会服务上

教师资源优化配置应有利于教师的科学思想、学术理论、科研成果，以及技术性和应用性开发更好地为社会发展与进步提供技术支持、理论指导或咨询服务。

（四）体现在教师自身发展上

教师资源配置应"有利于优秀人才集聚，有利于优秀人才发挥作用，有利于优秀人才成长"。教师能够自主确定研究方向并开展学术研究，能够不断地激励自己提高教学水平、科研能力并因此能够得到认可与激励。学校为教师之间的学术研究合作提供平台并给予政策支持，教师有表达自己学术思想和科研成果的平台和渠道。

二、高校教师资源配置存在的问题及原因分析

近年来，高校对教师资源配置的重要性和必要性有了较为深刻的认识，但从教学、学科建设、社会服务等方面来看，还没有完全达到教师资源优化配置的要求。

（一）教师管理权限影响教师资源的优化配置

院系或科研单位是学校的基层组织单元，教师的教学安排、科研工作、个人劳酬等管理权限等属于基层单位。不同单位之间的教师合作，既存在合作过程中不同单位之间资源的使用问题，也存在科研成果的所有权区分问题。这在年终业绩考核时会影响单位以及个人的分配，从而造成矛盾，影响不同单位之间的教师合作。如在安排教学课程和授课教师时，由于存在教学工作量以及教学经费划拨等问题，教学单位一般不希望由其他学院的教师来为本院的学生授课，很少考虑本院教师是否符合课程的需要和学生的要求，影响教学水平和人才培养质量。

（二）教学培养计划影响教师资源的优化配置

大多数高校现有专业培养方案多根据学科发展需要调整，但在培养方案调整设置过程中，对人才培养的知识结构构建与能力培养需要、社会需求等主要参考因素的研究不够充分，也没能充分分析学科交叉以及相关学科领域知识的积累问题，没有处理好主要参考因素和次要参考因素之间的关系，造成学生知识结构不尽合理，未能达到通过教师资源的合理配置促进人才培养的目的。

（三）教师考核评价影响教师资源的优化配置

目前，国内高校教师考核大多采用的是定量考核与定性考核相结合的办法，但是如何处理好定量考核与定性考核的关系，仍然是高校在努力探索的问题。从现状来看，有的考核评价简单笼统，流于形式；有的过多侧重于定量考核，甚至只是计件考核，如单纯地计算教学工作量和科研工作量，而大多没有考虑教学的质量效果和科研成果的真实价值；有的虽然有定性考核，但缺乏可操作的、符合实际的实施办法。考核评价结果与教师的业绩、晋升、奖励直接相关，考核评价的不科学对教师资源配置容易产生不好的影响和导向，使教师为了达到较好的考核结果，重量不重质，导致教学实际效果和真实科研水平的下降。

（四）收入分配影响教师资源的优化配置

收入分配制度具有很强的导向性作用，关系到教师每个人的切身利益，每一次变动都非常敏感。从过去的平均主义到现在的"计件"劳酬虽体现了管理方式的进步，但还有待进一步改革和完善。现在教师的固定工资占教师个人收入的比例越来越低，具有相同资历的教师之间没有太大的差距，而占教师大半部分的收入是固定工资以外的。现行的固定工资主要考虑个人资历和工作量。这种分配制度使部分教师一味地追求量的扩张，通过各种途径来提高个人收入，而不是将自己的主要精力用于提高教学质量，专注学术研究，进行学术创作。

（五）校内资源管理影响教师资源的配置

现在许多高校缺乏校内固定资产资源共享的政策，缺乏奖励先进、激励教师不断进步提高自己的政策。或是学校的政策过于模糊，没有切实可行的操作方案和严格、合理的管理程序。

第四节　高校教师资源动态配置的操作规范

教师资源开发利用的地位取决于教师资源在高校中的地位。高校要发展，必须凭借一系列资源，包括人力资源、物资资源以及财力资源，其中最主要的当属人力资源，而人力资源中，最为宝贵的是教师资源。高校教师水平作为高校教师质量和学术水平决定性因素，在高校办学中的地位和作用已被公认。西蒙·施瓦兹曼曾经说过："大学基本上是追求知识的学者的团体。"教师之与大学的重要意义，无可争辩地使其处于大学组织构成要素的"主体性"地位。高校教师资源的"主体性"地位决定了高校教师资源开发利用在诸类资源开发利用中的核心地位，教师为本当成为高校教师队伍建设的政策导向，大力开发利用教师资源是高校教师人力资源开发的第一要务。

一、当前高校教师资源的特征分析

（一）"孤岛特征"

是指由于教育是计划体制，经济是市场体制，教师的价格和数量主要表现为政府的工资规定和计划编制，而不直接反映经济发展和就业的数量、质量的变化对其内在的要求，人为地割裂了教育与市场经济的有机联系，教师形成了一种相对隔绝和封闭的状态，就像大海里的一座孤岛。由此造成教师缺乏足够的社会实践和对社会真相的透彻剖析，经济学教师很少去企业，农学教师很少下田，医学教师很少去医院，自身素质与现实需要不相适应。教师知识结构老化，教学内容陈旧，使学生产生"学习无用"的观点。

（二）"侵蚀特征"

是指由于市场体制和计划体制在价值观念、动力机制、收入分配等各方面都是截然不同的，在信息基本通畅的前提下，教育形成孤岛也是相对的，市场经济对教师存在着高薪诱惑、失落感加剧、经济和心理压力增大、学术研究浮躁等负面效应，这会造成教师职业道德下降，人才外流，教师队伍不稳定，高校成为社会裁减冗员的避难所等问题。

（三）"窒息特征"

是指由于教育计划的"道德人"的假定以及计划行政管理的体制，对影响教师素质提高发挥了负面效应，使教师的教学、科研乃至健康都失去了活力。由于高校依附于政府的身份，自身利益不能独立，内部管理缺乏按照市场经济进行运作的自主权，导致忽视教师精神利益，并且优劳不能优酬；教师之间缺乏竞争，评估制度流于形式；各项制度不民主，教师处于被管理者的地位，官本位严重，真正做学术的无地位；教师的发展空间和机会很少，使教师丧失了进一步提高能力的动力。

（四）"雀笼特征"

是指在教师的流动上由于户籍档案、组织关系、不合理的契约等对教师形成的一个无形的笼子，使高校教师的大量流动事实上处于不公开、不合法和无序的状态，严重地阻碍了教师资源的配置。

二、优化高校教师资源配置的对策

（一）建立适应市场运行规律的岗位设置机制。

社会主义市场经济体制下的高校教师聘用，实际上是在市场经济条件下依据市场运行规则而建立起来的一种新的用人机制，它是建立在岗位成本原则和优化师资资源配置基础上的，强调的是岗位职责并坚持因事设岗，以岗择人，公开招聘，平等竞争，择优聘任，严格考核，合同管理。遵循这一规则进行岗位设置，从根本上明确了教师岗位成本原则，改变了因人设岗的做法，把岗位作为投资成本的反映。同时，各级教师岗位也反映了学科发展和教学科研任务对教师资源的需求。

首先，科学地设置教师岗位应和教师总编制的确定紧密结合。高等院校在设置教师岗位时，既要充分考虑当前全国高校平均生师比的状况，又应从实际出发，按生职比 8：1 确定基本教育规模，并将专任教师队伍总数确定不低于基本教育规模的 60%，党政管理干部总数控制在基本教育规模的 18% 以下。除了按照生师比确定教师编制外，还要以教师人均工作量核定教师总岗位数额，在岗位工作量的确定上，充分考虑到办学的质量、成本和效益，达到科学、合理地确定教师工作量的目的。两种方法有机结合，既满足了教学、科研的需要，又为教师培养、进修提高和引进人才预留了一定的岗位数额。

其次，在教师岗位设置上打破了按照专业技术职务设岗的传统做法，按照岗位职责和岗位任务设立学科带头人、学术带头人、学科骨干、学术骨干、骨干教师、主讲教师、助理教师等七个岗位。其中，学术骨干以上岗位为校聘关键岗位，专业技术职务仅作为教师申报各级岗位应具备的资格条件。这就从根本上实现了教师队伍由"身份"管理到"岗位"管理的转变。

第三，根据教学、科研和学科建设的需要，制定每个岗位的申报条件、聘期任务，并明确受聘后各个岗位所享受的待遇。教师可以根据自己的能力、水平选择能充分发挥自己才能的岗位。建立起科学的岗位设置机制，能够较好地把教师个人思想追求和学校事业的发展需要有机地结合起来，实现有什么能力做什么事，享受什么待遇，打破按职称"对号入座"的传统做法，这样就有效地解决了"教授不教，讲师不讲"的问题，激发了教师队伍的生机和活力。同时还有利于教师队伍年龄结构、知识结构的调整和教师的合理流动，为青年拔尖人才脱颖而出创造良好环境；在促进教学、科研进一步发展的同时，较好地解决机构臃肿、党政管理干部人浮于事的问题，促进了办学效益的提高。

（二）建立科学严密的教师考核机制。

建立以科学严密定性与定量相结合，以定量为主的教师考核机制，这样可以更加客观、准确地评价教师能力、水平和绩效，同时为教师新一轮聘任上岗和受聘教师兑现待遇、奖惩提供可靠的依据。

在实施教师岗位聘任过程中，需要确定各级教师、教辅人员的岗位职责，明确聘期的任务。在教师聘期岗位任务中充分考虑教学、科研的实际及教师科研队伍的能力状况。若教师申报岗位时就已明确自己应履行的职责和所承担的任务，这就使得考核和被考核者都有所适从，从而使按岗考核有据可依。

在建立教师考核机制中应着重把握以下几点：一是在重点考核教师工作业绩的同时，还要注重考核教师的思想政治素质和职业道德修养；二是对聘期内的各项任务指标进行量化分解，给予合理的分值三是对教师定量考核标准应切合实际，量化指标要合理适当；四是对教师岗位必须完成的任务目标应有刚性约束。

（三）建立合理的激励制度

首先要建立合理的具有激励作用的分配机制，这是与高校教师定编设岗、岗位聘任相配套的校内分配改革制度。

鉴于目前高校分配制度改革还不能完全摆脱原有的计划经济体制下的工资模式，即职务与档案工资紧密挂钩的现实，应当建立起档案工资保留，岗位津贴为主导的分配模式，要突破，按专业技术职务套定津贴标准的模式，受聘到哪一岗位即享受本岗位的岗位津贴标准。在教师岗位上设立学科带头人、学术带头人、学科骨干、学术骨干、骨干教师、主讲教师、助理教师等七个等级的岗位津贴标准。根据学科建设和教学、科研任务需要，适当拉大岗位之间的分配差距，重点向关键岗位倾斜，最高月津贴和最低月津贴相差 7.6 倍。聘期内（三年为一个聘期）按年度任务目标完成情况进行考核，各年度的岗位任务分值分别占聘期总分值 300 分的 26.7%、33.3%和 40%。此外，还需设立业绩点奖励制度，对超额完成规定的岗位任务的教师，享受业绩点津贴，上不封顶。这种分配制度的建立，真正体现了多劳多得、同工同酬的"业绩管理"新模式，起到了双向激励的作用。

其次，"需要层次论"告诉我们：一定的需要往往必须特定的激励去满足。高校教师需要的精神性和高层次性特征，决定了教育管理中要以精神激励为主的激励需要。高校教师需要的这些特点，是由教师阶层自身的文化层次、职业特征、道德观念、审美倾向所决定的，是一种极其稳定的心理体验。因此，对高校教师的激励，不能以金钱刺激为主，而应以其发展、成就和成长为主，建立经济激励与目标激励、情感激励、竞争激励、榜样与考核激励相结合的激励方法。

（四）建立提高教师综合素质的培训机构

建立一支素质优良、结构合理、相对稳定的师资队伍，关键是逐步建立起适应新时期高校教师队伍建设需要的教师继续教育制度和培训机制，实现培训工作重点和运行机制的转变，只有实现这"两个转变"，才能调动教师自觉学习的积极性，才能使教师结合本职工作学习新理论、新技术、新方法、新信息，从而不断提高业务技能，培养持续的创造能力，从而适应社会、经济、科技的发展，促进学校的发展。

首先要营造学习型、研究型氛围。在信息术高度发达的知识经济时代，营造学习、研究氛围。有助于教师增强学习新知识的紧迫感和自觉学习上进的需求感。其次，建立重点带动一般的培训机制。高校师资队伍的发展是一个整体，由于受高校经费紧张制约，短期内难以有充足的经费保证师资培训工作的深入开展。因此，在教师培养、提高工作中，既要重点突出。这种分配制度的建立，真正体现了多劳多得、同工同酬的"业绩管理"新模式，起到了双向激励的作用。

其次，建立重点带动一般的培训机制。高校师资队伍的发展是一个整体，由于受高校经费紧张制约，短期内难以有充足的经费保证师资培训工作的深入开展。因此，在教师培养、提高工作中，既要重点突出，培养中青年骨干教师，又要兼顾教师队伍整体素质的提高。在教师队伍建设规划中确定对重点培养的教师给予经费上的保证；对教师到国内外校访问、参加国内外学术交流和学术会议、短期培训等给予支持；在经费上采取校、院（系）教师个人按一定比例共同负担的方法。

第三建立教师定期进修的约束和激励机制。《教师法》中明确规定，教师有"参加进修或者其他方式的培训的权利和不断提高思想政治觉悟和教育教学业务水平"的义务。因此，在为教师创造和提供必要条件的前提下，必须建立教师接受继续教育的约束和激励机制。把教师在职进修、提高学历层次与岗位聘任、提高待遇紧密挂钩，由此来调动教师自觉参加培训，不断提高自身的政治和业务素质。

第七章　高校教师收入分配

　　构建科学合理的收入分配制度，作为高校教师人力资源管理制度建设的重要组成部分，对调动广大教师的积极性，激发他们的潜力与创造力，引导他们不断求变创新，为我国高校建立一支高水平、富有活力、具有创新精神与创造能力的教师队伍具有非常积极的作用。

第一节　高校教师收入分配制度评析

一、国内高校教师收入分配制度存在的问题

　　根据《高等学校收入分配情况调查组高等学校收入分配情况调研报告》的数据：全国高校教职工对收入表示基本满意、满意或很满意的教职工占 30.8%，表示不太满意或很不满意的约占 67.7%，表示很满意的只占 0.5%，很不满意的占 20%o 由此可见，尽管这几年高校教职工收入普遍有较大提高，但是教职工总体上仍然不太满意，收入水平与教职工的期望还有比较明显的差距。

　　除了对收入绝对数据不太满意之外，高校教师收入分配机制还存在如下的诸多问题。

　　（一）人事制度改革滞后，岗位设置不够科学合理，聘任机制不健全

　　岗位津贴制度分配模式实际上是建立在科学合理设岗的基础上，根据总编制数确定岗位数量，制定岗位职责，从而确定与岗位相适应的岗位津贴。但在实际操作过程中，由于各高校受制于人事制度改革的滞后以及校内稳定等多方面因素，岗位的设置不够科学合理，岗位职责不够明晰，考核评价体系不完善，造成了岗位津贴分配不能与个人的工作业绩和贡献挂钩，过多地关注"身份"。此外，岗位之间缺乏合理的流动，岗位聘任也是根据职务职称等因素进行，而且具有相当的刚性，没有建立一种打破身份、能上能下、能进能出的聘任机制，由此岗位津贴在一定程度上就失去了其应有的杠杆激励作用。它背离了"按劳分配，多劳多酬，优劳优酬"的分配思想，有失公平，容易在教职工中尤其是青年教师中产生不满的情绪，这对高校的后继发展极为不利。要改善这种困境，首先应加大人事制度改革，在合理定编、科学设岗以及明晰岗位职责的基础上，实行全员聘任制，建立一种收入分配与实际贡献相结合的分配机制。

（二）未能建立科学合理的评价与考核体系

科学合理的学术评价与考核体系是确保人事分配制度改革成功的关键。它既能有效地激励教师，形成合理的导向，又可以有效地约束教师，促使其不断发展。但当前各高校建立的考评体系存在这样或那样的问题，如：考核评价指标体系还不够科学，考核周期不够合理，考核功利性倾向比较严重，甚至不少高校的考核流于形式。这些都使得对教师的考核评价失去了激励导向作用。高校教师工作主要是脑力劳动，工作不易量化，成果难以衡量，产生的经济效益具有滞后性、间接性，而且教学科研工作有一定的周期性，需要有一定的积累，有的甚至还有较大的风险性等特点。因此，我们必须考虑高校教师工作的特点，建立一套质与量相结合的，重在实现长期激励和短期激励相结合的考核评价体系。如果过于看重短期效益，容易造成科研人员的短期性，产生大量低水平的重复的科研成果；同时，也会使得相关人员忙于应付，无暇顾及远期性、基础性及原创性的研究，难以产生有重大影响的成果，无法形成真正的强力团队。如果只看重长期效益而忽视短期效益，就难以给相关人员以切实的压力和动力，鞭策他们深入研究。

（三）财政拨款条块分割

拨款方式和总量不能适应高等学校实施科教兴国战略和人才强国战略的实际需要。目前高等学校的财政拨款分别由中央政府和地方政府承担。中央政府对直属高等院校采取生均定额的拨款方式，大多数地方政府对所管辖的高等学校仍然采用按编制拨款的方式，这种做法不利于高等教育事业的发展。就财政拨款总量看，无论是生均定额还是按编制拨款都不能保证政策性收入分配的全额实现，更不能满足高等学校为参与国际、国内日益激烈的高层次人才市场竞争而提供具有外部竞争力的薪酬水准的实际需要。

（四）薪酬构成过于刚性，精神激励未引起足够重视

目前高校薪资构成基础以物质激励为主，在整体薪酬设计方案中，精神激励部分，诸如个人晋升和发展机会、心理满足感、生活质量等柔性因素往往被忽视。这样的分配制度是不全面的。由于教职工的内在报酬未能得到满足，势必影响经济性报酬的激励效果，最终影响学校人力资本的投资效益。

（五）收入分配模式的确定缺乏科学、民主的决策机制

当前高校收入分配模式的确立主要存在两种方式：第一，由学校直接制定所有教师的津贴标准；第二，由学校根据各学院承担校内工作任务的轻重难易、其发展状况以及目标定位等因素而给予各学院一定津贴总量，由各学院根据自身的特点自主决定分配。第一种分配模式的确定主要以学校为主导，主要根据分配总量，在平衡各支队伍的同时，适当照顾不同学科差异。这种集中决策的方式难以根据不同部门的特点，部门内部不同人员的情况有的放矢地实行，很容易造成吃大锅饭的局面。第二种分配模式的确定主要由学院内部制定，它有利于各学院根据自身学科建设需要，根据学院发展目标有针对性地制定津贴分配标准，它对调动学院的积极性、促进学院的发展有着非常积极的作用。但是，大多数高校并没有在权利下放的同时，形成学院内部的民主决策机制，缺少

对学院的监督与约束，很容易造成学院党政领导个人说了算的局面。在这样的情形下，更容易造成分配的不公，从而引发教职工的不满。

正是由于上述问题的存在，当前高校的收入分配制度并没有对教师形成有效的激励，相反，有的时候还使得不少教师产生了"逆向选择"。这样的问题导致高校无法向教师传递一种以绩效和能力为导向的组织文化，不能引导教师之间进行业务合作和知识共享，缺乏积极的团队绩效文化，从而会大大削弱凝聚力和竞争力。

二、国内高校教师收入分配制度问题的原因分析

上述收入分配问题的存在，除了高校政策制定的原因外，还受劳动人事制度、社会保障体系等诸多大环境因素的限制。如果不能妥善解决这些深层次的矛盾，必将对高校的自身深入改革与发展造成极大的制约与限制。制约高校收入分配制度改革的外部因素主要表现在以下几个方面。

（一）劳动人事制度

现有的劳动人事制度存在重管理、轻开发，重稳定、轻流动，重公平、轻竞争，重身份、轻岗位等问题，这些已日益不能适应社会主义经济体制改革的需要。这些问题的存在对高校人事制度的改革形成了种种的困难和阻力，而人事制度的改革与收入分配制度的改革是紧密相连、相辅相成、缺一不可的。没有分配改革，人事改革缺乏力度，难以深入，不会达到预期的效果；没有人事改革，校内分配缺乏公正，难以合理，不会起到激励的作用。因此，这种大的人事体制的背景对高校内部的收入分配制度改革形成了较大的制约。

（二）社会保障体系

社会保障问题是各高校十分关注的问题，由于社会保险制度改革的推进不够平衡，保障体系不全面，影响了高等学校深化人事制度改革的步伐，引起人员流动非常困难，难以形成一个合理有序的人才流入流出体系。目前，许多高校离退休人员队伍庞大，数额巨大的离退休费已使高校的财力负担越来越重，一定程度上影响和限制了高校的发展。另外，失业、医疗保险费用高，高校经费负担重。

（三）高校内部管理自主权

在高等教育系统中，高校的自主管理权限受到一定的限制，还没有真正得到完全的落实。具体表现在以下三个方面。第一，高等教育行政部门更多关注如何加强对学校的管理和制约，而对是否有利于增强高校办学活力考虑不够。第二，高等教育行政部门有时忽视高等教育发展的内在规律，制定一些不切实际的指标，干预学校具体的办学行为。第三，高等教育行政部门对高校内部事务管的过多，包办了许多应由学校自主决定的事务，限制了高校的创造空间和办学活力。应当严格依法落实高等学校的内部管理自主权，根据《教育法》和《高等教育法》的有关规定，学校依法自主、有效地管理学校内部事务，并承担相应的责任和义务。政府部门不对学校办学自主权范围内的事务进行

干预，使高等学校真正拥有办学、用人和分配等方面的内部管理权。

总的来说，由于以上外部环境因素的制约，高校在自主制定校内的人事制度与分配制度的时候就受到了诸多限制，也在一定程度上限制了校内分配方案激励作用的发挥。对于外部环境因素的制约，只有通过国家、社会以及学校自身等多方面的努力逐步使其改善。

第二节　高校教师收入分配与队伍建设

一、收入分配的功能导向

（一）激励功能

高校的收入分配制度改革不仅关心收入分配的合理性问题，更应该强调的是收入分配的激励效果问题。科学合理的分配体系能充分调动广大教师的积极性，既能实现对教师的长期激励，又能实现对教师的短期激励，充分开发教师的内在潜能，从而提高他们自身的水平与层次。相反，不合理的分配制度不仅打击教师的积极性与热情，还会诱导教师工作重心的转移，他们不会将更多的精力用于教学与科研，而是用于其他社会兼职工作等方面，诸如在企业兼职或专职等。由于个人的精力是有限的，而从事社会工作与教学科研工作从时间上来讲又是相互冲突的，这会使得教学科研沦落为"业余爱好"，造成薪酬的资源配置作用失灵，人才得不到充分利用，最终影响到学校的学术环境和整体发展。

（二）促进教师队伍结构的调整与优化

科学合理的分配体系不仅具有激励教师的功能，而且在其他政策的配合下还能调整教师队伍结构，优化教师队伍的资源配置。比如，学校可以根据学科建设发展的情况，调整对不同学科的资金投入力度，加大对重点学科、交叉学科以及新兴学科的建设力度，这样可以吸引更多优秀的教师投入到这些学科中来，从而调整与优化学校的教师队伍结构。又如：若某高校的整个学科梯队建设失衡，学校可以对失衡的某个结构部分进行调整，通过收入分配的激励导向积极鼓励该失衡的部分调整，加大对学科带头人，教学科研骨干以及中青年教师的收入调节，从而引导整个学科梯队平稳有序地发展。

（三）促进学校的可持续发展，保障学校战略目标的实现

通过收入分配的调节、引导和激励，可以更好地调动教师的积极性，建设一支学缘、年龄等结构合理配置的教师队伍，促进学校教师队伍结构的优化配置；通过分配机制的调节，加大对重点学科和优势学科的投入，保障基础性学科和应用性学科的发展，鼓励交叉性学科和边缘学科的资源整合，从而更好地实现学校的可持续性发展，更好地保障学校战略目标的实现。

二、构建科学合理的收入分配体系

（一）高校收入分配制度改革的目标

为了实施科教兴国和人才强国战略，建设一支高素质、高效能的高校教师队伍，提高高等教育资源使用效率，保障高等教育事业的稳健发展，我们认为，我国高校收入分配制度改革的目标是在深化高校人事制度改革的基础上，逐步建立一套与社会主义市场经济体制相适应的，符合不同高校发展战略，以聘任制为基础，以现代薪酬理论为指导，以岗位绩效工资为主、货币化福利为辅，能鼓励人才创新创造，具有市场竞争力，政府指导，高校自主分配，激励有效，竞争有序，科学公平，调控合理的现代高校薪酬体系。

（二）高校收入分配制度改革的原则

为了更好地发挥工资收入分配政策的杠杆作用，在高校内部更好地建立一套科学合理的激励约束机制，更好地实现国家提出的"科教兴国，人才强国"战略，我们认为高校在下一阶段制定内部分配体系时应遵循如下原则。

1. 公平性原则

亚当斯的公平理论以及赫兹伯格的双因素理论表明：让多数教师能产生"公平感"，根据其所提供的劳动价值公平地支付报酬，是收入分配制度设计的首要原则。为此，应当根据高校的实际情况和人才特征等情况，收入应当在专任教师、其他专业技术人员、管理人员以及工勤人员之间取得平衡与协调，与此同时，应向教学、科研等一线人员倾斜，这有利于学校各项事业的深入发展。此外，各高校应当根据自身的财力，适当提高本校教职工的收入水平，应避免在同地区高校之间或同主管部门高校之间收入分配差距过大，也应尽可能避免与社会收入平均水平差距过大。最后，高校在制定新的分配方案时，应考虑这种"公平"的纵向比较，即在收入水平上有适当的提高，实现收入增长的可持续性，这样才能实现对教职工的激励，促使他们在各自的工作岗位上尽职尽责，激发他们的潜力，以不断推进学校的发展。

2. 竞争性原则

收入的竞争性应主要体现在其对人力资源的优化配置作用上，高校应通过收入的差别和比较优势，在外部人力资源市场上获取组织所需要的人才，并在高校内部实现教师在不同职务、不同岗位上的优化配置。其一方面体现为外部竞争性，即高校的整体收入水平应保持在外部人才资源市场上的比较优势，对医学、工程、计算机等市场竞争力相对较强的学科，可适当高定收入，以促进人才引进，积极吸纳人才为高校服务。另一方面体现为内部竞争性，不同岗位、不同素质、不同业绩的教师在收入上的差别，可以促进高校教师人力资源的合理优化配置，在高校内部创造公平的竞争氛围，营造积极进取的组织文化。

3. 动态均衡原则

高校教职工薪酬体系的动态性主要表现在两个方面：一方面可以不断调整以满足新的战略发展需要；另一方面能充分体现市场的薪酬水平和发展需要，从而保证薪酬水平的外部竞争性。此外，教师收入水平和正常增长应与国民经济发展水平和速度保持协调。应妥善处理、合理调节地区之间、高等学校之间和高等学校内部的教师收入差距，既要承认合理的差距，又要防止过分悬殊，保持动态均衡。

4. 坚持分类指导、合理调控原则

国家应根据高校不同类型、不同层次、经费来源差异等特点，实行政府分类指导与合理调控、以市场配置为基础的收入分配调节制度。

5. 系统性原则

高校收入分配制度与人事制度、评价与考核体系等是一个完整的体系，而不是一个孤立于整体之外的体系，其激励约束作用的发挥有赖于其他制度的密切配合与支持。此外，它在具体实施过程中还要依赖有效的执行机制，以确保分配政策的意图能够得到完全贯彻与实施。因此，在制定高校收入分配制度时，必须以学校发展战略作为指导，同时统筹考虑改革人事制度与评价考核体系建立等因素，建立一套强有力的执行机制以及对分配政策具体实施的监督、调解机制。

（三）建立高校收入分配的有效激励与约束机制，需重点考虑的几个问题

1. 实施全员聘任，建立以岗定薪、岗变薪变的收入分配机制

全员聘任制的实施主要包括科学设岗、合理定责、按岗聘任以及聘后管理等。科学设岗是岗位聘任的前提，高校教师岗位设置必须着眼于学科建设和学校各项事业的整体发展，着眼于引导和激发教师不断地进行工作创新和业绩创新，着眼于教师队伍的整体优化和优秀人才群体的成长，着眼于形成健康有序的竞争激励机制。合理定责是岗位聘任的关键，合理定责就是要根据岗位的性质，结合学校学科建设和学术梯队构建的需要，合理确定岗位职责，它既要有一定的难度与挑战，又不能高不可攀。按岗聘任需要强化岗位，淡化身份，实行岗位管理。最后，要强化聘期考核，妥善处理好年度考核与聘期考核的关系。在实现岗位管理的基础上，建立以岗定定薪、岗变薪变的收入分配机制，既要合理拉开收入差距，以充分引导和激励教职工的积极性，又要避免收入差距过大，打击青年教职工的工作积极性，促使他们不断的自我提升与发展。

2. 需要建立科学的、动态的评价与考核体系

前面我们谈到了人事制度、分配制度与考核评价体系的关系，它们是三位一体，缺一不可的，是一个有机的整体。科学的学术评价与考核体系应当建立在评价体系指标完善、动态调整，在综合考虑质与量的基础上，是建立在实现长期激励和短期激励相结合的方针上的，它既要避免短期功利性，又要避免无目标性，既需要加大对高水平、原创性科研成果的奖励，又需要降低甚至是取消对低水平科研成果的奖励。具体来说，各个高校在具体制定考核评价体系的时候，需要结合自身的发展战略。比如，某些高校在考

核时并没有对相关人员的科研量化，甚至教学与科研二者可以相互替代，这就会导致相关人员在科研上缺乏进取心，这对一个高校的学科发展以及教师队伍建设是极为不利的；还有的高校，以"创建世界一流大学为目标"，在制定考核与评价体系时，不仅应该关注论文等科研成果的数量、级别、影响因子等，也需要加大对原创性、基础性研究的支持，以建立一种长效的收入分配激励机制，只有这样才能实现自身的发展目标。

3. 公平与效率的问题

公平与效率之间的矛盾和冲突，是所有管理活动常常遇到的一个"两难选择"问题，以高校教师为中心而展开的人事分配制度改革更凸显这一问题的敏感与尖锐。应该说公平可分为绝对的公平、机会均等的公平和收入合理差距的公平。绝对的公平是不可能达成的，而机会均等是我们追求的最终目标。在现实条件下，收入分配有合理差距的公平就成了现实的选择。因此，应当通过合理拉开收入差距按劳分配、优劳优酬等方式，充分调动教职工的积极性，提高他们的工作效率。但是，对不同的高校而言，"合理的收入差距"是个不同的概念，需要各个高校根据自身的实际状况，结合学校的学科建设、学术梯队建设以及教师队伍建设的需要，实现一种合理的导向，调动他们在教学、科研等方面的积极性，鞭策他们不断进取，产生优秀的科研成果。

4. 创新管理体制，建立收入分配的民主决策与监督机制

当前，建立以学校为宏观管理和决策中心，学科为基础，学院为实体且有充分的管理自主权，实现其责、权、利统一的管理体制是一种趋势。该管理体制能最大限度地调动各学院的积极性，使其根据自身的学科发展目标以及教师队伍建设目标等建立相应的人事分配制度。这样，制定出来的政策就能更积极地调动教师的积极性，激发他们的工作热情，从而实现教师队伍整体水平的提高。当然，如果这种管理体制在缺乏民主决策和外部监督的情况下，其政策公平性很难得到保证。因此必须在管理重心降低的同时，建立学院内部收入分配的民主、科学决策机制，同时加强外部监督。具体来说，可以引入"教授委员会"决策机制，加强"教代会"与"工代会"的决策作用，建立收入分配政策监督委员会等机构，构建教师聘任、分配等问题的调解机制以及教师诉求的畅通渠道。通过这些内部民主决策机制的建立，外部监督机构的成立，形成有效畅通的诉求机制，可以更好地保障收入分配的公平、公开、公正，能更好地激发教师的主人翁精神，更好地调动他们的积极性，从而更好地实现收入分配的激励导向。

5. 物质激励与精神激励并重

收入分配制度应以物质激励为主，但绝不能忽视精神激励的作用。物质激励是满足教师基本生活等必须的，但精神激励对提高教师的凝聚力和向心力，调动他们的积极性更具有积极的作用。在具体的方案设计中，应更多地引入个人晋升和发展机会、心理满足感、生活质量等柔性因素，以加强精神激励。

第八章　高校教师继续教育管理

第一节　高校教师继续教育概述

一、高校教师继续教育概念

关于继续教育（continuing education，further education）的概念，有不同的说法。英国和德国的继续教育是指继初等、中等教育之后的第三个教育阶段，强调的是在初等教育、中等教育基础上进一步教育。美国则强调继续教育是在正规教育后进行的一种范围很广的教育，使成人不断获得与本岗位有关的新知识、新技能，同时增长对相近专业知识的了解和掌握。在俄罗斯，是指人们为获得和完善知识、技能和技巧，在普通学校和专业学校或通过自学途径进行系统的有目的的实践活动。

联合国教科文组织出版的《职业技术教育术语》称："广义的继续教育是指那些已脱离正规教育、已参加工作和负有成人责任的人所受的各种各样的教育。它对某个人来说，可能是接受某个阶段的正规教育；对另外的某个人来说，可能是在一个新领域内探求知识和技术；对另外的某个人来说，可能是在某个特殊领域内更新或补充知识；还有的人可能是在为提高其职业能力而努力"。

在我国，顾明远教授则把继续教育看作是"对已获得一定学历教育和专业技术职称的在职人员进行的教育活动。是学历教育的延伸与发展，使受教育者不断更新知识和提高创新能力，以适应社会发展和科学技术不断进步的需要，是现代科学技术迅猛发展的产物"。中国继续工程教育协会秘书长张根先生认为：继续教育是指对专业技术人员不断进行知识和技能的补充、增新、拓宽和提高的一种追加教育，以使专业技术人员完善知识结构，提高专业技术水平和创造能力。

列举以上有关继续教育定义的多种表述，说明继续教育尚未形成一种能够为人们所共同接受的定义。但是，我们可以从中找到一些带有一定共识的基本含义。

继续教育是一种全新的教育领域。继续教育的首要含义在于相比传统的学校教育中的初始教育、学历教育而言，是一个新兴的教育空间，或者说是一个全新的教育领域。

继续教育有特定的对象。继续教育所面对的是一群特定的教育对象，他们就是那些"离开了传统学校教育""离开了学历教育"的人们，正如联合国教科文组织所指的那些"已经脱离正规教育，负有成人责任的人们"。

继续教育是指一种行为。继续教育的行为含义表现在"它是进行知识更新、补缺和提高的教育活动""是进行最新知识的教育活动""是不断开发他们创造、创新能力的活动""是不断提高他们职业能力的活动"等等。

继续教育有特定的内容。比如："获得有关自己职业的新知识、新技能，同时增长对别的职业的了解""不断进行知识和技能的补充、增新、拓宽和提高"等表述，表达了继续教育的内容含义。

继续教育有特定的目的。"使受教育者不断更新知识和提高创新能力，以适应社会发展和科学技术不断进步的需要""以使专业技术人员完善知识结构，提高专业技术水平和创造能力"等表述，表明了对继续教育所要达到结果的一种预期，说明了继续教育这个概念所蕴含的目的含义。

根据高等教育的任务和对高校教师的要求，我们认为，高校教师继续教育是对高校在职教师进行的有关思想道德、思想观念、知识结构、素质和能力等方面教育的统称，通过实施高校教师继续教育，提高教师队伍素质，从而提高高等教育质量。

二、高校教师继续教育的意义

（一）继续教育对个人发展的意义

新西兰成人教育专家鲍西埃（Boshier）曾经以北美、非洲、澳洲和中东的 12000 名成人为对象，进行了有关成人学习需要的调查，总结出了成人学习的六种学习需要，可视为继续教育对于个人的重要意义。

一是职业提高的需要。这种学习的着眼点主要在于为个人职业的进步、职位的升迁或为接受更高级的教育而做准备。此时，他们希望通过继续教育更新知识，同时也能获得一种资格认证。

二是社会交往的需要。此时，继续教育成为一种人与人、人与社会进行交往以获得认同感和尊重的手段。高校教师通过继续教育可以建立或扩大自己的学术联系。

三是社会刺激的需要。通过继续教育以获得信心和自我肯定来超越周围单调沉闷的生活。

四是外部期望的需要。即追求某一特定的职业所能够获得的待遇或声望。此时，他们希望能够通过继续教育来增长知识，获得从事该职业的资格。

五是服务于社会组织的需要。通过继续教育能够更好地为某一社会组织服务，并得到社会的理解和支持。

六是为满足自身学习的需要。通过继续教育不断地更新知识，不断地学习以求得精神上的充实愉悦。

以上几点比较全面地概括了继续教育对个人职业发展、自我完善的重要性和个人对继续教育的期望值。在我国现阶段，从继续教育的实践来看，个人的需求主要体现在第

一、第二和第四方面。

以高校人力资源管理与开发的视角审视高校教师继续教育，我们不仅要探讨继续教育对涵盖不同职业、不同国别的个人的普遍意义，更关注实施高校继续教育对高校教师发展和高校教师队伍建设的意义。

（二）高校教师继续教育对教师发展和教师队伍建设的意义

1. 高校教师继续教育是提高教师素质的需要

高校作为培养高层次人才的重要基地，教师队伍的素质直接影响着高等学校人才培养的质量、高等教育的发展水平及可持续发展的后劲。教师素质的培养和提高是主观和客观不断适应的过程，是在教育教学工作实践中不断发展和完善的过程。在教师成长过程中，继续教育起着不可替代的极其重要的作用。继续教育能使教师的个性得以完善，能力得以提高，有利于教师坚定自己的事业心，增强教师对教学工作的责任感、胜任感和成就感，有利于教师的自我完善，有利于教师将个人目标和学校目标乃至社会发展目标相结合，从而更有利于提高高等教育质量。继续教育是提高教师素质的重要手段，提高教师素质是继续教育的重要目标。

2. 高校教师继续教育是高校教师人力资源开发的重要环节

从高校教师人力资源管理角度来看，如果说教师的职称评审与聘任实现教师人力资源的配置作用，评价与考核实现教师人力资源的调控与导向作用，收入分配实现教师人力资源的激励作用，那么继续教育实现教师人力资源的开发作用，教师继续教育是教师人力资源开发的重要环节。这种开发通过提高教师素质，将进一步优化教师队伍结构（包括显结构和潜结构）。从教师的职责和素质要求看，虽说教师都以教书育人为己任，但是各自的岗位职责和素质要求是不一样的。比如，副教授和教授要有扎实的基础理论和较强的科研能力，是本领域的专家或学术技术带头人；讲师要有独立承担课程教学和科研任务的能力，是本专业的教学、科研骨干。教师们若不通过继续教育来完善自我，不仅教师个体无法胜任教育教学工作，更严重的是整个教师队伍的梯队结构会失衡，学校教育质量难以保障，最终影响到学校的生存与发展。

3. 高校教师继续教育是适应高等教育改革与发展的需要

四十多年来，我国高等教育呈现以下发展趋势：学生数量急剧增长，形式与结构多样化，国际化程度逐步提高，改革与发展的步伐加快，高等教育的教育思想、教育观念、办学模式、内部体制、学科发展、课程设置、教学内容、教学方法与手段都发生了深刻变革。今后，高等教育还将随着社会发展和科技进步而不断地改革与发展。因此，高校教师不应局限于以往所受的教育，要通过继续教育，不断提高自己的教育素质水平，使自身的发展与高等教育的发展同步。

（三）高校教师继续教育与终身教育

探讨高校教师继续教育，就不得不提及终身教育。最早提到"终身教育"概念的是英国重建部成人教育委员会报告书，其中提到：教育是终身的过程，是国家的重要工作。联合国教科文组织成人教育局局长保罗·朗格朗提交了终身教育提案，认为终身教育是正规教育和非正规教育的总和，一切各种形式的教育都被统合到终身教育当中；终身教育还意味着向受教育者提供各种可资选择的教育方式和方法。这一理念为联合国教科文组织重视和采纳，联合国教科文组织国际教育发展委员会的《学会生存——教育世界的今天和明天》指出："教育应扩展为一个人的整个一生，教育不仅是大家可以得到的，而且是每个人生活的一部分，教育应把社会的发展和人的潜力的实现作为它的目的。"自此，现代终身教育思想得以确立，并在世界范围内蓬勃发展起来。

终身教育思想有着与传统教育完全不同的教育理念，传统教育将人的一生分为前后两半，前半生用于接受教育，后半生用于劳动和工作；终身教育思想则认为人一生都应该不断地学习，教育应该为人们提供人生各个阶段所必须的知识和技能，教育应贯穿于人生的整个过程。

终身教育思想强调，终身教育是国家对公民应尽的义务，是终身学习的保障。国家和政府应将终身教育作为其工作重点，因为充分提供终身教育的服务是个体实现终身学习和社会实现向学习型社会转变的保证。

继续教育实践着终身教育思想。继续教育是终身教育的重要组成部分，继续教育在构建终身教育体系，形成学习型社会中起着关键性作用。继续教育的改革与发展的程度，直接关系到终身教育发展的进程。

在实践终身教育思想的进程中，高等教育从过去在整个教育体系中的顶点和终点转变为终身教育体系的一个重要环节。高校教师继续教育是高校教师终身教育的直接体现。终身教育思想为实施高校教师继续教育的必要性以及政府、学校和教师在高校教师继续教育中的责任和义务的规定提供了令人信服的理论依据。

第二节　我国高校教师继续教育现状

一、高校教师继续教育的形式和途径

我国高校教师继续教育的形式和途径主要有：

（一）专题讲座

专题讲座是指针对学校不同层次、不同学科教师的实际，聘请国内外知名专家、学者到校采用集体讲座方式，让受教教师掌握一定的知识，如本体性知识、条件性知识和实践性知识等。主要是为了了解学科的前沿和进展，拓宽知识等；或使受教教师掌握有关的职业道德、教育法规、学校管理、班级管理、教育思想和观念等方面的教育基础理论知识；或进行教育方法、现代教育技术、教育科研以及操作性实践的指导等。这种形式的优点是教师不需要脱产，又能以具体的教学、科研为落脚点，目标明确。

（二）选送培养

选送培养在保证正常教学的条件下，有计划地选派教师到国内外高校培训学习，这是目前高校教师继续教育的主要途径。其主要形式有：

1. 岗前培训

岗前培训主要是以应届毕业的进入大学任教的青年教师为对象进行的一种职前训练。岗前培训内容包括：学习教育法律、法规和政策，熟悉教师的权利和义务；了解教师职业的特点和要求，进行职业道德教育；学习高等教育的基本理论，掌握教育科学知识和教学技能方法。岗前培训属于基本素质培训，是青年教师进入教学岗位的必备条件。此项培训一般由各省市教育行政部门安排或委托学校安排，培训内容也因各地实际情况而有所侧重。

2. 单科进修

以掌握一门课程的各个教学环节，熟悉教材内容，重点及难点，提高教学水平为主。

3. 助教进修班

旨在帮助青年教师拓宽理论基础与加深专业知识。

4. 教师学历、学位进修

包括在职不脱产的攻读学位，或在校内开办研究生课程进修班。这是提高中青年教师学历层次和学术水平的重要形式。

5. 骨干教师高级研修班

主要针对青年骨干教师，培训方式主要是开设部分博士水平课程，并进行教学发展的研讨和有关学科前沿动态的讲座。例如，教育部为推动高校青年骨干教师队伍建设而实施的项目之"高等学校青年骨干教师高级研修班"，就是以东北、西北、华中、华南、华东、西南各区依托国家重点学科、重点实验室、工程研究中心和人才培养基地举办"学科前沿和专业知识高级研讨班"，每年培训教师 2000 人。

6. 访问学者

这是立足国内资源、利用国外资源培养高校学科带头人和骨干教师的重要途径，也是促进校际间学术交流的有效方式，学习方式主要是通过参与科研工作，跟踪学术前沿。

7. 高级研讨班

这是立足国内培养高校学术骨干和学科带头人的又一重要形式，其研究内容体现学科领域的最新发展、最新成果或亟待解决的问题。

8. 短期研讨班、讲习班

这一形式面向全体教师，培训内容主要是就某一学科专业领域的成果及需要解决的问题进行学习、交流和研讨。

9. 出国研修

如教育部的"高等学校青年骨干教师出国研修项目"，通过"访问学者""博士后研究""研究生"等项目以及各类国际合作项目，每年资助 5000 名高校骨干教师到国外高水平大学进行访问学者研究、博士后研究或攻读博士学位，追踪学科发展前沿，提高学术水平和教育教学能力。

（三）社会实践

高校教师的社会实践主要结合专业进行。主要方式和内容是：参加支教工作，到县、乡等有关部门挂职锻炼，参加企业的技术改造、联合攻关和科技开发，参加技术咨询、科技推广、社会调查等面向社会、服务社会的实际工作。

（四）助教导师制

助教导师制是促使青年教师尽快成长的一种切实可行的方法。老教师对青年教师采用传、帮、带的形式，在教学的各个环节对青年教师进行全程性辅导，青年教师则完成听课、课外辅导、批改作业和试讲等任务。导师制符合教师的成长发展规律，有利于保持教师继续教育工作的连续性。

从上述高校教师继续教育的主要形式和途径可以看出，我国的高校教师继续教育已具备比较完善的框架体系，为教师和学校管理者提供了继续教育方式的多种选择。

二、高校教师对继续教育的理解

曾有学者从高校教师继续教育的对象——高校教师的角度，就高校教师继续教育的方式、内容、时间、组织管理、经费投入及其回报状况进行调查，结果如下：

（一）高校教师对继续教育方式的选择

教师对继续教育方式的偏爱情况，从最喜爱的方式依次排列的结果为：出国学习、脱产攻读硕士博士学位、以同等学力申请硕士学位、国内访问学者、骨干教师进修班、高级研讨班、短期研讨班、讲习班、学术交流、学术报告会、学术讲座、单科进修、社会实践、岗前培训等。从调查情况看，高校教师在继续教育方式的选择上有明显的差异，主要是：

1. 学历差异

具有本科学的教师，对学历教育，如脱产或在职攻读硕士博士学位、以同等学力申请硕士学位等，表现出较高的积极性。他们感到，随着高校教师队伍呈现高学历化的趋势，要想继续从事高校的教学和科研工作，必须通过继续教育提高自己的学历层次，否则就会被淘汰。具有硕士学位的教师，一部分人对学历教育感兴趣，希望继续攻读博士学位，约占35%；大部分人喜欢研究性的继续教育，如课题合作、参加学术会议、国内访问学者等，约占55%；具有博士学位或做过博士后研究工作的教师看重的是研究性的继续教育，如课题联合研究、学科前沿研讨、学术交流等。其余10%的人对各种继续教育方式都未表现出明显的倾向性。

2. 年龄差异

40岁以下的年轻教师，因为他们以后的工作时间还很长，因此，对学历进修、学习性进修和研究性进修等都比较感兴趣。40～50岁的教师，由于晋职的需要，对研究性进修热情比较高。50 岁以上的教师，他们感觉自己已逐渐接近退休年龄。因此，一般对学历进修不太积极，但对外出学习和参加学术活动兴趣较大。他们想借此开阔眼界、更新知识。

3. 职称差异

一般来说，副教授以下职称的教师，对各种继续教育方式的积极性都较高；副教授以上职称的教师，对研究性继续教育感兴趣。

4. 学校差异

重点大学的教师一般重视学历进修和研究性进修，一般院校的教师对学历进修、学习性进修和研究性进修未表现出明显的倾向性。这可能与重点大学强调学历、重视科研有关。另外，调查中发现，高校教师都对去国外进修和学习感兴趣。

（二）高校教师对继续教育内容的感受性存在差异

这里的感受性主要是指高校教师对各种继续教育内容的认识、理解和心理倾向性。一般来说，高校教师对一般性专业知识的进修不太重视，因为他们在以往的学习中都已经基本了解和掌握了这些知识。教育学、心理学方面的知识，尽管在教学中有很大的用处，并且许多教师这方面的知识也十分缺乏，但从实际来看，很多教师对教育心理方面知识的学习并不十分感兴趣，表现为教师在这方面学习上投入的时间和精力不足。出现这种情况的原因可能是，许多高校教师对提高教学技能重视不够。相比之下，高校教师更加看重与科研相关的内容的进修。之所以如此，主要是这方面的学习与科研工作、论文撰写及职称评定关系比较密切。他们对外语和计算机知识的学习也比较重视，主要是因为评审职称时，外语和计算机水平是必备条件，并且，外语的熟练程度和运用计算机的能力是从事科研工作和攻读学位的重要的工具性条件。

（三）高校教师对继续教育时间的接受性

在学习时间的长短上，男教师对长时间的外出学习和短时间的进修都能接受，而女教师一般更倾向于短期的学习和进修，这主要是女教师对家庭和孩子考虑得比较多。但是，高校教师对定期的学术休假都比较赞同，认为这是提高科研水平的一条重要途径。

（四）高校教师对继续教育的组织管理的肯定度

近年来，随着高等教育改革的深入，高校继续教育的管理较以前有了很大发展，重视程度也有所提高，有的学校还成立了专门的继续教育部门，并有专职工作人员管理继续教育。这样，高校的继续教育质量有了一定的提高。但是，有关的调查显示：高校教师认为，目前的继续教育管理仍存在一些较为突出的问题。一是管理缺乏科学性，一些继续教育活动违背了教育规律，学习内容、时间和组织随意性较强，甚至有的培训班花大量时间去旅游和观光。二是缺乏实效性，许多继续教育活动流于形式，尤其是一些非学历的继续教育。有的继续教育活动，过分追求经济效益，忽视学习效果。这样，继续教育的质量就大大降低了。三是没有长远的规划和系统的安排，许多继续教育活动都是临时性的，有时间就进行，工作忙了就停止。四是各种规章制度不健全，参加不参加继续教育一个样，学习效果缺乏考核。

（五）高校教师对继续教育经费投入的满意度

高校教师普遍认为，在继续教育方面的经费投入不足。许多教师想外出学习，但是苦于没有经费支持，错过很多良好的学习和发展机会。有的教师几年甚至十几年没有参加过学术会议和学习班，对外界的信息了解得很少，知识陈旧，科研信息缺乏，这对于提高教师的科研和教学水平极为不利。

（六）高校教师对继续教育回报的认可度

高校教师认为通过进修，视野变宽了，知识更新了，科研能力也有一定的提高，继续教育是提高自身业务水平的良好途径。但是，同时他们也认为，进行继续教育尤其是学历进修，在经济方面的损失较大。在这方面，中年教师的感觉最为明显，原因是中年教师的家庭负担比较重。他们希望学校从经济上给予一定的补偿，并希望学校对学有成就的教师给予较优厚的待遇。

从调查结果来看，大部分高校教师对继续教育有比较强烈的需求，他们渴望到重点大学、重点学科基地去进修和学习，渴望得到名师的指点，渴望通过继续教育来提高自己的学历层次、科研能力和教学水平，这些对继续教育的需求是搞好继续教育的有利条件。上述调查结果使我们比较全面地了解高校教师对继续教育的理解、选择和需求，有助于认识继续教育存在的问题和不足，有助于制定有的放矢的教师继续教育措施，有效地开展高校继续教育实践，创造条件满足教师的需求。

三、我国高校教师继续教育问题分析

对高校继续教育存在的问题，可从以下几方面进行分析。

（一）培训内容和培训形式单一

大多数学校仍局限于岗前培训、学历补偿或青年教师的社会实践培训。有计划地培养学科（术）带头人，跟踪国际、国内学科前沿，改善教师知识结构，提高教师学术水平和科研能力等方面的继续教育较少。或者偏重学科专业知识培训，忽视师德等综合素质的提高。许多教师缺乏必要的教育教学技能培训。教师职业与其他职业相比，一个非常重要的方面就是它具有"双专业性"，即教师的专业包括学科专业和教育专业，换句话说，教师不但要求具备学科知识，而且要求具备教育科学知识，二者缺一不可。近年来，高等学校接收的青年教师多数具有硕士或博士学位，但除了其中教育类专业毕业的人之外，其他人都仅在学科专业上具有相当的水平，在教育知识方面却是相对缺乏，甚至是空白的。

（二）过分重视正规学历教育

由于包括高校本科教学水平评估工作在内的各种评估工作对于教师队伍学历结构比例都有一定的要求，所以学校对于教师学历提高都颇为重视，制订相应的政策和措施，鼓励和要求青年教师攻读研究生，有的从学士开始攻读硕士，硕士毕业又接着攻读博士，往往花上三至六年来提升学历学位，为此学校在学历教育上投入了大量人力、物力，基本上以学历补偿教育代替了教师的继续教育。

（三）培训机制不健全

目前，高校教师培训主要是政府和学校行为，部分学校和教师未能充分认识到培训提高既是教师的权利，更是教师的义务，培训经费基本都是由政府和学校全包，在教育经费紧张的情况下，这种计划经济体制下形成的教师培训机制明显制约了教师队伍素质的提高。缺乏有效的激励机制，在教师聘用、晋职、奖励等方面对培训缺少硬性目标要求，不利于提高教师自觉培训的积极性。对某些培训形式，如进修学习、社会实践、国内外访问、参加研讨班或参加学术会议等没有配套的管理办法，缺乏考核和质量保证体系，培训效益不明显，培训质量不高。

（四）缺少培训保障体系

主要表现在编制和经费方面。由于高校扩招，教师数量相对不足，出现了教学任务繁重、大部分教师满负荷工作的状况，多数学校由于专任教师编制紧张，没有安排用于教师培训的"轮空"编制。此外，培训经费严重不足，制约了教师的培训提高。

第三节　改进高校教师继续教育

针对高校教师继续教育的现状和存在的问题，从高校教师继续教育的目标、思路、内容、措施等方面来探讨高校教师继续教育的改进。

一、高校教师继续教育的目标和思路

高校教师继续教育的目标是：立足高校实际，坚持不懈地对全体教师进行继续教育，全面提高教师的思想政治素质、职业道德素质、专业素质、创新素质、人文素质和心理素质，建设一支适应高等教育发展和培养高级专门人才要求的教师队伍。

高校教师继续教育总的思路是：以提高教师素质为核心，面向全体教师，重点培养骨干教师，采取多种渠道，利用多方面培训资源，将学校要求与个人需要相结合，在继续教育的基地建设、内容、方式、经费上建立多元化的立体网络形式，提高高校教师培养人才、科学研究和社会服务的能力。

二、高校教师继续教育的内容

继续教育的内容是由教师素质要求和岗位职责所决定的，主要包括以下几方面。

（一）强化教师的师德教育

思想政治素质和师德是教师素质的核心。思想政治教育和师德教育是高校教师继续教育的首要工作。培养热爱教育事业的无私奉献的敬业精神、为人师表的人格魅力是师

德教育的主要内容。高等教育担负着培养高级专门人才的重任，作为高校教师应当具有这种历史使命感和责任感。作为一名合格的高校教师，既要有钻研精神，也要有奉献精神；既要发挥个人专长和价值，也要处理好个人利益和国家民族利益的关系；既要讲竞争，也要讲合作。以上都要求高校教师具有较高的思想素质和敬业精神。

师德教育包括三个层面的内容。首先，要进一步提高教师的政治觉悟、理论修养和思想情操，使教师自觉地以正确的世界观、人生观、价值观影响和熏陶学生。其次，要大力弘扬教师职业道德风范，使高校教师成为遵纪守法、勤奋敬业、为人师表的典范。第三，要教育教师以高度的责任感和使命感关心学生的健康成长，"没有爱就没有教育，我们需要更多一辈子献身教育、学为人师、行为世范、让学生永久铭记的教师。"

（二）加强教师专业化教育

教师的专业水平是保证教学质量、完成教学任务的基础。教师的专业化是指"教师在整个专业生涯中，通过终身专业训练，习得教育专业知识技能，实施专业自主，表现专业道德，并逐步提高自身从教素质，成为一个良好的教育专业工作者的专业成长过程。也就是一个人从'普通人'变成'教育者'的专业发展过程。"因此，教师的专业化教育，强调教师要不断学习教育科学知识、教育技能知识和教育实践知识，积累教育教学经验，不断提高教师的专业化水平和综合素质，在培养人才的同时实现自身专业的发展。这是从继续教育的内容联系教师专业化。但更重要的是，教师专业化还是一种制度，是实施继续教育的重要策略，本章第四节将阐述相关内容。

（三）培养教师的创新精神和人文精神

高校教师创新精神和创新能力的培训，是最难统一实施的培训。它本身就需要超越原有的培训模式，创造性地开拓培训方式和途径，组织培训内容。从理论上来说，可以开设创造学、创造性思维等课程，使教师懂得创造的思维过程，并能够运用到教学过程中去，培养学生的创造精神和创新能力。从实践方面来说，学校应该加强与社会的联系，创造条件给教师提供参加社会实践的机会。比如根据高校的重点学科，命名有关企业为教学实习基地，既解决实践所需经费，又为企业创造新的利润增长点，同时学校也可与企业同享效益。允许高校教师到企业或科研机构参与技术创新或课题研究，在实践中培养教师的创新能力，这也是高校自身发展的需要。要培养教师树立以人文精神为核心的教育观念。以人文精神为核心的教育观念要求以人为本，关注个体生命，关注人的需要，关注人的全面发展，关注人的价值，强调人文关怀，避免教育陷入功利化的泥潭。

（四）提高教师的学历层次和学术水平

高校教师高学历化是国际教育发展的趋势，也是我国高等教育发展的必然要求。各高校应结合学校实际，制定教师队伍学历提升的计划和政策，使教师队伍学历结构达到国家的要求。同时强调，不是单纯地提高学历层次，应该立足于通过提高学历层次来提高教师的学术水平。一方面，从国内外著名大学中招聘博士研究生补充教师队伍，同时，采取培养费资助、教学工作量减免等措施，支持和鼓励教师在职攻读博士学位。另一方面，对获得博士学位的教师继续扶持，采取博士创新基金项目管理、科研项目资助金等形式，建立国际国内访问学者制度，对获得博士学位的教师提供进一步从事科研工作的条件，帮助他们进一步提高学术水平。实现从基础性培训和学历补偿教育为核心的继续教育体系，转变为以能力建设、水平提高为核心的终身学习体系。

（五）加强外语和现代信息技术培训

信息化对大学教育的影响是全面而深刻的，信息化极大地改变了人们获取信息的方式和能力，对信息的获取、传输和使用将成为现代教育的一部分，教育与信息技术的整合已经成为世界各国教育发展的新趋势，要求高校教师必须具有较高的外语水平和基本的信息素养，以提高教师的知识储备和掌握世界先进科学技术及教学的能力，提高对外交流的语言能力。因此，要把提高教师的外语水平、利用计算机进行辅助教学及处理信息和利用信息的能力作为教师继续教育的内容。

三、改进高校教师继续教育的措施

（一）加强宣传，树立教师继续教育观念

开展高校教师继续教育是加强教师队伍建设，提高高校教师素质的需要，也是高等学校提高办学水平的重要措施。教育行政主管部门、高校领导要提高对教师继续教育工作重要性的认识，树立适应时代要求和形势需要的教师继续教育观念。其次，通过各种渠道，广泛宣传教师继续教育的重要性、必要性和紧迫性，要使教师意识到，继续教育既是教师的权利，也是教师的义务。

（二）建立和完善高校教师继续教育的保障机制

高校要以《教师法》《高等学校教师培训工作规程》为依据，建立健全教师继续教育的规章制度，把教师继续教育与高校人事制度改革和实施教师资格制度结合起来，把教师继续教育作为教师资格认定、评聘、评价与考核的必备条件；逐步形成学校组织协调、院系积极配合、教师踊跃参加的继续教育机制；由主要依靠政府行为转变为政府、学校和教师个人行为相结合，要按照效益共享、责任共担的原则，逐步做到政府、学校和教师个人分别负担培训费用；把教师继续教育经费纳入事业经费预算，按照文件规定拨出专款，以保证教师继续教育工作正常、有序地开展；建立校际联合、优势互补、资源共享的开放式的培训基地；完善高校教师继续教育工作的评估办法，加强对教师培训条件、过程和结果的评估，逐步建立教师培训质量保障体系，不断推动教师继续教育工作走向规范化、制度化和科学化。

（三）采取灵活高效的培训形式

立足于教师整体素质的提高，积极探索教师"培养、培训、管理"一体化的有效机制。要分清层次，注重实效，根据教师的不同层次采取不同的形式和措施。

例如，助教的继续教育以进行教学科研基本知识、技能的教育和实践为主。通过岗前培训、教学实践、社会实践、在职攻读学位等形式进行。同时，在校内实行助教导师制，学校安排富有教学实践经验的老教师集中对青年教师进行上岗前的教学实践培训。

讲师的继续教育以增强、扩充专业基础理论知识为主，注重提高教学水平和科研能力。通过参加以提高教学水平为内容的骨干教师进修班、短期研讨班，或以科研课题为内容的做国内访问学者或在职攻读学位等形式，将基础性培训和学历补偿教育转变为全面提高教师素质和学历层次相结合的培训。

（四）高校教师继续教育需要处理好的几个关系

高校教师继续教育是一个系统工程，在实施过程中需要处理好以下几个关系。

1. 全面性和针对性的关系

全面性指继续教育的目的是提高整个教师队伍的素质和水平，使教师更好地履行岗位职责，它应该面向全体教师；针对性指继续教育应结合教师的实际情况，根据其专业特点和个人专长安排不同的教育内容和方式。高校可以从基本的思想政治素质、专业素质、创新素质、人文素质和心理素质等方面，面向全体教师开设相关课程，同时，根据教师的个别需求，鼓励教师选择适合自己的继续教育方式学习相关知识。

2. 业务能力和思想素质的关系

当前的继续教育工作存在不同程度的"重业务、轻政治"倾向。因此，要在关注教师业务能力提高的基础上加强思想政治教育，使教师具备坚定的政治信念、完美的人格和高尚的情操。

3. 科学教育与人文教育的关系

世界科技发展史表明，认识世界的重大发现和改造世界的董大成果，都是科学素质与人文素质高度融合的结果。离开科学教育的人文教育不是真正意义上的人文教育，而离开人文教育的科学教育则是残缺的科学教育。科学教育与人文教育的整合，绝不是两者简单的相加，这种结合是全方位、全过程的，是科学化的人文教育和人文化的科学教育的有机结合，是教育思想、教育观念、教育制度和教育内容等方面的根本变化。要培养教师树立科学教育与人文教育相结合的教育观。

4. 教育方式和教育目的的关系

继续教育应注意调动教师的积极性和主动性，做到按需培养、学用一致，最大限度地提高教育效果。要根据教育目的和内容的不同选择相应的教育方式，同时根据教师不同的培养方向和使用意图，确定不同的教育内容，做到目的和内容的统一。

第四节　高校教师专业化与高校教师继续教育

促进高校教师专业化作为高校教师继续教育的重要策略，具有重要的现实意义和国际教育背景。基于我国教师队伍呈现年轻化态势的特点，要立足于提高青年教师的专业发展水平并构建多样化的校本培训模式。

一、教师专业化概述

教师专业化是指"教师在整个专业生涯中，通过终身专业训练，习得教育专业知识技能，实施专业自主，表现专业道德，并逐步提高自身从教素质，成为一个良好的教育专业工作者的专业成长过程。也就是一个人从'普通人'变成'教育者'的专业发展过程。"意即教师职业具有自己独特的职业要求和职业条件，有专门的培养制度和管理制度，具有不可替代的独立的特征。

教师专业化既包括学科专业性，也包括教育专业性，国家对教师任职既有规定的学历标准，也有必要的教育知识、教学能力和职业道德要求；国家有教师教育的专门机构、专门教育内容和措施；国家有教师资格和教师教育机构的认定制度和管理制度；教师专业发展是一个持续不断的过程，教师专业化也是一个发展的概念，既是一种状态，又是一个不断深化的过程；教师专业化既是一种认识，更是一个奋斗过程；既是一种职业资格的认定，更是一个终身学习、不断更新的自觉追求。

高校教师专业化发展目标可以确定为学科专业化、教育专业化、人格专业化。具体而言，学科知识、学科能力、学科素养成为学科专业化目标的基本内容，成为高校教师专业化的基础目标。教育科学知识、一般文化科学知识、学科教学能力、一般教学能力构成了高校教师的教育专业化目标，成为高校教师专业化的关键目标。教师的人格如理想、情操、情感、责任心等影响着学生的学习态度和学习效果，成为高校教师专业化的动力目标。

二、高校教师专业化的意义

之所以将高校教师专业化作为高校教师继续教育的重要策略，而不仅仅是高校教师继续教育的具体途径或具体措施，是因为高校教师专业化本身有其重要的现实意义和国际教育背景。

（一）现实意义

高等教育质量特别是教学质量是高校教育发展的生命线。我国高等教育已经进入大众化阶段，随着学生数量的急剧增加，数量和质量的矛盾日益突出，提高高等教育人才培养质量成为我国高等教育发展的重点工作。质量工程"是我国继"211"工程、"985工程"和"国家示范性高等职业院校建设计划"之后，我国在高等教育领域实施的又一项重要工程，是深化本科教学改革、提高本科教学质量的重大举措。质量工程重点建设的六个项目都是基础性、引导性的项目。其中，建设一支高水平的教师队伍是提高高等学校本科教学质量的重要保证。教育部周济部长说："深化教学改革的关键在教师，保证教学质量的关键也在教师。"教师的教育教学水平主要决定于教师专业化水平，由此凸现在高校教师继续教育中，选择促进教师专业化的策略的现实意义。

（二）国际教育背景

从比较教育的角度来看，推进教师专业化的进程，一直是国际组织和各国政府努力的目标。美国掀起了两次教育改革的浪潮，形成了教师专业化运动。改革的基本主张是：教师专业化要使教师职业成为一个专业岗位，正像律师、医生一样，不是任何具有一定学历水平的人都可以从事的职业。

促进大学教师专业发展成为世界大学教育改革的重要领域，各国都希望通过教学改革和教师专业化发展来保证教学质量，都重视高校教师专业发展和专业素质培训。美国最早提出建立 FD（Faculty Development，意即"大学教师发展"）制度，就是为了促进大学教师资源开发。从广泛的意义上讲，它是指提高教师履行其职责的素质，更好地开发教师资质，最大限度地发挥大学各项职能的活动。从狭义来讲，只是指增强大学教师的教学实践、课程把握能力和提高教学技能的活动。其中关注大学教师教育能力的发展，努力促进大学教师专业发展共同体的建立，是 FD 制度最核心的价值所在。美国学院与大学联合会和研究生院委员会共同发起和实施了"未来教师培训计划"，旨在将博士研究生培养成为能胜任高校教学工作的人，使他们具有教学、研究和专业服务的职业能力，为他们未来选择教师职业创造一个好开端。

加拿大高校的新教师一般都有一定期限的见习期，见习期满后，合格者与学校签订长期任教合同，不合格者则被解聘。学校对新录用的教师进行教育理论和技能培训，培训内容包括为新教师讲授有关教学理论、教学计划、教学大纲、教学方法、课堂管理、处理师生关系等方面的基本知识，给新教师提供观察、论证、评价各种教学方法的机会，使新教师懂得教育规律，提高教学能力。

英国虽然在法令上没有规定新任教师培训的义务，但是非常重视对新任教师进行特别的培训。比如，老教师对新教师进行指导，组织新教师进行教学参观等。俄罗斯对新教师采取了在任职第一年由熟练教师进行指导的培训机制。

在我国，教育部颁布了《高等学校教师培训工作规程》，力图将高校教师培训工作制度化。教育部印发的《关于新时期加强高等学校教师队伍建设的意见》，要求强化教师培训，提高教师队伍素质。高校教师培训工作要实现工作重点和运行机制的两个转变：从基础性培训和学历补偿教育逐步转变为着眼于更新知识，全面提高教师素质的继续教育；从主要依靠政府行为逐步转变为政府行为、学校行为和教师个人行为相结合。从总体上看，我国对高校教师在职进修和进修教学研究活动有了政策性规范，教师教学评价也形成了一定的制度和办法。但是，近年来教师专业化、教师专业发展的研究更多指向中小学教师。高校更多关注教师学历层次的提升和科学研究能力的提高，却不同程度地忽视了教师的教育教学知识的扩充和教育教学能力的培养。高校对于教师专业成长和发展的重要性认识不够，相应措施也不够得力，普遍缺乏实施教师专业发展的针对性措施以及长效的运行机制。

三、促进高校教师专业化的对策

（一）学校要为教师专业发展提供制度保障

将促进教师专业化视为高校教师继续教育的策略，在具体实施过程中，高校有明确的责任，要树立教师专业发展是影响学校教学质量的重要因素的意识，建立常规性的教师专业发展制度，并积极探索有效措施，将其落到实处。例如，在教师的晋级与聘任、评价与考核中应体现教师专业化发展指标，包括教师专业水平的认定、教师参加教师专业化培训的积极性和效果等。在学校管理工作中，要重视院系在教师专业化发展中的作用。世界范围内的促进教师专业发展模式表现为个人主导模式、政府主导模式、大学主导模式，近期出现院系主导模式。

（二）加强青年教师专业素质的培养

岗前培训是培养青年教师专业素质的重要形式，原国家教委为确保新补充到高等学校的教师能够更好地履行教师岗位职责，根据《教师资格条例》和《高等学校教师培训工作规程》的规定，制定了《高等学校教师岗前培训暂行细则》和《高等学校教师岗前培训教学指导纲要》，各省成立了高校师资培训中心，承担全省新进教师的统一的岗前培训，使高等学校教师岗前培训工作走向了规范化轨道。

省级教师岗前培训的内容，主要是通过《高等教育学》《高等教育心理学》《高等教育法规》和《高校教师职业道德》四门理论课程的教学，讲授高等教育的方针、政策、法规，高校教师的职业特点与职业基本道德，高等教育学基本知识，大学生心理学基本知识，教学理论与教学方法技能的基本知识与初步训练。

省级统一的岗前培训的基本任务和目的是，通过培训使新加入高校教师队伍的青年教师了解高校教师的职业特点和职业道德规范，初步懂得大学教育的规律，坚定职业信念，强化角色意识，树立正确的教育思想，为今后成为一名合格的高校教师和提高自身素质打下良好的理论基础。

省级统一的岗前培训存在一定的局限性。第一，时间上过于短暂，高校教师成长是一个连续和动态发展的过程，岗前培训仅仅是专业训练的开端，真正的教师专业训练是在职后进行的。第二，内容上不完整、不全面。高校教师成长过程是一个连续和动态发展的过程，在不同的发展阶段应该有与之相匹配的训练内容，岗前培训作为实现入职目标的手段，不可能包含整个教师生涯的训练内容。并且缺乏专业课程教学的针对性和实践性，也很难照顾到不同类型高校对教师的特殊要求。

为了弥补省级统一的岗前培训的不足，不同类型的高校要结合自身的特点，开展校内岗前培训，以体现学校的要求。如西南民族大学采取校外和校内相结合的岗前培训的新模式。校内岗前培训包括以下内容：校史校情教育，通过校领导介绍学校的发展历史、办学理念、功能定位、培养目标、学科建设等，让青年教师了解学校的历史沿革、现实状况及未来发展，达到知校爱校的目的，培养青年教师对学校的认同感和主人翁责任感；师德教育，通过本校获得全国和省级优秀教师、师德标兵称号的教师的师德报告，向青年教师进行以"热爱学生、教书育人、为人师表"为主题的师德教育；学校教学工作、科研工作规范和教师队伍建设政策教育，包括向青年教师介绍学校的学科专业布局、学校的教师教学科研工作规范要求和激励措施、教师队伍建设和管理的相关政策规定，观摩经验丰富的老教师的示范课以及治学严谨的学科带头人的科研工作经验介绍；针对学校建设数字化校园和实施多媒体教学的实际，向青年教师讲授如何使用数字化教学平台、制作电子课件，并展示优秀电子课件。

教师专业素质的提高和教师专业成长，不能仅靠短期的岗前培训，应当着眼于长远，构建多样化的校本培训模式。

（三）构建多样化的校本培训模式

1. 校本培训的概念

"校本"（school-base），意为"以学校为本""以学校为基础"。它有三方面的含义：一是为了学校，二是在学校中，三是基于学校。"为了学校"，意指要以改进学校实践、解决学校所面临的问题为目标。改进是其主要特征，既指要解决学校存在的种种问题，也指要进一步提升学校的办学水平及教育教学质量。"在学校中"，意指要树立这样一种观念，即学校自身的问题，要由学校中的人来解决，要经由学校领导、教师的共同探讨、分析来解决，所形成的解决问题的诸种方案要在学校中加以有效实施。"基于学校"，意指要从学校的实际出发，所组织的各种培训、所展开的各类研究、所设计的各门课程等，都应充分考虑学校的实际，挖掘学校所存在的种种潜力，让学校资源更充分地利用起来，让学校的生命活力释放得更彻底。

校本培训是指源于学校发展的需要，由学校发起和规划，旨在满足学校每个教师工作需要的校内培训活动。它既可以在整个学校的层面上进行，也可以在部分部门或某一科目上进行，还可以是两三所学校间相互合作地进行。就高校教师教育来说，校本培训是指以高校教师所在学校为重要基地，以教师和学校的发展为目标，以教学实践为中心的教师在职培训活动。

校本培训之所以逐渐受到人们的关注，是因为许多教育管理者和教师注意到，由师资培训机构或某一校外教育行政部门所组织的培训，常常不能符合学校的实际，受训的教师所获得的知识、技能常是外在于学校、外在于课堂，培训与实际工作脱节。

校本培训作为高校教师继续教育的一种重要模式，既满足高校教师专业成长的需要，又满足高校发展的目标和要求。着眼于教师队伍整体素质的提高，把高校教师专业发展的目标与高校的使命有机整合起来，以实现教师和学校的共同发展。

校本培训不仅着眼于加强教师的理论修养，在培训过程中教师要学习现代教育理论、教育思想，而且更强调为教师提供可操作的细致的教学经验，培养教师的教学实践能力。

（1）如何帮助学生顺利过渡

（1）上课第一天，给出本学科的重要内容，冲击学生的固有观念。 （2）发放信息丰富、美观和适于学生使用的教学大纲。 （3）让学生了解自己的学习风格。 （4）介绍辅助学习的资源，如图书馆、学习手册、补充阅读和练习。 （5）订规则，包括缺席、迟到、考试程序、成绩评定、基本礼节，以及如何执行规则。 （6）公布办公时间，并且保证准时在办公室等候学生。 （7）告诉学生正当合作和学术上不诚实行为的区别，让学生清楚何时允许合作，何时需要独立完成作业。

（2）怎样集中学生的注意力

（1）上课前，老师站在教室门口，和每一个走进来的学生打招呼。 （2）准时开始上课。 （3）用谜题、疑问、悖论、照片等引出当堂主题。 （4）刚上课时让同学提出问题和关心的话题，并写在黑板上，在上课过程中逐一解答。

（3）怎样挑战学生的智慧

（1）让学生写下对本课程的期待和自己的学习目标。 （2）借助社区资源，如剧场、音乐厅、政府机构、企业及户外活动场所。 （3）组织一个"改变你的想法"的讨论。将教室分成几个区域，代表不同的观点，学生在讨论中可以从一个区域走到另一个区域，以示自己的观点发生了改变。 （4）通过角色扮演，来引出当堂课的主题。 （5）通过"头脑风暴"开拓学生视野。 （6）列出本领域的未解之谜、争论和重大问题，让学生"认领"一项进行研究。

（4）怎样向学生提供支持

（1）查出缺席者，给没来上课的学生打个电话或写个留言条。 （2）不怕重复，对于重要内容，学生应该能够听到、阅读或观看至少三次。 （3）对你提倡的做法加以鼓励，如表扬、光荣榜或给学生写鼓励的话。 （4）与每一个学生谈话，一对一进行或分小组进行。 （5）发给学生能够随身携带的电话号码卡片，上面有院系办公室、资源中心、助教、实验室等重要的电话号码。 （6）课前课后加入学生有关课程话题的讨论。

（5）怎样鼓励学生积极主动的学习

（1）鼓励学生提问、回答以及对别人的问题做出回应。 （2）让学生运用课程内容解决实际问题。 （3）发给学生红、黄、绿三色卡片，对争论不下的问题进行即时投票表决。 （4）进行课堂讨论时，教师应在教室中巡视，不时加入学生的讨论。 （5）在教室后面放一个建议箱，鼓励学生写下自己的意见放进去。 （6）开学不久即进行考试，并及时反馈。 （7）鼓励学生将与课程内容相关的时事议题带入课堂，并张贴展示。

2. 校本培训模式的多样化

构建多样化的校本培训模式，包括新教师校内岗前培训、教育课程培训、导师制、教学研究公开课、青年教师授课比赛等，还有撰写教学后记、教师专业成长日记等以实现教师专业自主发展为目的的自我教育培训模式，并且可充分利用 Internet、校园网开发和存储教师电子教学档案、专家教学系统、大学教学设计范例库、教学案例库、教学论坛、在线教学等培训资源为各种培训模式服务。以下介绍其中两种模式。

导师制。实施导师制有利于青年教师专业素质培养，是促进青年教师专业成长的有效模式。近年来美国普遍采用的带教—学徒制（Mentor—protege）被认为是一个极具实效的对策。

实施导师制的过程中，学校（院系）聘任具有丰富教学经验和良好教学效果、师德高尚、治学严谨、学术造诣较深的教师作为导师，对青年教师进行有效的指导，指导期一般为一至两年。青年教师在导师指导下完成随班听课、课后辅导、批改作业、试讲、辅导实验指导、参与科研等内容。导师在指导期内承担指导青年教师掌握一门课程的教学内容、教学要点以及本课程相关学科的前沿知识，培养其从事教学的能力，掌握正确的教学方法，熟悉并把握教学环节和教学规范等任务，同时通过言传身教帮助青年教师树立科学的教育思想、严谨的治学态度和崇高的敬业精神。在青年教师获得主讲资格后，在首次主讲课程的学期，导师应对首次开课的青年教师进行至少一学期的跟踪培养，为指导对象提供反馈信息，帮助他们尽快熟悉教学的规律，使之不断改进自己的教学实践，提高教育教学素养。

教学研究公开课模式。学校（院系）通过定期安排教学研究公开课，组织青年教师观摩学习，使青年教师获得理解高等教育理论的感性经验。公开课应为综合课，包含教学的各个基本环节，由教学经验丰富的教师主讲，并配备专家从教学、教学方法、手段的角度进行现场评课。然后，青年教师提出评课意见，最后主讲教师结合高等教育理论分析点评。这样，综合自己、专家及主讲教师对本堂课的意见及建议，青年教师可以从感性上获得有益的教学经验与启示。观摩学习教学研究公开课不是让青年教师简单地接受或者模式化地运用，而是引导青年教师不断地对各种观念、现象、行为进行价值判断，并提出选择、改进意见，以帮助教师形成自己的教学风格。许多大学还建立了各种旨在帮助教师提高教育教学水平的教师服务中心，它为青年教师提供业务咨询和进行教学实践的场所，通过教师服务中心，他们可以观摩优秀教师的教学录像，选择适合自己的教学课程进行实践训练。各高校还采取了模拟教学、教学讲座和讨论、教学咨询、教学档案袋、教师发展工作坊、教学改革实验小额资助、收集学生对教师反映的意见等形式。

第九章　高校青年教师教学能力和认知学徒制视角下教学能力培养

第一节　高校青年教师教学能力的内涵和构成

一、教学能力的内涵

从心理学的角度看，能力是直接影响活动效率，使活动顺利完成的个性心理特征。能力与活动联系在一起，只有通过活动才能发展人的能力和了解人的能力。从特殊性维度来看能力的构成，可以把能力分为一般能力和特殊能力。一般能力就是智力，它是人完成各种活动所必需的能力，适用于广泛的活动范围。特殊能力只在特殊活动领域内产生作用，它是人成功地完成某种活动所必需的能力。教学活动是一种特殊的认识活动，是学生在教师引导下认识和掌握人类积累下来的文化科学知识与经验，同时发展学生认识和改造客观世界的能力，并改造和形成他们主观世界的过程，因此我们认为教学能力也是一种特殊能力。

从教育学的角度看，高等学校教师是培养高级专门人才的主要承担者，是发展和创新科学技术的主要实现者，是高校为社会服务的促进者。高校教师应该具备相应的专业素质和职业道德，这是由高校教师的地位、性质、劳动特点及教师劳动的特殊性决定的。教师的专业素质包括教师的专业知识素养、教师的教育技能和教师的教育情意等方面，其中教师的教育技能主要是指教师从事教育教学工作的基本技能技巧和教学能力，教学能力只是教育技能的一个方面。教学能力是指教师完成教学活动所需要的能力，我们把教学能力看作是教师达到教学目标、取得教学成效所具有的潜在的可能性，它反映出教师个体顺利完成教学任务的直接有效的心理特征。

与教师能力、教育能力两个概念相比，教学能力是教师能力、教育能力的下属概念。教师能力是指从事教师职业所应具有的能力，它的外延最广，它不仅包括教育能力和教学能力，还包括教师应具备的科研能力和班级管理能力、与人交往的能力等；教育能力和教学能力主要是从学生接受教师影响的角度来说的，教育的外延更广泛、全面。因此教师能力外延最广，教学能力内涵最丰富。

二、教学能力的构成

我国学者对教师教学能力进行了多种界定。例如，我国学者康锦堂在《教学能力结构及测评》一书中认为，教学能力主要包括教学表达能力、教学组织能力、教学操作能力和教学研究能力；薛天祥在《高等教育学》一书中指出，教学能力主要包括教师的教学预见能力、教学实践能力、教学表达能力和教育机智；陈永明等在《教师教育研究》一书中指出，教师的教学能力主要有教学设计能力、教学语言表达能力、课堂组织与管理能力、运用现代教育技术能力和教学测量与评价能力；教育部师范教育司组织编写的《教师专业化的理论与实践（修订版）》中指出，教学能力包含教学设计能力、教学实施能力和学业检查评价能力；周川在《简明高等教育学》一书中指出，教师必需的教学能力主要有教学设计能力、教学实施能力、学业检查评价能力，在新世纪高校教师至少还应具备以下几种核心能力：一是终身学习能力；二是反思教育能力；三是基于网络资源的教育能力；四是激活创造性能力；五是心理辅导能力。这些分析和界定对于我们进一步理解青年教师教学能力的概念和构成有极大的帮助。

高校教师教学能力体现出一个立体多维的结构，我们认为关于教学能力可以从三个角度来阐述。一是从教育学的角度，即从教育目标、教育活动的实施以及教育方法的运用等方面进行分析，主要包括教学设计能力、教学实施能力以及教学研究能力；二是从心理学的角度解构教学能力，具有较强的现实意义，因为教师的思想品格、个性心理特征等心理因素对教学能力的形成和发展影响较大，可以把教学能力归结为教学认知能力、教学操作能力和教学监控能力三类；三是从社会学视野来剖析教师的教学能力，其具有鲜明的时代特征。因为教师教学能力是随着社会发展而变化的，教师的沟通能力、终身学习能力、心理辅导能力和适应国际化、信息化的能力也很重要。因此对高校青年教师教学能力的构成应该全方位、综合地进行分析，从而形成比较系统的评价结构，从高校青年教师的教学设计能力、教学实施能力、教学监控能力、反思教育能力和终身学习能力等方面对教学能力进行重点考察。

三、高校青年教师教学能力的发展

青年教师的教学能力正处于一个逐步积累、不断提升的阶段，需要社会、学校和个体多方面合力作用的发挥。青年教师的教学能力是随着学校教学的目标和要求发生变化的。

智力适应理论认为，智力是一种心理机能，它具有适应意义。这就是说，成年人的智力活动特点是与其对环境的适应分不开的，环境对个体有什么要求，个体相应的智力功能就得到发展。美国心理学家沙依（W.Schaie）根据智力适应理论，把人一生的智力发展划分为不同阶段。沙依认为，儿童和青少年期，智力发展的根本特征是获取信息和解决问题的技能。皮亚杰及其他一些儿童心理学家提出的认知发展理论已对这一发展过程作出了良好的解释。然而这种智力发展观只适用于儿童和青少年时期。对成年期智力的性质与特征应从新的角度来认识。沙依认为在成年初期，即青年期，青年人开始从事各种职业，建立家庭，此期的主要任务就是为实现自己的理想和奋斗目标而努力工作。这也就意味着他们必须将所获得的知识技能应用到实际当中去。在这一过程中，不仅涉及抽象的认知技能，而且还会涉及社会认知技能；不仅涉及标准化智力测验测量的能力，而且还会涉及标准化智力测验没有测量到的能力。同时在这一过程中，青年人的自我意识得到进一步发展，能够对自己的活动进行监控，评判当前的活动与设定的目标之间的距离。智力适应理论和沙依关于人一生智力发展不同阶段的划分，为理解青年教师提高教学能力的可行性和专业培训的重要性提供了理论依据。

高校青年教师教学能力发展的侧重点有以下四个方面。

（一）学科知识向教育知识的转化能力

新教师要胜任专业教学工作，首先要精通所教学科的知识，具体地说要深入透彻地理解和熟练掌握一两门学科专业性知识与技能，教师应是一个学者和所教学科的专家。高校青年教师一般都获得了相关学科的博士、硕士学位，具有较为扎实的专业知识结构，但仅有这些还不够，青年教师还应有教育学科的知识，懂得教育的规律和学生的学习心理，要能够把知识从教材结构转化为教法结构，在课堂上能把学科知识转化为教育知识，将本专业领域的知识要点以若干种易懂的形式表达，使学生能够接受。尤其随着大学生学习能力的提高，教师不仅仅是知识的传播者，还是知识资源的管理者，对知识的转化和管理能力都需要提高。

（二）科学讲授与师生互动的交流能力

新教师不仅要有扎实的专业知识，还应有宽广的普通文化知识，具有深厚的人文底蕴、科学素养和较高的精神境界。讲授过程中做到理论联系实际、思路清晰、表达完整、内容正确、重点突出，这样才能对学生产生积极的影响。教学是一种师生共同控制知识传递的过程，两者和谐、相互促进才能取得最优效果。因此新教师也要研究教育的对象，了解不同的学生有不同的能力、气质、情感和思想，要根据教育对象和教学情境，不断地调整自身的教学理念和教学行为，创造性地选择不同的教学策略，以完成教学目标，满足教育对象的需要。教学机智是教师教学能力表现出来的一种较高境界，主要靠新教师教学经验的积累和在教学实践中的临场发挥，青年教师教学机智的形成需要一个积淀的过程。

（三）反思教育和终身学习的更新能力

新教师进入高校后，学校和所在学院对新教师教学工作进行培训和指导，通过集中培训、课堂教学观摩、老教师"传帮带"、青年教师讲课竞赛等一系列方式，创造更多机会让教师相互学习和交流，帮助新教师提高教学能力，"过好教学关"。青年教师在学习实践过程中，要能够对自己的教育思想和教学实践不断进行反思，及时跟踪和学习新理念、新思想、新方法、新手段，优化和完善教学过程。面对科学技术发展日新月异、知识爆炸、社会变化加剧的态势，新教师必须具备终身学习的能力，才能更新调整自己的知识结构和素质结构，适应教育改革和时代发展的要求。

四、《高校青年教师教学能力评价体系》

在以上分析的基础上，设计了《高校青年教师教学能力评价体系》，一级指标主要从五个方面对青年教师教学能力进行评价：教学志向、教学准备（教学设计）、教学实施、教学监控、教学研究；并在评价体系中增加了"总体印象"这一指标，尽可能将定性评价与定量评价相结合，有助于提高检验的有效性和可靠性，弥补教学能力评价体系可能不太全面的局限。评价内容侧重于评价青年教师专业知识转化能力，与受教育者的交流沟通能力，组织和完善教学过程的能力，及时跟踪和学习新理念、新思想、新方法、新手段的能力，进行教学研究和总结的能力，自我充实和自身更新的能力等要素和内容。

第二节 高校青年教师教学能力的影响因素分析

国内外许多学者对影响教师教学能力的因素进行了研究，主要从两个角度来探讨影响因素的划分。一种是以教师个体为坐标，把影响因素分为个人因素和非个人因素。如我国学者刘洁认为，影响教师专业发展的基本因素分为社会因素、学校因素和个人因素。另一种是以教师专业发展的阶段来讨论影响因素划分。

从心理学的角度看，能力的发展受三方面因素的制约：生物因素、环境因素和个体实践因素。王建军博士认为，影响教师专业发展的因素大致可以分为这样三类：一是教师个人特质；二是教师专业生活发生的直接社会环境的特质；三是旨在促成教师专业发展的应对措施的特质等。下面就把青年教师教学能力的提高放在社会和教育系统的大背景下，从高校青年教师的个体特性、制度与环境因素和实践因素三方面来进行分析。

一、个体特性

（一）教育理念

青年处于人生观发展阶段，对于青年教师而言，教育理念是他们人生观、价值观的组成部分。教育理念是指教师对教育本质的理性思考，它是指导青年教师教育工作和教学行为的思想观念和精神追求，可以说是教师个体的教育理论素养与人生观相互作用的结果。它在教师的专业结构中处于重要地位，如教师对高等教育本质的认识、教师的教师观与学生观等。

（二）从业态度

态度是性格的重要组成部分。高校青年教师对工作的态度很重要，它决定了他们在工作上能否有敬业精神，是否积极认真，是否具有创新的动力。要成长为一名优秀教师，最关键的品质是敬业精神，其他因素还包括知识渊博、关爱学生等。

（三）自我发展的要求

高校教师职业有一定自由度，但要青年教师胜任教学工作却不是一件易事。如果青年教师有强烈的专业发展的愿望，就会促使他们自我意识的觉醒，产生较高的期望值，从而设计好教师职业生涯规划；就能够使他们明确目标，制订计划，对照标准，寻找差距，一日三省，不断完善，努力提高自身的专业素质和品德修养，朝着合格教师的方向前进。因此良好的期望和发展动机是影响青年教师专业发展的重要因素。

二、制度与环境因素

（一）制度因素

制度主要包括社会层面的教育政策法规和学校内部的教师评价政策。《中华人民共和国教育法》《中华人民共和国高等教育法》《中华人民共和国教师法》等一系列教育法律的确立，为高校青年教师的工作、学习和生活提供了法律保障，规定了教师拥有的权利和应尽的义务。《中华人民共和国教育法》《中华人民共和国教师法》也对高校青年教师的教学能力发展予以规范和引导，如各省教育厅通过实施教师资格证书制度对高校青年教师上岗予以规范。教师评价是学校教师管理的重要手段，周期性的教师评价活动，既可以把握教师专业发展各个阶段的特点，又为教师的发展提供动力和政策支持。当前高校涉及教师教学能力的评价主要有三类：课堂教学质量评价、年终考核和职称评审。课堂教学质量评价既是终结性评价，又是发展性评价，学校一般要把学生评价的结果予以反馈，向教师指出教学中存在的不足，这对青年教师教学能力的提高有积极影响。年终考核常常从教师的德能勤绩方面考核教师，主要涉及教师教学工作的量，也包括教学工作的质，与年终分配、评优、聘任相挂钩。而职称评审制度往往会成为高校青年教师能否重视教学、重视教学能力提高的风向标。我国高校教师普遍存在的重科研、轻教学的问题与高校教师职称评审的指标有着密切联系。

（二）社会报偿

社会地位是全社会对高校教师职业的重要性和教师能力的认可与评价。高校教师的社会报偿主要通过高校教师的政治地位和经济地位得以体现，工资待遇的高低常常被人们视为社会地位高低的一种衡量标准。据调查统计，收入是影响高校青年教师职业满意度的基本条件，社会认同对高校青年教师职业满意度有重要影响。高校教师的社会地位决定了职业的吸引力，决定了能否将社会优秀力量吸引到高校来，使他们安心本职工作并积极谋求自身发展与提高。

（三）文化氛围

对于一所高校来说，学校的先进办学理念、良好的校纪校风、民主开放的传统、基层学术组织鼓励学习与创新的氛围，都能够不断激励青年教师加强学习，提高教学能力。如果学校和学院能够非常重视为青年教师创造个人进修学习、教学能力展现、相互交流分享和得到教学指导帮助的机会，那必将有助于形成共同合作与竞争的教师文化，促进青年教师教学能力的提升，从而较好地使青年教师的专长、才能和智慧得到充分发挥。

三、实践因素

个体的实践活动对能力发展起着积极影响。能力总是在活动中体现出来，它是控制活动顺利进行的心理特征。教学实践是教师知识和技能内化为教学能力的必要条件。青年教师需要在社会实践中获得思想陶冶和能力拓展，更需要在专业实践中得到教学指导和智慧火花的碰撞，还需要本人对教育思想和教学实践及时进行反思和完善。

（一）社会实践

切实加强高校青年教师队伍建设，培养合格的青年教师不仅是高校的事，也是全社会的事。在社会这个大舞台上，课堂教育和实践教育互相配合，青年教师可以思想水平和业务知识同时提高，这样才能培养出适应中国特色社会主义建设需要的合格人才。高校青年教师往往毕业不久，思想活跃，富有进取心，渴望了解社会、服务人民，他们有早日成才的理想、强烈的责任感和参与感，这是青年教师参加社会实践活动的内在动力。通过社会实践，高校青年教师在课堂教学中更加注重理论联系实际，关注社会需求，贴近学生思想，改进教学方法，教学的吸引力、实效性得到增强。

（二）专业实践

专业实践是提高青年教师教学能力的有效途径。高校一般围绕三个方面展开青年教师教学实训工作：教学理论学习、教学方法与技术训练、教学设计与教学实践。教学理论学习是先导，可以让新教师了解高等教育教学改革的新形势，更新教育理念，重视创新人才培养，注重教学方法的运用。在教学方法与技术训练方面着重让新教师学习各种类型的教学方法，如讲授法、讨论法、实习实验法、演示法、案例教学法和网络教学法等，掌控各种教学方法的一般规律和注意事项，并参加多媒体课件制作和网络课程开发的技术培训。教学设计与教学实践是实践应用环节，在形式上可包括微格教学、现场教学观摩、教学经验交流、授课与评课和青年教师教学竞赛等，当然传统的老教师的"传帮带"过程也必不可少，老教师教书育人方面的示范作用要得到更好的发挥。

在以上这些因素中，教育政策法规和学校对教师的评价制度、教师的社会报偿、校园的文化氛围是制约因素，对青年教师教学能力提高有着重要影响；教师个人的教育理念和从业态度、自我发展的要求和专业实践等是核心因素，对青年教师教学能力发展和提升起着举足轻重的作用。

第三节　高校青年教师教学能力提升的对策

一、教学观念层面

创设尊师重教的教学环境，提升高校青年教师的职业认同感。大学只有拥有一大批热爱教学、重视教学的教师才能真正提高高等教育质量，才能把人才培养和教学改革落到实处。如果一个青年教师不能心系教学和广大学生，不能对教师职业怀有高度的认同感，就不可能成为一位受到学生欢迎的卓越教师。因此，大学创设尊师重教的环境不能只停留在宣传上。

对教学优秀的青年教师在职称评定和考核聘任中要予以体现。在大学普遍"重科研轻教学"的现实背景下，尤其要营造重视教学的文化氛围，树立教学中心地位，打造优秀青年教师典型，使广大青年教师乐于投入教学并能够体验到教学乐趣。学校通过教学改革项目、教师卓越工程项目以及青年基金、自主科研计划等，以教改课题和科研项目资助的方式支持青年教师开展教学科研工作，能有效地促进青年教师健康成长。教师教学发展中心定期开展的午间教学沙龙，也有助于营造良好的共同探讨教学的氛围，增进人际交流，帮助青年教师重构教学价值信念。

二、教学实践层面

指导青年教师精心设计教学过程，全面提高教学能力。课堂教学活动在时间顺序上可以分为教学前、教学中、教学后三个阶段，可针对每阶段活动的内容和能力表现来分析。在教学前阶段，就是教学的准备阶段，影响制定教学方案的因素有两大类：一类为青年教师自身的因素，主要包括教师的知识素养与教学志向；另一类为教师之外的各种因素，主要包括教学目标、教学内容和学生特点等。在教学中阶段，即教学的实施过程，要能够把知识从教材结构转化为教法结构，把书本知识呈现为教育知识，需要精心设计。在教学后阶段，主要通过反思教学、积累经验和开展交流研讨提高教师的教学研究能力。每个阶段都应该进行专题指导，使青年教师的教学设计、教学实施和教学评价能力得到全方位提高。

为了引导青年教师改进教学方法和教学组织形式，某大学推出了"卓越课程"建设计划，鼓励教师精心组织和设计教学过程，采取小班授课的方式，精练课堂教学内容，增加学生课外学习训练任务，通过合作学习、小组讨论、项目学习等方式，营造开放、协作、自主的学习氛围和批判性的学习环境，促进学生知识、能力、素质全面协调发展。另外，学校定期组织青年教师教学会讲、教师卓越讲坛观摩点评和教学研讨交流活动等，都有益于青年教师教学能力的全面提升。

三、教学成长层面

制定科学合理的教学发展培养体系，促进不同层次的教师发展。针对不同类型教师开展教师发展工作，根据青年教师成长规律和需求，抓住青年教师"过好教学关"这个重要环节，通过师德教育、新教师集体备课、岗前培训、微格教学、导师指导和融入团队等方式和途径，发挥老教师"传帮带"作用和教研室作用，倡导"融入一支团队、确立一个方向、制定一个目标"的新聘青年教师培养模式，为青年教师创设更多的学习交流的平台和锻炼的机会。教师主要是全方位提高教学能力和学术水平，实现其个人发展，学校教学发展中心要围绕教育理论学习、教学方法与技术研讨、教学设计与教学实践交流展开切实有效的教学培训工作，鼓励青年教师进行短期专业进修、国内外学术交流和海外研修，从而更新专业知识，提高业务能力和科研水平，培育他们的国际视野和创新精神。对于教学经验丰富、教学水平较高的老教师，要充分发挥他们对青年教师的示范引领作用，组织进行教学经验的总结和精品课堂教学的展示活动。

四、政策制度层面

发挥政策的导向作用，进一步完善教师考核体系、职称评定制度和课堂教学质量评价制度。研究表明，高校制定的一系列教学政策制度都非常重要，直接影响了青年教师的教学信念、教学投入和教学效果。青年教师处在一个由自然、社会、经济、文化等因素构成的生态系统中，受到社会大环境和学校小环境的影响。提高高校青年教师的待遇和福利，已成为影响他们教学工作积极性的最重要因素。高校的政策与教学激励机制也对青年教师的教学有着重要影响，教师考核要重视对教学质量和教学能力的考核，职称评定和岗位聘任要真正做到教学科研并重。应建立合理的教学监控制度，完善评教体系，更好地发挥同行评价和学生评价的作用。还有必须倡导向西方大学学习，建立教师教学档案袋制度，保留和完善教师教学方面的信息，这既有利十全面客观地评价青年教师的工作业绩，又可保存一种教学的反思性资源，是对学校整体教学工作的支持。

第四节　认知学徒制视角下高校青年教师教学能力培养概述

一、研究背景

教师教学能力培养是教师专业发展的核心问题，即使是教授，也"首先是讲课的学问家，能开出多种有深度的课程"，高校教学只有教师教学能力普遍提高了，其教育质量才有可能真正提高。目前我国高校教学更多注重对静态知识的传授，缺乏对学生的实践知识、专业技能和情感的培育，结果最大的通病就是大学生理论水平不高，实践能力较差，总是培养不出创新型人才，越来越多的人对高等教育教学质量表示担忧。叶澜老师说："一个墨守成规的老师对于学生的创造性的发展无疑是一种近乎灾难的障碍，没有教师精神的解放，就难有学生精神的解放；没有教师的主动发展，就难有学生的主动发展。"前些年，我国对高校教师发展的学理研究和实证研究都比较欠缺，有关高校教师发展的思考，大多是在"师资建设""教师管理"等逻辑框架中进行。这些思考往往把高校教师看作管理对象和操作客体，并没有把他们当作相对独立的社会群体，也没有深入考察他们的独特本质、成长规律及发展逻辑。而在基础教育领域，已经形成了专门的教师教育体系，但在高等教育系统，高校教师这个群体并没有得到政府、院校行政权威力量的全面认识和深刻理解，教师们主要借助于本科生、研究生教育培养他们的学术素养，而他们的职业素养，就只能通过进入教师职业生涯之后通过学校环境和其他教师的无形熏陶来实现。目前我国许多大学重视研究，但是我们认识到，如果以牺牲下一代人的学习为代价来促进另一代学者的学习，那么我们根本无法长久维持一个文教昌明的社会。对于世界的名牌大学而言，教学已经变得越来越重要。基于以上背景，积极探索青年教师教学能力培养理念、平台、策略和方式方法，将具有战略性意义。

二、研究问题

（一）研究思路

本研究依次按以下五个部分进行：

1. 理论研究

包括国内外高校教师教学能力培养及认知学徒制文献综述。

2. 提出假设

建立高校青年教师教学能力培养与认知学徒制内在联系。

3. 研究假设

探讨认知学徒制对高校青年教师教学能力培养的作用机制。

4. 现状研究

对高校现状调查，了解高校青年教师教学能力及培养现状并提出培养建议。

5. 对策研究

以认知学徒制视野提出高校青年教师教学能力培养对策。

（二）研究方法

1. 文献研究

通过资料（期刊、著作、网络等工具）的查找、整理和分析，了解青年教师教学能力结构、培养方式，以及国外学者对认知学徒制理论原型的来龙去脉和应用研究，总结国内学者对认知学徒制已有的研究和应用。

2. 问卷法

对高校青年教师进行问卷调查，了解青年教师生存背景以及对自身教学的认同程度，初步掌握该校岗前培训、入职和在职培养实施效果等。

3. 访谈法

对高校的数位青年教师教学能力现状及培养措施、效果进行访谈，以获得客观资料。

（4）结构建模

根据需要对研究对策构建相应的结构模型。

（三）理论意义

一是为研究高校教师教学能力培养寻找新的视角：高校教师教学能力培养是教师个人实践理论不断建构和生成的过程，这决定了单纯的教师培训并不是教师成长的充要条件，只有关注教师的生存状况，回归教师的生活世界才能找到其立足点和出发点，本文基于这一认识提出了认知学徒制研究视角。二是能够对两个对策，即"青年教师导师制"和"教师合作团队制"的实践提供理论参考价值。

三、相关概念及其界定

（一）青年教师

指年龄在 35 周岁及以下，从事高校教学工作的教师。

（二）教学能力

指顺利完成教学活动所需的、直接影响教学活动效率的个体心理特征，是个人智慧在高校教学实践活动中综合作用而形成的一种职业素养。教师教学能力是影响教学效果的各种因素中最直接、最明显、最具效力的因素。教学能力的提升既是教师职业化和专业化的实践基础，也是教师可持续发展的源泉。

（三）教师专业发展

指教师以自身专业素质包括知识、技能和情感等方面的提高与完善为基础的专业成长、成熟过程，是由非专业人员转向专业人员的过程，狭义的理解是促进教师在教学能力和水平上的提高。

（四）认知学徒制

由美国认知心理学家柯林斯和布朗等人提出的基于情境认知与学习理论构建的教学模式或学习环境，它通过克服传统学徒制中专家思维不可视和学校教育中知识的教学脱离其运用情境的缺点，将认知学徒制的优点（如示范、指导、"脚手架"）和学校教育结合起来，将学习者浸润在专家实践的真实环境中，培养学习者的高级思维、解决问题和处理复杂任务的能力。

（五）青年教师导师制

学校按照一定的标准和程序，委派有经验的、有良好教育教学能力的资深教师与经验不足但有发展潜力的青年教师建立支持性关系，由资深教师对青年教师进行专门的指导，帮助解决在教学中面临的问题，着力提升教学能力，促进青年教师专业自主性及其专业发展的一种教学管理制度。

（六）教师合作团队制

由若干名具有知识、技能等综合素质和独立个性的教师个体组成，教师之间既相互影响又相互合作，在教育教学行为上有共同目标、共同规范的一种组织。

四、本研究的理论基础

（一）教师专业发展理论

从历史的角度考察，教师专业发展的内涵经历了从知识技能的掌握、态度情感的转变到教师自身的主体性和价值得以提升的演进过程，是一个动态的、不断流变的和革新的过程。高等教育中的每一位教师至少都有双重身份，即代表所在学科和作为教育者，教师专业发展要求教师的这两种角色有机地结合在一起。

然而一直以来，西方许多国家通行的认识就是大学教师从事的是学术职业，大学教师的专业发展，基本上是教师的学术发展，这是大学教师专业化问题上的理论和认识误区。追溯历史，在西方大学中，文艺复兴之后，一些大学系统之外的科学研究机构和专门学术研究机构兴起，培养人才的职能逐渐上升为大学的首要职能。

我国教育部将教师专业化界定为职业专业化的一种类型，教师专业化就是要提高教师的"双专业性"，既把教师培养成学科专家，又把教师培养成学科教育家，它是学科专业与教师专业的有机结合。教师专业发展是教师在严格的专业训练和自身不断主动学习的基础上，逐渐成长为一名专业人员的发展过程，并得到社会承认。基于高校教师的"双专业性"，以及教师专业化不断生成的内涵，高校教师需要经历入职指导和在职培养，使其在入职期强化教师职业素养储备，理解教育的职业本职，以增强教师自主反思能力，为教师专业发展夯实基础。

（二）高校教师职业发展阶段理论

高校教师职业发展是一个阶段性的过程，霍奇金森（Hodgkinson）是把成人发展理论运用于理解教师发展阶段的第一人，他把高校教师职业分为七个阶段：进入成人世界阶段（22～29岁）；转变阶段（29～32岁）；成家和向上发展阶段（32～35岁）；成为自己阶段（35～39岁）；中年阶段（39～43岁）；重新稳定阶段（43～50岁）；老年阶段（50岁到退休）。费里德曼（Freedmam）把高校教师职业分为六个阶段：简单适应期、学科关注期、从关注学科到关注教学方法的转变期、关注反思阶段、思维和行动的选择模式（开放性）阶段、个人的／自主的概念化阶段。傅乐（Fuller）将教师的成长过程分为四个阶段：任教前关注阶段、早期生存关注阶段、教学情境关注阶段和关注学生阶段。费斯勒（Fessler）从教师职业的生命周期的角度将教师的专业发展划分为八个阶段：职前阶段、入职阶段、形成能力阶段、热心和成长阶段、生涯挫折阶段、稳定和停止阶段、生涯低落阶段和生涯退出阶段。伯林纳从教师教学专长发展的角度将教师职业分为：新手教师、熟练新手教师、胜任型教师、业务精干型教师、专家型教师。王春玲综合有关高校教师职业发展阶段的划分理论，将高校教师职业分为五个阶段，即适应生存期、初获认可期、相对稳定期、高峰转折期和隐退淡出期。这些理论对教师发展有着重要的理论与实践价值。高校教师在不同的发展阶段具有不同特点和面临不同的挑战，青年教师在初入职期，即适应生存期面临的冲击尤为强烈，他们对职业充满理想，对工作抱有热情，但他们担心不能成功地成为一名好老师，他们可能对复杂的教学情况感到无所适从，在现实中产生极度的迷茫和巨大的失落感，迫切需要有经验的同行帮助，如果学校能及时安排指导教师指导，便可让新任教师克服许多现实困难。

另外，有关学者对专家型教师的研究也为本文提供了重要视角：教师的知识包括内容知识（即学科知识或本体性知识）、教学法知识（即条件性知识）、实践知识（包括外显的和内隐的知识）。专家型教师除具备以上三种知识外，还应具有丰富的和组织化的专门知识、丰富的策略知识（即对教学实践的反思，通过内隐学习积累独特的教学经验性知识并将它们有效地整合在一起，运用到教学实践中去）。从新手变为专家是通过"文化适应"机制来进入专家世界的，这种参与基于两个至关重要的原因，一是由专家传播到新手的大多是缄默知识：二是这些知识经常随着周围环境的变化而变化。教学能力是一种实践性的能力，在实践中显现，在实践中提升，实践性知识是专家型教师和新手教师在知识结构上的本质区别。

第五节　高校青年教师教学能力培养与认知学徒制的文献综述

一、高校青年教师教学能力培养相关研究综述

（一）国外研究

教师是一所高校存在和发展的基础，是高校主要的学术资源，具有活力的教师发展政策是高等教育机构发展的关键。教师发展已逐渐被视为教育改革的中心和核心要素，甚至被视为学校与教学革新的"心脏"，它能最大限度地重建和振兴一个国家的教育希望。重视教师发展，已成为当前发达国家教育教学改革的重要趋势和核心内容，他们对教师发展的本质内涵、研究范式、影响因素等的研究呈现出一种理性、多元和开放的局面。

第一，教师发展的丰富内涵。美国教育联合会（NEA）对教师发展作出全面界定，教师发展基本围绕着四个目的，即教学发展、组织发展、专业发展与个人发展，这极大地丰富了高校教师发展的内涵，有效地促进了教师完成各项工作（目前我们经常提到的教师发展，更多的是指教学发展和专业发展两部分，也即教师专业发展）。

高校教师发展相关概念包括教学发展、组织发展、专业发展、个人发展，这四个维度是相互渗透、相互制约和相互促进的，教学发展是高校教师发展的逻辑起点。教学发展主要强调高校教师掌握先进的教学技术、改善教学方法、发展教学技能，高校教师只

有在教学方面不断发展，掌握较高的教学技能，熟练操作现代化的教学仪器，才能运用有效的教学方法把专业知识和技能高效地传授给学生。通过教学相长，对教师的专业知识的提升有所帮助，教师个人表达能力、人际交往能力等得到相应提高。教师努力提高教学技能，也会促进高校重视教学，建设有利于教学发展的组织环境。因此，高校教师发展是以提高教师教学水平为核心的有关理念、方法和实践的综合性框架。

第二，教师专业发展研究范式转型。"教师行为"向"教师认知"的范式转变，为教师专业发展提供了新的视角。教师认知是国际上教师教育和发展研究的一项核心内容，体现了教学研究范式从关注外显的教师行为到关注内隐的教师思维的重大转变。教师认知是教师行为背后的驱动力。在教育研究领域，范式主要是基于行为主义的"过程——果"范式，这种研究取向把教学行为（过程）和教学效果（学生成绩）视为简单的因果关系，忽视了教师的主体性，教师的自身资源、实践智慧无法被传承，也不能很好地理解教学的本质性和复杂性。随着认知心理学的发展，教学研究范式重点开始从"教师做什么"转向"教师为什么这样做"，即教师的内心世界，关注教师内隐知识显性化过程。

第三，教师培养模式重心下移。基于教师专业发展研究范式转型，教师培养方式重心也将从"校本"向"师本"转型，不是单纯从上级教育行政部门的指令出发或单纯从学校的一般性要求出发去"训导"千差万别的教师，而是将培训工作的逻辑起点逐渐下移，逐渐回归到教师日常、具体、生动的实践活动这个原点，关注每位教师教学和科研工作的原生态、特殊性和差异性，这样就可以避免将"教师个人主体"异化为"教师类主体"，避免校本培训中的一个误区——过度强调学校对教师的一般性要求，以此出发促进教师个体走自己独特的成长之路。

第四，关注实践取向的教师知识观。世界范围内的教师教育领域理论与实践变革的理念根基由以往的"理论"转向了关注"实践"。英国学者艾尔巴兹（Elbaz）是第一个提出"教师实践知识"的学者，她发现教师拥有一种独特的实践知识，并将其归纳为五种成分：关于自我的知识、教学环境知识、学科内容知识、课程开发知识和教学法知识。教师的实践知识具有个人性、实践性、缄默性和情境性等特征，与理智取向下教师知识的普遍性、客观性截然相反。"教师实践知识"一方面源于教师对教育实践经验的审查与反思；另一方面源于教师基于实践背景的重新解读和反思教育理论，最终形成在专业领域能够有效发挥作用的实践知识。师范生和教师接受培训的"学徒观察"只看到教师的外部行为，而忽略了其内部思想。

这些旨在促进教师发展的研究转向，为教师发展方式提供了一种新的理论视角和实践取向，在一定程度上引领着教师发展方向。

（二）国内研究

目前，我国的高校教师发展研究处于启蒙和起步阶段，理论研究成分不多，许多研究局限于口号式的宣传或流于现象的讲解，高校教师专业发展还是一个新概念，且对概念内涵、发展方式等的理解尚未理清，帮助教师提高自身发展的活动也很有限。目前所颁发的"高校教师资格证书"并不足以表明教师已具备了应有的高校教育教学能力。张楚廷教授曾指出的"一个现实的问题是，师范教育体系目前只负责高中以下（含高中）学校师资的培养，大学师资并无相应的师范教育机构来培养，也没有为研究生进入大学师资队伍之前的必要教学训练设置的其他专门机构"，使得先天缺乏师范教育素养的大学教师"后天供给不足"。大学教师专业发展处于"自然成熟"状态，一般认为专业知识的提升就是教师专业发展的需要，用学术能力遮蔽了教学能力的发展。现从我国的教师专业发展组织、教师进修培训内容、教师发展方式和当前实施措施这几个方面作如下概述：第一，教师专业发展组织。我国目前还没有成立真正意义上的教师专业发展组织，多数高校也未能对教师进行系统化的培训，但已有过一些研究措施并付诸实践：中国原有的高校教师进修培训，采取政府为主、集中建设培训基地的模式。这种政府主导的培训模式，能够使优质教育资源集中起来，较好地保证教育投入，但也存在一些不足：首先，参训人数有限，不能适应高等教育大众化发展对教师增量的需求，教师的整体水平不能得以有效提升。其次，带有一定程度的强制性和整齐划一性，难以照顾到不同类型学校、不同专业和层次需要的教师发展，教师个性被忽视。最后，培训内容往往缺乏实践针对性，不能及时解决教师教学中遇到的困难，教师来自全国各地，花费也比较大。

第二，教师进修培训内容。主要注重学历层次的提高，其次就是注重学科专业能力，尤其科研能力的提升，在全国被调查的 1086 所高校中，把"提高教师学历学位层次""培养学科带头人和骨干教师""提高教师教学能力"作为首要目标的院校分别占 64.5%、27.95%、2.58%。我国高校培训的 11 种主要形式中，绝大多数是为提高教师科研能力和水平而设计的，或者为教师提供某些研究生学位课程，或是以更新教师学科知识为目标，即传统提供给大学教师帮助的几乎都是关于内容的，而不是工作方法和实践经验的。在过去很长的时间里，一个教师最值得且能够反映和代表他一生最宝贵财富的就是教学经验，近年来，教师的教学经验即实践智慧的重要性已被忽视，使得非常好的课程失传了，教学名师名课的失传现象是非常令人痛惜的。

第三，教师发展方式。随着"教师进修培训"被"教师发展"替代，促进教师个体教学能力与高校的人才培养工作共同持续发展成为当前教师发展的基本目标。21 世纪以来，青年教师教学能力培养呈现出多样化的趋势，学校主要从岗前培训、以老带新一对一结对、"青年教师教学会讲"比赛、学术交流、教学研讨、本专业短期进修、创办"教学名师论坛"、教学团队建设等途径来开展，从高校校情出发的行动研究已经在我国初露端倪。一些高校已成立专门的机构如教学中心或教师发展中心、教师卓越中心，旨在建设教学服务平台，使教师在教学领域获得全面提升，从而整体推进学校的教学工作。但总体来说，教师教学发展的理论研究和实践应用仍然比较薄弱，教师培养方式支离破碎，帮助教师提高自身发展的活动也有一定局限。

第四，关于教师教学能力提高的影响因素。主要表现为：师范教育的缺失和偏颇；教师终身教育体系尚未形成；高校教师教学能力发展的"高原期"；教学效能感的走低；教学与科研的失衡以及教学管理的偏颇；理论界对有关高校教师教学能力的研究关注度低；高校教师选拔机制的固有缺陷；教学管理力度的"软化"；教师教学能力助长机制的缺失；教师评价制度的偏向；教师敬业与爱生的情感因素；沿用传统的教学方法，掌握和运用新技术和先进教学手段能力差等。

二、认知学徒制理论研究综述

（一）国外研究

关于认知学徒制理论的研究，从以下三个方面加以概述：

1. 理论提出阶段

认知心理学的主要研究成果和柯林斯、布朗等人对指导、反思、探究、清晰表达等的探索，以及人类学家莱夫等关于传统学徒制的研究，为认知学徒制理论的提出打下了基础。柯林斯（Allan Collins）、布朗（John Seely Brown）和纽曼（Susan E.Newman）合作的《应用认知学徒制教授阅读、写作和数学》一文中，首次从心理学角度提出了认知学徒制的教学设计模式。他们从一些成功的教学实例中抽取出关键的要素，构成了认知学徒制的理论框架，从一开始就明确指出，认知学徒制并非以概念类知识的学习为目标，而是关注认知、元认知知识和技能的学习，提高学习者解决问题、进行复杂的高级水平思维的能力。柯林斯等人认为，知识和学习是情境性的，而将传统学徒制与正式学校教育相结合的认知学徒制能体现知识的情境性本质，可以作为改良传统实践的一种可能性选择。

2. 理论推广阶段

认知学徒制不仅表明了关于教学和学习的最新研究怎样被整合进一个模式中，还表明了怎样被有效地用于改进教学实践，因此引发了教学和学习专家的广泛兴趣。柯林斯等人发表的《认知学徒制：使思维可视化》《认知学徒制与教学技术》《提高后进生的认知学徒制》《学习环境的设计问题》等文章，对认知学徒制理论作了进一步深入和细致的论述，并得到了更为广泛的推广。

3. 理论运用阶段

西方学者把认知学徒制理论作为框架，探讨其在各个领域的应用，如基础教育、职业技术教育、大学教育。具体到教育领域的各个学科，又涉及数学、物理、化学、计算机、历史、语言等和阅读、写作等具体技能的教学，另外还扩展到成人教育、远程教育和教师专业发展、企业新员工培训等领域。围绕认知学徒制模式构建有高等教育课程导师参与的专业发展，使教师们能够吸引和适应新的教学策略，并将其内化。认知学徒制促进了教学专业技能从一种课堂情境到另一种课堂情境的迁移，使受训教师能在自己的课堂教学中实施各种专家的教学示范。

认知学徒制模式的产生不仅从理论上论证了其合理性的存在，关键是给教育的实践领域带来了巨大的影响，产生了一些实践并被运用的有效的教学模式范型，在当前的实践研究中，认知学徒制模式主要有以下四大主要范型：学术教育和职业教育整合的认知学徒制模式、基于工作的认知学徒制模式、技术准备课程与"2+2项目"认知学徒制模式和合作教育认知学徒制模式。西方学者把认知学徒制理论作为框架，探讨其在各个领域运用的研究不胜枚举。

（二）国内研究

1. 著作类

高文教授是最早认识到认知学徒制的价值并将其引入国内进行介绍的学者。在近年出版的学术著作中，《教学模式论》《现代教学设计论》《现代教育技术——走进信息化教育》《信息化教学模式——理论建构与实践例说》《大学教育模式革新：教学设计视域》等，或从概念定义，或从基本理论和基本构元，或从应用典例等方面比较详细地介绍了认知学徒制，但它们只是作为一个章节来介绍，目前无认知学徒制的相关专著。

2. 期刊论文和学位论文

认知学徒制由情境认知与学习理论发展而来，以"认知学徒制"为搜索词对中国学术期刊全文数据库进行搜索。近两年对认知学徒制的研究稍有增加，从已有研究来看，理论层次研究居多，理论转向实际应用的衔接研究较少，一部分学者已开始关注认知学徒制在学校范围内的应用问题，对认知学徒制的内涵、特征和价值进行了初步的探索，但极少涉及认知学徒制建构的影响因素和动力机制的研究，建构策略方面也不够具体，实践操作性不强。

3. 理论探讨

目前我国对认知学徒制的研究主要以理论介绍为主。高文教授是第一个引进认知学徒制的学者，他主要介绍了认知学徒制理论与传统学徒制的区别，并探讨了其对教学的意义，指出认知学徒制将在改造传统学校的物资设备、组织形式、教学方法、评价标准等方面，尤其传统学校与社会各行各业的界限方面掀起一场真正意义上的学习革命与教育革命。其弟子陈家刚专访了认知学徒制理论的创建者之柯林斯教授，并在其博士论文中专注于认知学徒制研究，对其追本溯源，探讨其学习环境的设计，对国外及国内的案例进行剖析，最后对其进行了评价，为读者呈现了一个完整的认知学徒制。他提出的背景、理论基础、特点、发展脉络，鲜有学者涉及，他所做的工作是没有先例的，为我国对认知学徒制的研究提供了一盏明灯，具有很高的学术价值。在其他的许多文献研究中也可以看到，几乎都或详细或简略地论述了认知学徒制的四个构元，反映了学者们对认知学徒制理论的内容较为重视，并试图引起大家的关注及用来改进我国教学实践或其他领域的愿望。

4. 实践研究

研究者多以思辨和理论推演为主，实践研究较少，现存的研究多为结合自己的领域分析该理论有哪些启示或怎样运用，涉及领域有学科教学、师资培训、职业教育、网络教育或远程教学。这些研究中很多为探讨认知学徒制的运用，但没有实验者的干预、设计或效果分析，缺乏有说服力的应用研究，真正意义上的实证研究主要有：张琦运用认知学徒制框架，分析了认知学徒制对促进大学生专业实践能力发展的作用机制，讨论了促进大学生专业实践能力发展的理念和方法，并开发了一个教学模式—导师制下项目驱动教学模式；和美君通过对电子商务专业的学生进行三组之间的对比研究，探索认知学徒制对知识本质的影响；陈家刚分两轮进行了长达一年半的有关认知学徒制支撑的大学英语阅读和写作学环境设计的研究，结果表明，学生的反思性学习和批判性思维能力与学习积极性都有所提高，并促进了自己"准教师"身份的认同。

三、教师教学能力培养与认知学徒制关系研究综述

国外在高校教师教学能力培养和认知学徒制联系方面，对我们有直接借鉴指导意义的是：为了让新教师形成、获得新的教学、学习理念，更好地促进他们今后持续不断地发展，美国在新教师的校内培养上启用了新型的师徒培养方式——认知学徒制，注重指导教师与新教师双方高级认知活动的绝对参与，强调双方认知活动的自主与自由，认为这样才有利于双方共同成长，尤其有助于新教师掌握基本的教学常规，促进其自我监控与调节能力的提高，成为反思型实践者。莱夫等人指出，在当今美国，许多领域的学习是以某种学徒模式的形式进行的，特别是在需要高知识高技术的领域中（如医学、法律、学术、职业运动、艺术等领域）。其"实践—反思"取向的理论基础和实践模式对我们富有启示和借鉴意义。

基于上述文献分析，将认知学徒制的理论框架与我国高校教师教学能力培养进行整合，进一步分析和探讨认知学徒制的本土化应用价值和机制，从培养方式革新的角度思考高校教师教学能力培养的理念和方法，对于认知学徒制和高校教师教学能力培养来说，都具有一定理论意义和实践价值。

第六节　高校青年教师教学能力培养与认知学徒制的理论假设

一、高校教师教学能力研究

（一）高校教师教学能力结构

教师的教学能力是影响教学质量和效果的关键性因素，它的内涵比较复杂，可从教育学、心理学、社会学以及研究者、实践者的不同研究角度展开。

第一，教育学角度。分为教学设计能力、教学组织能力和教学研究能力，这一思路以归纳和实证分析为基础，侧重知识性和技能性的因素，并且将落脚点放在能力的表现

形式上，以此构建一般性、群体性的教师教育教学能力的结构体系。

第二，心理学角度。可分为教学认知能力、教学操作能力和教学监控能力，其中教学认知能力是基础，教学操作能力是教学能力的集中体现，教学监控能力是关键，以此分析个体性、特殊性的教学能力体系。

第三，社会学角度。可分为促进班级的集体参与、构建和谐关系的能力，课内外对学生个人做出有效反馈的能力，唤起学生学习兴趣、努力钻研学科业务的能力，教师自我学习和指导能力，以及具备适应社会变化的信息素养等能力。站在社会学的高度剖析大学教师教学能力的结构，具有鲜明的时代特征。

第四，研究者、实践者的不同角度。如叶澜的研究：包括所教学科的知识（能教）、教育专业的知识和能力（会教）、教育专业精神（愿教）；余承海、姚本先的研究：包括完善的知识结构及知识更新能力、驾驭学科内容的能力、学术研究的能力、培养学生终身学习的能力、哲学思辨能力、熟练操作计算机的能力、有效获取外文资料及较高的阅读理解能力；腾祥东的研究：包括组织管理能力、运用现代教育技术的能力、教会学生学习的能力、教学实践能力、教学反思能力、教学监控能力、教学研究能力、终身学习能力；张晓明、陈建文的研究：包括专业知识结构（学科专业知识、学科教学知识、实践教学经验）、语言表达能力、教学监控能力、教育机智；刘慧等的研究：包括教学基本素质、课堂教学能力、教学研究能力、学科专业能力等。

（二）高校教师教学能力内涵

以上说明了教师教学能力呈立体多维的结构，无统一界定，但目前大多数专家学者对此问题已达成共识，认为教学能力的性质是一般能力与特殊能力的结合，一般能力主要是指教师的智力，特殊能力是指教师在设计、组织和实施具体的教学活动中所具有的能力。鉴于以上研究成果，本文将教师教学能力分为专业知识结构、教学认知能力、教学操作能力、教学监控能力和教学研究能力。

高校教师要搞好教学，首先需要有充分的专业知识储备，包括学科专业知识、学科教学知识、实践教学经验；教学认知能力主要是指教师对教学目标、教学任务、教学方法和手段、学习者特点以及教学情境进行分析判断的能力；教学操作能力是指在实现教学目标过程中解决问题的能力，包括教师的言语表达能力、肢体语言表达能力、课堂组织能力、运用多媒体的能力和教学评价能力等；教学监控能力是指教师对教学过程的自我意识和调控；教学研究能力是指有意识地在教学过程中以研究者的眼光去发现问题，运用现代教学理论和科学研究方法创造性地解决问题的能力。归根结底，高校教师的教学能力是在教学实践中逐渐提高的，很大程度上归功于实践教学经验的积累，这类经验性的知识在书本上是学不到的，它来自高校教师亲身的专业教学实践，来自教师对教学经验的总结，是教师在实践中体验、感悟、探究、反思、建构的智慧结晶，具有情境性、生成性和个体性等特征，并通过内隐的、潜移默化的方式发挥巨大作用，即教师的实践性知识。大学教师教学能力的研究要根植于大学教学实践。许多研究者认为，有经验的教师与新教师，优秀教师与平庸教师之间在教学能力方面表现出明显差异。

教学是一种专业实践，"专业实践所面临的问题是复杂的、不确定的、多变的、独特的，还呈现出价值的冲突"。教师的任务是在复杂多变的专业实践中促进学生的学习，不是简单地传授知识。教师的知识除了理论知识外，更重要的是实践知识，需要在实践中通过反思而获得。因此，对高校教师教学能力的培养，必须对教师教学能力构成要素内涵进行深入分析、研究，从革新传统培养模式"知行割裂"弊端的角度入手，以新的教师专业发展范式为引领，构建新的教师发展模式。以课堂实践作为培养的主要方式，让教师在实践中反思和加强教育理论学习，并配备经验丰富的资深教师进行指导，有利于教师在真实的教学实践环境中积累获取实践知识及巩固理论知识，有利于教师反思能力的增强和创造空间的扩大，最终有利于促进教师专业发展。

二、关于认知学徒制

（一）认知学徒制起源

学校出现以前，学徒制曾经是人们学习的最普遍方式。在西方，许多牧师、医生、工匠和商贩都是通过学徒制培养的；中国历史上，木工的鼻祖鲁班和传授纺织技艺的黄道婆也是很有名的师傅，他们主要采用观察、交流、模仿、训练等手段，让学徒从边缘参与进入工作的实践共同体，并逐渐获得师傅实践所需的知识与技能。随着社会的发展，传统学徒制费时低效，要求很大的师徒比，已不能适应工业化体系的需要，同时本身也暴露出一些缺点：只适合外部技能或身体技能的传授，不适合认知技能的发展，随着学校教育的产生，学徒制退出了普遍的学习方式行列。学校教育与学徒制方法有很多不同之处，其中最重要的区别是：当学习与教学成为学校的专利时，作为教与学的对象的知识与技能，就被人为地从它们实际运用的情境中抽离了出来，由此造成了理论与实践明显的脱节。在传统学徒制中，他们是在这些技能与知识镶嵌其中的社会性和功能性的情境中进行解决真实的复杂问题的学习。认知科学研究引发了许多学者对当时学校教育的批判：学校在传递大块概念知识与事实知识、传授结构完善的问题解决技能或低层次技能教学方面有一定作用，但在培养学生获得解决真实复杂问题的能力方面却值得存疑，知识脱离运用环境，学生学到的是大量不可迁移的、无助于真实生活中问题解决的惰性知识，即使是学生已理解知识和流程，也无法像预定的那样迁移至新的情境。为了克服这些弊端，美国认知科学家柯林斯（Allan Collins）和布朗（John Seely Brown）等人吸取了传统学徒制中示范、指导、"脚手架"等核心要素，同时又结合学校教育中注重认知能力培养的特点，将传统学徒制进行升级。自此，国外许多学者开始关注认知学徒制的研究与应用，此模式被研究者定位为适合接纳新手进入专家的实践共同体的人群。

（二）认知学徒制基本框架

认知是心理活动的重要方面，是个体对其经验的组织和解释，主要包括知觉、注意、记忆、表象、思维和言语等成分。认知学徒制核心假设是：通过这种模式，能够培养学习者的高阶思维能力，即专家实践所需的思维能力、问题求解和处理复杂任务的能力。它试图通过对专家的活动过程和情境学习的双重关注，去改造现今学校教育存在的主要问题，即学习者通过学校教育获得的是不扎实的技能与惰性知识。教师学习属于成人学习，可以借鉴认知学徒制的学习环境为教师专业发展提供新的理论视角和直接启示。

认知学徒制模式试图揭示学习的真实本质—学习是学习者与知识以及知识得以产生的活动、情境和文化互动的结果。为了达到认知学徒制追求的预期成效，学习者、教师在认知学徒制的每个构元中所扮演的角色或起的作用有比较明确的规定性和针对性，只有经过学习者、教师之间的和谐互动，才能实现认知学徒制基本构元的功能。

（三）认知学徒制特征

认知学徒制为促进学习者活化所学知识，提高分析问题、解决问题的能力和发展专业技能提供了一种全新视角。它具有以下比较重要的特征：①认知学徒制是传统学徒制与正式学校教育的结合；②认知学徒制聚集真实情境中的学习和专家实践文化；③认知学徒制强调使学习活动的思维过程可视化；④认知学徒制适合培养高级认知技能和深度学习；⑤认知学徒制重视学习的内容，也重视学习的过程。

三、高校青年教师教学能力培养与认知学徒制假设描述

根据作者对认知学徒制的理解，以及对"做中学"愿望的驱动，作出以下理论假设：合理地运用认知学徒制，有利于青年教师教学能力的培养。认知学徒制诸要素的相互作用，将会形成或产生学习环境效力，有效支持青年教师的实践学习，特别有助于培养和发展青年教师问题求解等方面的高阶思维能力与策略，问题求解能力是实践的核心。

四、高校青年教师教学能力培养与认知学徒制假设理由

从教师教学能力培养和认知学徒制内涵分析来看，认知学徒制学习环境对青年教师教学能力培养具有充分的可能性。

（一）培养理念的高度耦合

青年教师教学能力培养需要学习环境的支撑，而这些支撑也可以体现认知学徒制的那些方法和原则，或发生在认知学徒制学习环境中，认知学徒制和青年教师教学能力培养的理念是高度耦合的。教师教学能力培养的本质是通过个体实践活动，不断超越自我、实现自我的过程，它是教师作为主体自觉、主动、能动、可持续的实践生成活动，教师之所以称为教师，更多的是"自我塑造"，而不是"被塑造"，所以，教师教学能力培养不可能仰仗于"科学知识"的培训或规范的教育理论学习。认知学徒制适用于个人学习环境，注重培养学习者的问题解决能力、处理人际关系的能力、信息查找能力，也注重培养学习者的反思、调控等元认知能力和各种高阶能力，这种能力对教师的自我学习的

实现至关重要，可用认知学徒制自身的方法和原则支持青年教师教学能力培养的实施。

（二）实践取向的教师知识观

实践知识具有实践性、内隐性、个体性、情境性和探索性等特征，只有通过自我实践能力的训练和反思才能获得，它包括教师的教育信念、自我知识、人际知识、情境知识、策略性知识、批判反思知识六个方面的内容。实践证明，教师的实践知识是教师专业发展的主要知识基础和建设性工具。鉴于实践知识的以上特征，单纯凭着由上到下直线式的教师培训是难以奏效的，所以，要以情境认知为基础，提倡发展教师的主体性，在专家教师的指导、切磋及互动中自主实践反思和不断生成实践知识。认知学徒制的教学方法所蕴含的理念是以帮助学习者获得某领域专家实践所需要的策略性知识、程序性知识（通常属于实践知识范畴）为核心的，如认知学徒制关注将专家原本隐蔽的内在认知过程显性化，而这种内在认知过程又是完成问题求解和现实任务的关键。

（三）显性知识与隐性知识

显性知识和隐性知识分类方式在国内被广泛接纳，而隐性知识得到了更多的重视。知识在线公司的首席执行官荣扬（Rong Yang）将显性知识与隐性知识的总量和存在方式作了比喻性的说明："显性知识可以说只是'冰山的一角'，而隐性知识则是隐藏在冰山底部的大部分。隐性知识是智力资本，是给大树提供营养的树根，显性知识不过是树上的果实"。我国的教师教育研究者也支持这种观点。认知学徒制能够让内在思维显现化，让学习者像专家一样学习和思考，塑造心智模型。

（四）有助于激发实践动机培养情境实践能力

一方面，认知学徒制提倡将学校课程中的抽象任务置于对学习者有意义的情境之中，让学习发生在自然情境的社会互动之中，充分了解学习的目的与应用，理解工作的相关性，并参与专家行为，由于这种学习对于学习者来说是有意义的，学习者便会表现出强烈的实践动机。另一方面，认知学徒制注重于创造一个参与者积极沟通并从事专业技能实践的学习环境。教师的教学能力根据不同的学科和不同年级而具有个体差异性和特殊性，认清这一特性，对实施有效的教学能力培养措施将能取到事半功倍的效果。

第七节　高校青年教师教学能力现状调查

一、问卷调查

（一）调查问卷的设计

基于课堂教学的高校青年教师教学能力培养及相关研究，通过文献分析，笔者将教师的教学能力结构分为专业知识结构、教学认知能力、教学操作能力、教学监控能力和教学研究能力五个维度，并从这五个维度设置了 17 项包含因素，通过这些包含因素了解青年教师对自身教学的认同程度，另外还设置了其他指标以掌握学校对青年教师教学能力培养的措施及效果。

（二）调查对象及资料收集

调查对象为某高校 35 周岁及以下的青年教师，发放问卷 220 份，回收 207 份，回收率为 94.09%。该调查是通过数位教学秘书在各学院会间或会后进行的，调查问卷数量与回答问卷的认真度均得到比较有效的控制，因而获得的结果是真实有效的，以该调查获得的数据分析当前我国部分高校教学现状有一定的实践价值和思考意义。

（三）调查结果

学习因素对教师教学能力提升的影响："教学技能培训""提高学历学位层次""高层次的学术交流"较被重视，其他各项重视程度趋于均衡态势，没有表现出显著性差异。

现代教学技术与媒体对教学效果的影响：84%以上的青年教师认为使用现代教学技术与媒体对教学效果有好的影响，只有极少部分人持不同态度。

影响教师专心于教学工作的因素：高达 73.55%的教师表示，学校缺乏政策与激励机制和经济待遇低、职业声望不高对其有重要影响。

教学与科研的关系：68.6%的教师认为教学与科研应相互促进与提高。在关于"您对青年教师教学能力培养的意见或建议"的开放式提问中，青年教师有各式各样的回答，大致归纳为以下几个方面：学校应重视并规范教学管理；改变学校行政大于教学的局面；多提供国内外学习交流机会；提供教学资源；以老带新提供切实有效的指导和帮助；实施助教制度；加强岗前培训；开展教学技能培训；听教学名师讲课；多作教学研讨；鼓励青年教师积极参与科研并提供政策和激励机制；提高青年教师经济待遇等。

二、访谈调查

（一）访谈对象

某高校的 10 名青年教师，其中 1 名为教务处主管教学的副处长。

（二）访谈目的

深入了解青年教师对自身教学状况的认知及发展水平，进一步掌握学校对青年教师教学能力培养的措施及效果。

（三）访谈内容／提纲

您刚走上工作岗位的时候能否适应教学工作？有哪些不适应的具体表现？都采取了什么措施来适应？目前教学还存在哪些困难和问题？

您对新教师顺利度过职初适应期有什么建议？学校都采取哪些措施帮助新教师成长？

（四）访谈结果

对 9 名青年教师的访谈（主管教学的副处长除外）归纳如下：对于任职初期的适应，他们一般是对在校学习时任课教师的模仿及工作后听老教师的课，并借助于网络工具，靠自己在实践中摸索逐渐来提高教学能力；许多学院开展的以老带新作用不明显，教学技能培训有限，学校也没有专门对青年教师专业发展进行规划。他们中不失有崇高愿景的人，但长期受着教学以传授知识为主要目的和以教师为中心的教学观影响，教学普遍重视静态知识即对事实、现象、现存结论的传授，缺少对学生能力和情感方面的发展与关注。他们把更多的精力投入自身学历提升及职称的晋升方面，也一致认为要把课堂教学搞好需要在备课上投入较多的精力（调查显示近四成的青年教师每次上课需花 5 小时以上时间备课），如果不进行学科专业和教学研究，教师不能定期进行充电学习就容易产生职业倦怠，沦为"教书匠"。主管教学的副处长在访谈中概括地谈了学校对青年教师教学发展问题的对策：学校在升本后的五年里，主要致力于外延建设，但近两年来，随着学校向内涵发展的转型，青年教师的发展逐渐受到了关注，部分教学学院已采取了一些措施，如助教制、听课制、教育技术培训、青年教师课堂教学比赛等帮助青年教师提高教学能力，主要对大学教学理念和教学、师资管理规章及青年教师的科研发展作短期培训，为新教师更好地规划自身发展并融入教学科研中架设桥梁，同时也激发新教师的荣誉感、责任感和使命感。

三、现状调查分析与讨论

（一）现状调查分析

1. 青年教师特征

某校随着招生规模的扩大，每年不断引进新教师，青年教师近五年占任课教师数量的比例分别为 71.35%、69.8%、66.1%、68.5%、66.8%，已成为学校教师的主力军和后备力量，教师队伍年龄结构趋于年轻化，学历层次得到逐步提高，非师范专业属性、低职称、低科研成果，成为新建本科院校青年教师的主要特征。

2. 青年教师教学状况

量表为 5 点量表："完全不符合""基本不符合""不确定""基本符合""完全符合"，分别为 1 分、2 分、3 分、4 分、5 分。从被试者作答的符合状况我们能够了解他们对自身教学的认同程度，从教学能力的五个维度进行数据归纳统计平均分为：专业知识结构 4.0 分、教学认知能力 4.1 分、教学操作能力 4.2 分、教学监控能力 4.3 分、教学研究能力 3.9 分。教师的自我教学认同感良好，个人教学效能感评价为 4.3 分。有六成以上青年教师对本校青年教师群体的教学能力评价较高，新建本科院校一般为教学型院校，教师能够按学校定位重视教学工作，具备一定的教学设计能力和课堂教学组织能力。近七成的教师虽然认为教学与科研应相互促进，但半数以上教师的教学精力投入却比科研精力投入多，八成以上教师对现代教学技术与媒体的运用效果持肯定态度。

3. 教师培训状况

高达 58.9% 的青年教师表示自己参加工作不久就正式走上讲台；44.93% 的青年教师认为娴熟的教学技能形成的时间平均为五年以上；对于学校的岗前培训，61.4% 的教师表示有些作用和作用很大，其余教师认为作用很小甚至没有作用，其中 15.5%的教师表示没参加过岗前培训；对于学校提供的在职培训，近五年来，教师平均参加过 1.44 次各种形式的培训（岗前培训除外），但其中有 4.89%的人表示未参加过任何形式的培训；对于学校对青年教师培养的措施力度，只有 41.1%的教师表示有些力度或力度很大，15.9%的教师认为学校并未采取过任何措施，36.7%的教师认为学校的措施力度很小甚至没有；学校层面没有建立科学合理、系统的岗前和入职、在职培训制度，虽有人员负责但未成立专门师资部门进行规划和管理，保障和激励机制不健全，实施制度分散在各个教学学院，教师群体随意性很大。

4. 影响教学能力的因素

青年教师精力充沛，有强烈的事业心和进取心，但他们入职时间不长，属于适应生存期，同时也面临成家立业，精神和物质的双重压力常常使他们陷入工作和生活困境。调查也显示，经济待遇、职业声望与政策激励机制为影响青年教师发展的主要因素，表现为教师课时费偏低、福利待遇跟不上；官本位、行政化现象挤压教师生存空间，影响教师职业声望；"重科研轻教学"的考核激励机制致使众多教师减少对改进教学方法和提高教学质量的精力投入。

（二）现状调查讨论

1. 青年教师个人教学效能感中的认知偏差

教师个人教学效能感是教师在教学活动中对其能有效地完成教学工作、实现教学目标的一种能力的知觉与信念。本研究结果显示，青年教师个人教学效能感良好，这与以前许多研究者的结果不一致，如俞国良等，新教师的个人教学效能感较低，他们在教学中常常感到沮丧、挫折；封栖琛，青年教师一般都没有经过系统的教育理论、教学技能、课堂实习等专门职业性培训，他们的教育理论功底浅薄、教学技能不强是普遍现象；一项对某"211 工程"高校 58 节本科课堂进行现场观察发现：课堂教学以"全讲授"和"讲授＋一般性提问"为主、学生课堂讨论的参与性低、课堂上各类非学习性行为都有发生等。如何解释本研究中对个人教学效能感的认知偏差呢？教师个人教学效能感受到社会因素、学校发展条件、个人因素等的影响，如个人因素方面，教师的价值观和一般自我概念对教师个人教学效能感有显著的影响。本文认为，新建本科院校大多数由高职、高专、电大升格或合并组建而成，且大都布点在地级城市，缺乏大城市里高校中的强烈竞争意识，青年教师较少有机会参与国内外教学交流、校内也很少提供教学研究交流平台，如果没有教师之间的合作与沟通，每个教师都是闭门造车，完全按自己的思路与方法进行教学，教师很容易故步自封，同时易自我满足；高校重科研轻教学，他们大多对大学教学认识不到位，甚至混淆了职业教育与高等教育、基础教育与高等教育之间的主要区别，教学中注重被"打包"的事实性知识传递，以教师为中心、考试为导向、教材为本本；同时，认为学校级别低，生源缺乏创新意识、求知欲不强，并且也没有院校之间的竞争和升学的压力，因此对教学表现出轻松的态度，对大学教学应有的责任普遍缺乏应有的担当（少部分优秀青年教师除外）。这一认知偏差，部分原因在国外一项研究中也表现出来：Franklin 比较城市学校和市郊学校教师个人教学效能感的差异发现，市郊学校教师的个人教学效能感高于城市学校教师。

2. 教师自我评价的效度与信度

效度与信度是指测评的有效性与可靠性，教师的自我评价与其人格特点有关，且受自利偏差等影响，其评价的有效性、可靠性值得怀疑。高校很少对新教师适应阶段作出应有的任职指导，便直接安排新教师进入正式教学岗位以弥补师资不足。新教师一开始的准备工作几近空白，普遍感到没有做好充分的教学准备，因此尤其需要重视新教师的任职指导。错过了对工作适应期的培养，新教师将因"先天缺乏师范教育素养训练、后天又供给不足"而没有对"好教学"的信念进行反思，没有反思，教师就不能以受控制的方式在深思熟虑的基础上改进自己的教学实践，他们被迫依靠自己的才智和毅力，外加他人非正式的建议、自己老师树立的榜样，以及书中谈到的如何在教室中求生存的方法来努力适应这一角色。凭自己摸着石头过河，即使也能通过努力成就教学，但是所付出的艰辛努力和时间将大大高于有导师指导而顺利度过适应期的投入，新教师没有时间进行从学生到教师的角色转变，尤其对于非师范类学生，缺乏系统的教育理论、教学基本技能与方法的训练，对高校教师地位、作用、职业特点和教学规律不甚了解，想成为一名合格的教师几乎是不可能的。

3. 加强青年教师入职指导和在职培养的必要性

一些发达国家十分重视新任教师发展工作。教师职业生涯的头几年是决定其一生素质的关键时期，这一时期决定了他将成为什么样的教师，教师职业独特的教学专长往往是在这一阶段奠定基础的，如果没有一位"引路人"能给处在不安和困惑中的青年教师排忧解难，就容易导致缺乏对现代大学教学的认识而产生随意性或简单、低效的教学等种种弊端和认知偏差，从而影响对国家人才培养目标的完成。

第八节　认知学徒制视角下高校青年教师教学能力培养对策

一、青年教师导师制

高校青年教师教学能力培养涵盖教师专业发展的入职期（一般为开始从事教学后的1~3年或4年）和部分在职培养期。对于入职期的培养，目前我国许多高校已实施青年教师导师制，其学习环境与认知学徒制高度相似，从认知学徒制学习环境对青年教师导师制进行建构，有助于从实践角度进一步理解认知学徒制，同时也有利于从认知学徒制的角度优化青年教师导师制，实现实践与理论之间的互动与互补。

（一）青年教师导师制建构

1. 青年教师导师制组织体系流程

青年教师导师制作为一项管理制度，应有明确的工作目标、系统的组织体系和内部运行机制。

（1）青年教师导师制培养目标

短期目标：为刚入职的青年教师、其他岗位转入教学的中级职称及以下人员、学院认为需要配备指导教师的青年教师和主动要求指导的青年教师等提供为期1~2年的导师制培养，培育出一个大学教师应具备的基本素质和能力；中期目标：形成一个后劲强、高水准的青年教师队伍；长期目标：通过校园互助文化的通力合作，形成良性循环的教师发展机制，促进高校教学质量提高。

（2）导师的招募、选拔与培训

面向全校招募、选拔，主要对象为副高以上职称的教师和硕士以上学位且被评为教学能手的讲师，教学名师优先入选；同时，申请者必须具备良好的综合素质，品行端正，治学严谨，具有热情，富有奉献精神，教学科研水平较高。对于选拔出的教师，有必要对他们进行一段时间的集中培训，明确培训目的、任务，不仅让他们可以获得指导新教师的方法，给他们提供相应的理论与技术支持，还能拓展他们的教学视野。导师要认识到教师的专业发展是一个自我指导的发展过程，学校要强调青年教师与指导教师建立朋友式的师徒关系，为促进新教师独立自主、大胆创新，可在一定程度上鼓励青年教师挑战导师的教学方法、观点。

（3）师徒结对

青年教师导师制原则上采取"一对一"、至多不超过"一对二"的师徒结对协作形式，协作在2人（或3人）之间进行，时空上可具有极大的灵活性。导师工作职责：帮助青年教师制定发展路线图，确定长期发展方向和近期发展目标；指导青年教师备课，让青年教师明确拟任课程在培养计划和课程体系中的地位与作用，掌握教学内容，向其指出重点和难点，并传授自己的教学经验；有计划地安排青年教师试讲并给予随堂辅导，通过"以示促帮，示帮结合"，达到增强青年教师教学能力的效果；指导青年教师确立科研方向，熟悉科研项目申报程序；与青年教师保持经常性的思想交流、沟通，督促其树立良好的师德师风。青年教师工作职责：协助导师备课、查找资料、随班听课、答疑辅导、批改作业、指导实验、试讲、参加教改项目；协助导师指导学生专业实习、生产实习（见习）、毕业设计（论文）等；了解拟任课程教学工作基本规范，把握各教学环节，能结合课程的内容、特点，运用各种教学手段和现代教学技术，大胆进行教学改革实践；积极进行科学研究。

（4）过程管理和目标考核

过程管理就是定期或不定期地检查青年教师导师制的进程状况，避免有章不循或流于形式，以及时发现实施过程中的问题，它应该成为青年教师导师制实施的重点；目标考核就是在每学期、每学年要求导师和青年教师分别作出相关的书面总结，由学院作出评价和提出改进意见，学院由教学副院长指导，教学办公室负责，及时收缴档案材料。可将过程管理和目标考核分为三个阶段：其一，由系（教研室）负责，年底进行，重点考核制定培养规划、拟任教学科教案编写的质量，跟班听课、课程辅导、批改作业等情况；其二，各学院负责，安排在次学年期末前进行，重点考核青年教师参与讲课、实践环节和教学基础建设情况；其三，学院考核完毕由学校相关部门组织检查验收。

（5）评价与相关奖惩制度

强调正向激励为主，以实现两者之间的良性互动，但对考核不合格的导师，应取消其导师资格。学校设立"青年教师教学优秀奖"，针对导师设立"青年教师优秀导师奖"，为优秀青年教师和导师颁发证书，并且在晋级、年终考核、评优评先、名师培养等方面予以优先考虑。

2. 青年教师导师制内部运行机制

青年教师导师制通过任务驱动，是融备课、示范、指导、实验与教学研究等为一体的综合性导教过程。从随堂听课可以观察到：（1）学生在课堂中是怎样学习的？是否有效？（2）教师是如何教的？哪些行为是适当的？（3）这堂课的学科性表现在哪里？（4）我的整体感受如何？对自己有什么样的启发？青年教师在问题求解过程中教学认知能力得到了提升，也丰富了教师专业知识结构（特别是教师的实践知识）；通过试讲及导师的指导，青年教师的教学操作能力、教学监控能力均能得到提高；在参与导师的教学与科研项目中教师的教学研究能力得以增强。

3. 青年教师导师制中体现的认知学徒制原则

在此过程中，笔者认为认知学徒制视野下的青年教师导师制应体现以下四个机制，也是认知学徒制的灵魂所在，能帮助青年教师建构自己对问题的嵌入式理解和养成专家式思维技能。

（1）内隐知识外显化

现代文明需要人们具备各种技能和知识，而掌握这些技能和知识则需要一种较高层次的智力水平及深入持久的思考能力。导师通过示范某一特定任务，让自己的思维外显，青年教师能够通过观摩示范和接受指导形成和改善自己正在试图执行任务的概念模型，思考问题和解决问题的方式得到修正，并逐渐迁移到其他任务情境中，即青年教师导师制关注的不是概念事实知识的获得，而是重视专家在获取知识或将知识运用于解决复杂现实问题时所关涉的推理过程、认知和元认知策略。

（2）"脚手架"的搭建与拆除

要体现青年教师在导师指导下的动手实践，而不仅仅是接受导师的指导，两者之间必须频繁互动，将各自的思维外显给对方，这样才能提供指导和支撑。导师应注意发挥好"脚手架"作用，在任务的开始，充分做好"专家"准备，在青年教师执行任务时，导师通过观察的方式进行辅导，澄清容易犯错误的地方，补充一些遗漏的重点，对讲解内容的恰当性、讲解语言的清晰度、PPT 质量、学生的参与度等，给予反馈、暗示、修正等帮助，并提出新的任务。随着完成任务能力的增强，导师应把更多的责任和控制权交给青年教师，减弱对其支持，逐渐拆除"脚手架"。

（3）反思性教学

教学是一种具有广泛意义的师生之间、生生之间的交往活动，是融知识与技能、过程与方法、情感态度价值观为一体的实践活动。对这种动态生成的实践过程是否能进行反思，往往在很大程度上决定了教师专业化成长的水平，对实践进行反思能使学习者在交流思想和感情的组织文化环境中迅速成长。导师帮助青年教师提高认知技能，使他们将自己的思维和问题求解过程与专家、其他优秀教师进行比较，通过反思建构特定问题求解模型，以修正自己的问题求解过程，让思维方式及推断结论方式得到永久性的改变。

（4）实践共同体

许多青年教师因缺乏和教师同伴的交流、协商和研讨以及课堂观察、集体备课等活动而错过了自己专业发展的重要适应生存期。认知学徒制视野的青年教师导师制由青年教师和导师组成实践共同体，青年教师入职初期的实际问题和困惑都可以及时便利地在这里得到解决，导师可随时对青年教师的教学设计进行指导，这种实践共同体是自然形成的，且能促进教师的专业发展。即青年教师导师制实践创造了潜在的"课程"，这种课程使青年教师通过合法的边缘性参与专家实践文化，青年教师直接看到"专家"的活动并参与不同水平的专业技能的作业，可以迅速获得进步，为成为真正意义上的专家奠定良好的基础。

（二）青年教师导师制的意义

1. 教学相长，优化师资队伍

青年教师导师制的实行不但有利于初任教师站稳、站好讲台，青出于蓝而胜于蓝，而且还是促使导师不断提高自身水平的催化剂，教学相长中"长"字解释了青年教师导师制双方互动交往的方向和积极结果。

2. 对导师制、助教制的有效整合

随着高等教育规模的不断扩大，高校教师资源短缺，许多高校导师制和助教制有名无实，一些大学要么侧重实施导师制放弃助教制，要么实施助教制忽视了导师制。青年教师导师制是对"二制"的有效整合，即师徒协作的过程为助和导的过程，助和导是互为一体的两个方面，相互作用、相互促进，两者角色不同，目的一致。教师如果没有"助教"经历就直接讲一门课，是很困难的，这会为此后的从教生涯留下挥之不去的阴影，长此以往，人类的知识和经验可能因教学而"流失"，学校所培养的人才在知识积累方面可能一代不如一代，面对当前许多高校"助教制"已名存实亡，"二制"合一的青年教师导师制具有积极的实践意义：一方面协助导师备课、带实验、批作业等，参与导师的教学活动，积累教学经验，提升教学认知；另一方面为拟任的课程做好积极准备，可得到作为一个大学教师的初步训练。"开头不可太急。"它会让以后的工作变得平静而有创造性，既不紧张也不仓促，能让青年教师清楚地看到自己最需要做的事情，增强青年教师入职信心并为以后职业发展奠定良好的基础，其实这是一个积极等待、酝酿、厚积薄发的过程。

3. 有利于进行深入学习和迁移

认知学徒制符合认知科学和脑科学中"人是如何学习的"最新研究，有利于进行深入学习和迁移，苏泽（D.A.Sousa）关于人脑是怎样学习的研究对此提供了进一步的佐证。

研究充分说明了发生在应用情境中的学习可能导致更好的实践。通过认知学徒制视野的青年教师导师制，青年教师可获得比理论培训和个人阅读高得多的保持率。

（三）青年教师导师制实施困境

1. 单一导师的局限性

"教学有法，但无定法。"前半句指的是教师实践不能离开基本的规范，后半句则强调教师实践的动态生成性，任何方法、规范都属于这个性质，显然，这句话的重点在后半句。青年教师较长时间地接受一个导师的指导，很难形成自己的教学风格，这种封闭、单向的导师制亟待转型，要用一种开放、合作、师徒相互促进的充满活力的导师制来取代，也可考虑采取轮换导师、成立导师组等措施予以解决。

2. 重启动，轻"督、导、评"

目前许多高校对青年教师导师制的监督比较松散，执行流于形式，导师工作好与坏一个样，重启动，轻考评，缺乏必要的过程管理环节，过程和目标等观测点的考核指标体系不够科学，使青年教师导师制很难达到预期的效果。

3. 激励机制不完善

在社会交换过程中，人们普遍存在着公正性期待，知识的分享者在公开自己个人知识的同时，也希望受惠其中，如果对方无力提供更多供分享的知识，则要通过一定的情感表达或者制度设计使知识分享者能够获得一定的物质或回报，维持交换过程中的平衡。目前，专家型教师教学经验的分享不够充分，无论是物质上还是精神上，都没有形成足够的激励机制。

（四）青年教师导师制实施的保障措施

1. 政策上的激励

青年教师导师制的实施在一定程度上意味着将原本属于其个人的知识财产公有化，其知识传承需有政策上的激励。应对导师给予职称评聘、工作绩效、评奖评优等方面的支持与鼓励，从而为青年教师导师制的健康发展营造具有竞争性的政策环境。如学校将青年教师指导工作纳入教师岗位聘用要求，申请教授及关键学术岗位者原则上需有指导青年教师的经历；为调动教师参与教改项目的积极性，学校应确立"教学与科研同等对待""教改研究与科学研究同等对待""教学成果与科研成果同等对待""教学名师与学术大师同等对待""教学团队与学术团队同等对待"的观念，并将其贯彻到职称（职务）聘任、聘岗晋级、绩效考评的各项政策中。

2. 经济上的保障

一种职业必须能为其从事者带来与这一职业在整个社会生活中所发挥的功能的重要程度相应的收入和声望，否则人们就不会为这种职业付出足够的努力，不愿承担足够的责任，甚至会弃之而去。根据激励期望理论，只有当导师的指导工作和所得报酬之间有明显、可见的实际联系，并且获得的报酬是满足其需要的一种方式时，激励才有可能发生。因此应给予导师一定的津贴并对优秀导师实施物质奖励。

二、教师合作团队制

青年教师导师制使入职教师通过导师的指导感受学校文化、迅速融入教学工作环境，然而这种培养模式也有其不足，如过于依赖导师的个人作用，依靠导师的尽心尽职，但现实中难免有些导师履行职责不够，形式化倾向严重，也缺乏对导师进行应有的专门培训，其带教能力和方式不尽相同，而且青年教师对认知学徒制及自身不同成长阶段的需求也有不同的看法，因此在保留青年教师导师制的基础上，力图创造条件，让青年教师融入团队并在其中获得成长，即建立教师合作团队机制。

（一）教师合作与教学团队建设

1. 教师合作内涵

教师合作主要是教师间的一种人际互动方式或关系形态，是被作为谋求教师成长和学校教育改革的一种手段或策略。从形式上看，包括自然合作形式和人为合作形式。

自然合作是一种理想的合作方式，但由于高校教师在学科、学术领域和层次上的差异，完全自然的教师合作缺乏应有的组织引领和规划，是难以维系和深入发展的。目前高校教师的合作是在合理地吸纳自然合作和人为合作文化基础上的一种具有包容性的教师合作，体现出教师的自愿、自发、自主，又不排除合理地控制、计划和组织安排，是在充分尊重教师自愿、自主的前提下，结合相应的规章，在教育实践中发展起来的一种旨在提升教师群体科研能力及教育教学质量，促进教师专业发展的一种开放性、规范性与共享性的行为和关系方式。教师合作方式有：教师集体备课、项目驱动、课题合作、师徒教育模式、教学团队建设等，其中教学团队是在高校影响较大的教师合作实践形式之一。

2. 教学团队建设

教学团队概念可界定为：以学生为服务对象，由教学任务相近的教师组成，有合理的知识结构和年龄结构，有有效的沟通与合作机制，以教学内容和教学方法的改革为主要途径，以系列课程和专业建设为平台，以提高教师教学水平、提高教学质量为目标，实现携手前进的教师群体。让青年教师融入教学团队，可以产生"火炉效应"——即团队的协作、良好的学术氛围、前沿课题研究，就是青年教师快速成长的"旺火炉"，青年教师教学能力可以得到快速提升。

（1）教学团队提出的理论基础

①团体动力理论

团体是通过人们相互交往、相互联系、相互影响而形成的为达到共同的目标，满足共同的需要，以一定的社会活动方式和一定的社会规范联系在一起的一种组织集体形态。教学团队属于一种团体组织，通过团体的社会交往，能够发挥团体、个体所不能发挥的效能。美国心理学家勒温提出了"团体动力学"理论。他用场理论和力学理论概念，说明团体成员之间各种力量相互依存和相互作用的关系，认为团体不是个体的简单总合，而是大于个体的总合，团体对个体能产生巨大影响，个体在团体中会产生不同于在个体单独环境中的行为反应效果。

②学习型组织理论

美国管理学家彼德·圣吉提出的"五项修炼"是学习型组织的代表性理论。他认为，当前企业组织越来越复杂，任何企业组织要想在竞争的社会中立足和发展，就要运用组织中每一个人的学习能力。他把学习型组织的特点归结为五个方面：一是系统思考，即从整体来看一个组织。二是自我超越。搞清自己的长处和短处，不断地克服自己的缺点。三是改善心智模式。心智模式是所拥有的信念，这些信念帮助我们理解环境并帮助我们行动。四是建立共同的愿景。我们需要把一个人的愿望整合为共同的愿景，以激励组织成员为此奋斗。五是团队学习。团队成员之间通过"对话"，相互协调、相互学习，从而达到组织学习和创新的目的。学习型组织的根本手段在于学习，团队学习不同于个体学习的最重要的特征就是其交互性，每个成员从其他成员那里接受增强回馈，这样每一位成员的心智系统得到更新，使其心智呈现流动性，相互强化各个成员的学习效果。

③心理学视角——共生效应

共生效应是一种社会心理效应，指个体与个体，或个体与群体间相互依存、相互鼓励的社会心理现象。每个人虽然是独立的生物和社会实体，但却不能孤立存在，需要在由人群构成的外环境中生存和发展。依靠这个外环境，人们或抵御某种侵扰，或孕育某种思想，或协调完成某些活动，每个人都离不开他人，而每个人又都是他人生存和发展的条件。

（2）教学团队建设内容

教学团队建设是"本科教学质量与教学改革工程"的一项具有创新性和前瞻性的子工程，作为一种新的教学组织形式，总是以一定的行为方式为载体借以实现改革目标，即教学团队建设内容的。

①专业建设

专业是高校人才培养的载体，每个专业都有明确的培养目标、范围、内容、重点、要求等，教学团队建设要紧紧围绕学校专业进行建设，专业建设旨在使学生掌握必要的专业知识和专业技能，了解本专业最新研究成果和发展趋势，重在专业理论、基本规律的教学和实践能力、实验技能的培养，为学生的专业特征提供支撑。

②课程建设

既指系列课程建设也指某一课程的建设。高校课程是一个门类多样、体系复杂、数量庞大的集合体，包括了多样化的教学活动体系，它服务高等教育的目的和人才培养目标，如果不能对其内涵和结构有一个明确的认识，就很难开展教学活动。课程建设是学校教学工作的重要组成部分。

③教育教学改革

教学团队要根据社会赋予的新时代人才特征的要求，更新教育思想，改进教学方法，并掌握现代教学技术，以适应教学内容的逐渐丰富与学生需求的多样化。联合国教科文组织提出了21世纪培养人才的目标为"做人、做事、合作、创新"，即21世纪需求的人才首先是学会做人，在学会做人的前提下才能学会做事，要想把事做好应学会与他人合作，只有善于与他人合作，才能不断创新。另外，更需要开展人才培养模式、培养方案、教学质量标准、教学内容、考核方法、教学评价等方面的学术研究，促进教学质量的不断提高。

④师资队伍建设

组建教学团队就是要提高教师素质，要注重选拔具有较深学术造诣和创新性学术思想，坚持在本校教学第一线授课、品德高尚、治学严谨，具有团结、协作精神和较好组织、管理和领导能力的团队带头人。教学团队由不同年龄、职务的教师组成，有利于优势互补，有利于发挥教学名师的示范作用，对青年教师进行培养，特别是对那些有发展潜力、热爱教学工作的青年教师进行有目的、有计划、有重点的培养，加速他们的成长。

⑤团队机制建设

课程教学是人才培养的载体，课堂是人才培养的主阵地，教学团队要明确提出所承担课程教学质量的具体目标，确定团队在备课、课堂教学、教学评价、团队规划、教学资源共享、考核与评价等方面进行沟通与合作的机制，倡导和培育成员共同认可的团队精神。就集体备课来说，通常由一名教师执行集体的备课方案，其他成员进行观察和反思，即使教授同一课程的教师，在教学内容处理、教学方法选择、教学整体设计等方面的差异也是明显的，这种差异是一种宝贵的教学资源，在团体评议的基础上，课被重新设计，变得更加科学和完善，有利于达到教学目标并促进教师专业发展。

不管是构建哪种类型的合作团队，其中最基本的要素是要将教师团队建设成为一个专业学习共同体或学习型教师团队，一支缺乏学习精神的团队是无法真正成为合作团队的。同时，教学团队建设也是弱化院校科层制管理的一种新型教师组织结构，使教学团队成为教师平等交往和对话的场所。

（二）教学团队体现的认知学徒制要素

教学团队建设中体现的认知学徒制要素分析（以精品课程建设为例）——青年教师视角：课程是教学内容体系的基本单元，课程建设是教学改革与建设的核心任务，精品课程是具有一流教师队伍、一流教学内容、一流教学方法、一流教材、一流教学管理特点的示范性课程，分国家级、省部级、本院校三种。精品课程建设是一种系统性和持续性的行为，需要以团队合作和薪火相传的方式出现，教师无论是职称、年龄、学历等各方面的搭配都应是合理的，具有可持续发展的潜力，这为青年教师提供了发展平台。

1. 从"内容"维度上看

精品课程建设的核心是教学内容，重点是建设一支高水平的教学梯队、编写一个革新的教学大纲、撰写一套先进适用的教材、完善一套新的教学方法和教学手段、建立一套行之有效的考核办法。需要经过团队成员一起充分、反复探讨和研究，集思广益、精心组织，另外还需要有一些科研成果的支撑、教学技能的展示、教学方法的创新、教学内容的完善以及教学课件的制作。团队成员无论是学科带头人、课程主讲教师以及其他参与教师尤其是青年教师，都要掌握相关领域知识，这一过程将涉及控制策略和学习策略的获取，以及对整个过程的反思和监控，即元认知策略。

2. 从"方法"维度上看

建设高水平的师资队伍是精品课程建设的重中之重，评估指标中，"教学队伍"排在第一位，课堂教学质量不仅是衡量教师教学水平的重要指标，也是一门课程真正成为高水平精品课程的关键，因此，精品课程的主讲教师尤其需要学术造诣较深、具有丰富授课经验的教授担任，这对青年教师会起到示范作用。精品课程建设也注重对青年教师的培养，在教学方面青年教师能够得到骨干教师或专家的指导。团队要持续地进行决策和协商，成员带着自己的经验和智慧进行积极交流，清晰表达各自的观点，共同研习，比如决定应该掌握哪些知识和技能，才能使目标顺利进行，许多相关推理的过程（即内隐的知识）在清晰的表述和交流中得以外显，青年教师能够源源不断地得到熏陶和训练，形成和改善自己正在试图执行任务的概念模型，使教学被重新设计。通过反思，青年教师可向团队其他教师展示自己的教学智慧。

3. 从"顺序"维度上看

精品课程建设要具有特色和一流教学水平，青年教师在教学设计（重视研究性学习、探究性学习、协作性学习等现代教育理念在教学中的应用）、教学方法（能灵活运用多种恰当的教学方法，有效调动学生积极参与学习）、教学手段（恰当、充分地使用现代教学技术手段促进教学活动开展）等环节的思考和运用，体现了探究中复杂性的递增。在目标实施之前，他们首先要产生关于这一课程的设计思路和蓝图，对最终的成品建立一个大致的概念模型，这体现了全局技能先于局部技能，随后在不断改进过程中，成员要分析、反思、假设、检验等，必然涉及更加多样化的策略和技能，这体现了多样性的递增。

4. 从"社会性"维度上看

教学团队建设形成一个工作场域，其成员在真实的情境中学习，青年教师通过与团队负责人、学科带头人、骨干教师进行密集的交互，学会探究所需的各种知识和技能，思想被唤醒，这种日常交流胜过独自一人在无人反应的空寂中思索。青年教师能在对他们的教学与科研的憧憬中看到自身的价值，激发出求知、解决问题的欲望，从而设定个人目标去寻求技能和解决方案，这便是认知学徒制的重要构建之实践共同体。青年教师投身于不同人员所组成的实践共同体中，行走在多元的背景中，教师之间的这种差异便是一种丰富的教学资源。团队成员通过行动、思维及互动对话产生认知，提出解决问题的不同方式，对青年教师来说，既是为教学团队实践做出贡献，同时自身的专业素养和教学水平也得到了提高。通过合作解决问题进行的学习既有强大的内驱力，也是拓展学习资源的有效机制，每个人都有不同的技能和专长，大家共同合作，发挥"1+1＞2"的作用。

（三）教学团队建设存在的主要问题

我国高校有关教学团队建设的研究和实施尚属起步阶段，各高校的教学团队大多是在原先课题组或教研室的基础上发展而来的，实践中存在的问题主要有以下几个方面。

1. 教学团队合作积极性不高

"以个人科研绩效为基础的考评制度"存在着重科研、轻教学的偏向，教师为了职称评定、年终考核，把更多的精力放到科研这样的硬性指标上，对教学工作无法量化的考核，使大部分教师不愿将时间、精力更多地放在教学上。因此教学团队建设过程中教师缺少团队协作意识，教师的工作基本处于孤立的、封闭的状态，即使教学中出现了问题和困难，也碍于面子不愿请教其他教师，更谈不上交流与合作。并且，现有的一些教学团队往往只有计划而无实际行动，教师参与积极性不高，在这样的氛围中教师的合作是消极的。教学团队是一种伴随着情感融通的思想"共谋"，目前学校一些教学合作团队是学校落实上级精神的标志，自然也就成为教师被动履行的行为义务。

2. 教学团队缺乏有效运行机制

教学团队的带头人首先应是教学能手，熟知教学改革的方向；其次是科研能手，最起码要达到中等以上的水平，掌握科研的前沿动态，能够引领教学团队进行教学改革、统一备课、编制教材和教辅资料、组织成员之间的相互学习、给予青年教师正确的指导，促进教学团队的合作。目前高校具备这些基本条件的教师并不多，且一些带头人将精力更多地用在团队之外，以便争取更多的科研项目，赢得更多的外部支持和资源，而对于团队内部管理往往重视不够。带头人必须投入一定的精力制定规章制度，包括组织纪律、资源配置、岗位职责、绩效标准等，以制度约束引导团队成员的行为取向、业绩目标，调控内外资源。合理有效的管理才能使整个团队积极向上，才能使团队成员和谐一致地完成团队目标。

（四）教学团队建设保障措施

团队或团队工作模式是未来学校教学研究的一个基本特征。在国外，教师的团队工作是推进课程教学的重要方式。国际上提出的"同伴互助"（peer coaching），提倡教师共同工作，形成伙伴关系，通过共同研习、示范教学，以及系统的教学练习与回馈等方式，彼此学习和改进教学策略，提升教学质量。教学团队是教师合作团队比较有代表性的实践形式，任何一个团队只有在文化、制度和经济等保障机制的共同作用下才能正常地运作并体现出应有的价值。

1. 教师文化建设

教师文化是在教育教学活动中形成和发展起来的价值观念与行为方式，对高校而言，比制度更为重要的也许是文化建设，当学校形成一种以教师之间的合作为核心的文化时，学校就会成为一个真正的学习共同体，教师之间的互帮互助便会融入教师日常专业生活之中，成为日常专业生活的自然组成部分。此外，学校也应改变学术文化，把教学作为高校使命的主要组成部分，营造重视教与学、师生交流的高等教育和高校的学术文化氛围。一旦把教学也确立为一个学者的内涵，教师在规划和反思其职业生涯的发展方向和意义时，一定会把教学也考虑进去。

2. 教学团队的制度保障

改善高校的制度环境，是鼓励教师组建教学团队、充分发挥教学团队作用的重要前提。目前，我国高校内部的权力配置是一种以行政权力为主导的科层等级管理模式，权力的重心偏上，行政权力泛化，学术权力较弱，各种学术组织基本上听命于行政机构。这种模式虽然有利于统一指挥和提高决策效率，但不利于调动基层组织的积极性，削弱了教学团队的自主性和独立性。因此，对我国高校的改革应当理清行政性事务和学术性事务，并确立和尊重学术权力的地位，给予教学团队充分的管理权和自主权。

3. 教学团队的经费保障

相对的物质资源供给和必要的经费保障是教学团队建设要解决的关键问题。学校要在政策层面高度重视教学团队建设工作，对于遴选出来的优秀教学团队要给予专门的经费拨款，并给予团队较大的经费使用自主权。与此同时，把教学团队与现有的学科专业建设、课程建设、实验教学基地建设结合起来，并把是否拥有优秀的教学团队作为衡量这些项目建设成效的标准之一，从而为教学团队建设提供必要的经费支持。

三、对策实施总结

实施认知学徒制视野的青年教师导师制、教师合作团队制培养青年教师教学能力，是对传统教师培养方式局限的突破，一方面能够有效利用本校知识资本和无形资产，激活教师合作文化，另一方面能够改变传统培养模式过于注重掌握静态和封闭的教育原理与知识、理论与实践相脱离的弊端。根据教师专业的特性，比如在场性、不确定性和价值性等特征，对教师教学能力的培养更适于建构主义方式，认知学徒制主张学习者在任务情境中，通过与环境的互动主动构建知识，并参与专家行为。青年教师导师制、教师合作团队制构建的学习环境是真实的，通过对青年教师进行实践所需的高阶思维、问题求解和处理复杂任务的能力训练，青年教师的教学能力会随着本领域问题的求解和任务完成的实践而得到提升，从而可缩短自己实践摸索的时间，早日成为专家型教师。

第十章　高校青年教师教学学术能力

第一节　大学教学学术运动产生的时代背景

19 世纪以前，大学主要通过教学完成培养人才的使命，教师的教学被视为一种神圣的工作而受到尊重。19 世纪初，德国的教育家洪堡倡导"教学与科研相统一"的原则，提出大学要在最广泛和深入的意义上培植和发展科学，从而教学和科研成为大学的两大重要职能，发展科学也成为建立高水平大学和培养高层次人才的重要保障。20 世纪初期，美国"威斯康星思想"的产生又成为高等学校服务社会职能的重要标志而被载入史册。随着社会的发展，高等教育的功能从塑造年青一代到在国家建设中发挥作用，大学的科学研究职能被凸显，教学不再像以前那样被重视。到了 20 世纪 60 年代，美国的许多大学尽管开始大力开展教师发展项目，注重教师教学能力的提升，但实际效果并不佳，教授们仍然把主要精力投入科研工作，因为学校和社会对教师的评价往往忽视教学能力，注重的是科研能力和学术水平。

当代美国大学学术运动以提高本科教学质量，改变以科研为主的偏颇的大学教师评价为目的。20 世纪 90 年代，美国卡内基教学促进基金会前主席欧内思特·博耶（Ernest Boyer）针对美国大学教师重科研、轻教学，导致本科教学质量下降的状况，提出要全面认识教师的智力和重新审视学术的含义。博耶认为，"我国的大学和学院当前面临的最重要的任务就是打破多少年来人们已谈腻了的所谓教学与研究关系的辩论模式，以更富创造性的方式确定何谓一个学者"。他认为："给予'学术'这一熟悉的、崇高的提法以更广阔的内涵、更丰富的解释的时候已经到来，这将使学术工作的全面内容合法化。学术是意味着参与基础研究，但一个学者的工作还意味着走出调研，寻求相互联系，在理论与实际之间建立桥梁，并把自己的知识有效地传授给学生。我们的具体方法就是：教授的工作可以认为有四个不同而又相互重叠的功能，这就是发现的学术、整合的学术、应用的学术和教学学术。"如他所言："学术不仅意味着探究知识、整合知识和应用知识，而且意味着传播知识，我们把传播知识的学术称为'教学的学术'（scholarship of teaching）。"博耶对于这种教学学术给予了高度重视，这就意味着一个好的大学教师，不仅是一个好的研究者，而且还是一个好的知识传播者。"我们还要给教学学术以新的尊严和新的地位，促进学术之火不断燃烧。"

在这种理念的倡导下，大学教师必须全面发展的观念被树立起来了，教学能力和学术能力要求得到同样的重视。

一、大学教师教学学术能力建构的必要性

（一）教学学术能力是评价大学教师学术水平和胜任力的重要指标

世界高等教育在从精英教育向大众教育迈进的过程中，出现了教学和科研二元对立的矛盾，我国高等教育大众化发展过程中也出现了同样的状况。由于科研的成果容易被呈现和量化，并且与大学的排名和教师的评价晋升密切相关，导致了长期以来大学的职能和对教师的评价向科研倾斜的局面。教师从事教学的热情不同程度地受到打击，往往会把主要精力投入科学研究，使教学成为一种"良心活"和"应付活"，教学质量因而无法得到保证。在这种情况下，受到影响最大的是学生，当然从根本利益上来说，大学的核心竞争力和声誉肯定会下降。

因此，必须正视高校和社会面临的新问题与新挑战，从大学理念和制度设计上对教学和科研的关系进行重新认识。对教师的评价如果不能承认学术水平的全面意义，不能对教学工作给予高度认可，就不能从根本上解决教师不重视教学、学生不满意教学的问题。博耶在《学术水平反思》一书的前言中指出："如果教师用在学生身上的时间得不到最终的承认，谈论提高高等教育质量就是一句空话。"大学教师的教学学术能力包括学术能力和教学能力，其中，学术能力是教学能力的前提，主要包括教师的学术认知能力、学术创新能力、学术交流能力、团队科研能力；教师的教学学术能力主要通过课程的开发能力和教学的设计能力来体现，直接影响着课堂教学质量和学生的满意度。

（二）教学学术能力的倡导有利于学校充分发挥教师个人的作用和潜力

博耶认为："学术水平的质量最终取决于每一个教授的活力。一所向上的学院和大学会帮助教师增强和保持自己一生中的创造性活力。"中国的大学迫切需要加强对大学学术内涵的全面认识，还给大学教师一个丰富多彩的职业人生，而不是不管教师的职业生涯处于哪个阶段，像现在这样每年都逼着他们发表论文、出版论著或申报科研课题。对于以教学为主的高校，要求变革教师评价制度的呼声是更加迫切的。

二、大学教师教学学术能力建构的可行性

20 世纪 90 年代以来，随着学科教学知识论的产生、学习科学的发现和新信息环境的改变，以学生为中心的大学教学学术研究逐渐成为从"教"到"学"的一场范式革命，大学教师如果不进行教学研究和课堂教学改革，将跟不上时代的步伐。

（一）学科教学知识论是教学学术思想产生的教育理论基础

舒尔曼等学者提出的学科教学知识论是大学教学学术产生的教育学基础。舒尔曼针对美国许多州在教师资格认证过程中将教师的学科知识和教学知识割裂的局面，提出了

学科教学知识（pedagogical content knowledge）的概念，并将这一概念进行了拓展，引入高等教育之中。他认为，只有当教师发展出"一个与所在学科的学术紧密相连的教学法概念的时候，教学才能够被视作为学术活动"，这就是学科教学知识，即"关于学习过程和学术内容互动的知识"，教师能够将学科内容和教学法融合，对具体的教学主题、问题和论点进行组织和讲述，以适应不同兴趣和不同能力的学习者。后来，其他学者对学科教学知识论从静态和动态两个方面作了进一步论述和拓展。大家知道，传统的教育研究产生了教学法的知识，传统的学科研究产生了不同的具体学科的学科内容知识。如果一个教师能够将这两种知识有效地进行综合，创造出学科教学知识，需要通过以下四种途径：通过实践教学和经验的反思，通过参与教师评价和发展活动，通过参与有效的研究生课程，以及通过实施课堂研究。其中课堂研究是与教学学术研究关系最相关的。由此可见，学科教学知识的形成是教师在教学实践中建构和生成的，与教学学术一样既有教学性，也有实践性。

（二）学习科学的发现将彻底改变人们传统的教育观念和教学模式

建构主义认为，学习是学习者的知识建构过程，理解是建构的基础。现代学习观就是人们利用他们已有的知识和经验，去建构新的知识和新的理解。布卢姆等人把教育目标分为三大领域——认知领域、情感领域和动作技能领域，在《教育目标分类学（第一分册）：认知领域》中，他把认知领域的目标分为知识、领会、运用、分析、综合和评价六个层次，并提出了"高阶学习"的概念。在课堂教学问题设计中，提倡不能仅仅局限于初级认知的问题，高级认知问题更能够促进学生的思维水平和创新思维能力培养。美国教育家、心理学家霍华德·加德纳在《智力的结构》中提出多元智力理论，强调智力的多元性，认为每个人都至少具备语言智力、数理逻辑智力、音乐智力、空间智力、身体智力、人际交往智力和自我认知智力。后来，加德纳又添加了自然主义智力和存在主义智力。他认为，个体智力表现为个体兴趣爱好特长差异，反对单一智力标准，提倡发现和发扬个体潜力。在诸多学习科学理论的指导下，大学教育必须注重教学的设计，从而尊重人的主体性，激发人的创造性，开发人的潜力，并且促进人与人多元视角下我国高校青年教师发展研究之间的交流合作，教育教学的变革因此变得非常迫切。

（三）新信息环境的发展推动了教育范式的变革

随着信息技术的发展和大数据时代的到来，大型信息库和大规模网上免费课程出现，知识将走向云端，教师和学校可能被重新定位，从而人类也将可能从根本上改变传统的教学方式。新技术革命将使高等教育学习资源变得非常丰富，以视频为载体，大学生可以按照自我需要随时学习，翻转课堂也许会成为教学的常态。这就是新技术和新信息环境触动或者说倒逼了教育的改革和革命。如果大学教师不能适应"传授范式"向"学习范式"的变革，就不能成为一名探究型的真正意义上的学者。一个好的大学教师首先要是一个学术研究者，要研究课堂教学过程和知识的传播，改变传统的以"教师、教材和教室"为中心的教学，构建一种"以学生为中心"的新教学模式，教师的角色随之也会发生改变，不能满足于做一个传统的课堂知识讲授者，而是要将课程开发者、教学环境的设计者、学生知识获取的引导者等多种角色融为一体。

第二节 教学学术能力的内涵和特征

一、教学学术能力的内涵

作为学术，教学学术具有不同于其他学术的独特性，这种独特性来源于大学教学实践。从根本上说，教学学术应归属于教学系统。基于教学系统，学术是教师教学发展到一个较高阶段的教学能力的体现。博耶对教学学术能力做过如下描述性定义：深入理解教学内容，在教师的理解和学生的学习之间建立桥梁，认真计划并检查教学程序，刺激主动学习，超越知识传播，实现知识的改造和扩展。可见，教学学术能力的直接体现是一种教学能力，本质上是一种学术能力，强调教师发展包括学术发展和教学发展。简言之，教学学术能力是指教师以提高教育教学质量为导向，按学术研究方式从事教学研究所体现出来的学术性彰显程度最高的一种教学能力。其内涵主要包含如下内容：首先，作为一种在教学活动中所体现的能力，它离不开教学要素，包括教师进行教学活动所必备的教学知识与教学技能；其次，作为一种学术性彰显程度最高的教学能力，它离不开研究要素，包括教师对教学展开的反思与研究，以及将研究成果显性化、理论化的实践。可以说，教学学术能力不仅是教师培养学生的教学能力的体现，同时也是教师自觉参与教学、研究教学，进行教学交流，推动教学实践成果理论化与公开化的一种基本素质。教学学术能力体现了科教融合的理念。

从结构上来讲，大学教师的教学学术能力包括学术能力和教学能力，其中，学术能力是教学能力的前提，主要包括教师的学术认知能力、学术创新能力、学术交流能力、团队科研能力；教师的教学能力主要通过教学设计能力、教学实施能力、教学监控能力和反思教学能力等来反映。总的来说，教师的教学学术能力主要通过课程的开发能力和教学的设计能力来表征，它直接影响了课堂教学质量和学生的满意度。教学学术能力概念不仅是评价大学教师的有力工具，也是评价大学核心竞争力的重要指标。

随着高等教育大众化的发展，高校教师年龄结构趋于年轻化，青年教师逐渐成为高校师资队伍的主力军。由于受高校长期以来存在的"教学非学术"和"科研即学术"思想观念的影响，青年教师往往忙于应对繁重的科研任务，忽视教学的基础性和重要地位。因此，青年教师要实现教学发展，必须能够正确看待教学学术，视教学过程为一种学术探究过程，积极投身于教学，在教学实践中传递知识、应用知识，彰显教学的学术性特征，关注和发展自身的教学学术能力。

二、教学学术能力的特征

（一）教学学术具有实践性

高校青年教师是教学实践的行动研究者。教学过程的专业性、独立性和复杂性以及大学生身心的特殊性决定了高校青年教师从事的教学工作的独特性，而青年教师教学学术能力的产生源于对这种独特的教学实践的体验和获得情境化的教学经验。高校青年教师必须根据教学目标和教学大纲的要求，了解大学生的需要，发挥主观能动性，精心设计课堂教学过程，认真传授专业理论知识和专业基本技能，培养大学生的思维能力，将高深的专业知识应用于具体实践活动，并对课堂情况随时随地地进行监控以调节变化的教学情境，提高课堂教育教学效果。"专业学术"应该与"教学学术"相互促进。在学术研究视野内，"教学学术"可以定性为"实践智慧"，即在亲力亲为的教学实践基础上学习、反思、总结，最后上升为个人的教学风格、形成自己的教学理念。因此教学学术具有实践性。

（二）教学学术具有研究性

青年教师要树立行动研究的意识，以教学研究为手段，不断反思自身教学过程，获得"行动中的知识"，从而进一步改进教学实践，在教学反思中获得成长。作为一个青年教师，其教学研究过程往往经历以下几个阶段：第一阶段，教师侧重于对个体教学经验的总结反思。这时候个体的经验往往是零散的，影响力比较小。第二阶段，青年教师在一定教育理论的指导下主动进行教改实践并开展公开课展示等活动，组织小范围的教学研讨活动。这个阶段个体的影响力在团队中逐渐增强。第三阶段，青年教师能够按照学术研究范式开展教学实践，注重教学研究的交流和教学成果的公开发表，这时候他们的知名度扩大，教学研究的影响力大增。由此可知，教学学术能力是一种高阶能力，并不是所有的青年教师都能达到这种水平、具备这种能力，但是青年教师应该形成教学学术的理念，以教学学术导向来促进自身发展。

（三）教学学术具有公开交流性

教学学术能力的直接体现是教师的一种教学能力，但是它是一种学术性彰显程度最高的教学能力，因而必须在公开交流中得到肯定和发展。正如课例研究专家 Catherine Lewis 指出的："要想改进教学，还有什么比教师合作备课、观课和反思教学更好的方法呢？"除了学术共同体的小组成员在一起，通过"研制教学目标——设计课堂教学——上课和观课——分析和改进——整理数据和传播"等步骤，进行教学研究经验的交流和分享外，教师还要按照学术研究共同的研究范式对教学研究中产生的数据进行提炼和分析，公开教学成果，以学术论文、专著等多种方式呈现教学学术成果，使研究成果具有普适性，得到公众的检验和承认。这样教学学术能力不仅能指导、回归教学实践，有效改进教学，还能以行动研究作为主要研究方式，从反思中生成理论知识，促进新的教学理论的产生，这也是一种创新。

第三节　高校青年教师教学学术能力建构的基本要素分析

一、高校青年教师教学发展的困境

随着我国高等教育大众化阶段的到来，普通高校师资队伍结构发生了变化。根据教育部数据统计，高校教师中 35 周岁以下的青年教师比例达到 50% 以上，40 周岁以下的青年教师超过 60%，成为高校获得持续竞争优势的生力军，其教学发展直接关系到高校教育教学质量。当前，教育部已开展国家级教师教学发展示范中心的建设工作，教师教学发展尤其是青年教师的发展已然成为一个颇受关注的话题。然而，在高校的学术体制中，依然存在着只把科研当作学术的客观事实，高校人才培养的使命不被重视，青年教师的教学发展面临重重困境。主要原因有以下几个方面。

（一）高校管理者缺乏把科教融合理念落到实处的决心

受传统科教二分法思维的影响，高校管理者常常过分关注教学与科研的差异，忽视两者之间的融通性。

首先，高校管理者对学术内涵的认识存在偏差。高校教师"发表论文"的质与量、"科研经费"的多少在很大程度上决定了教师个人在高校的价值，学术即科研的代名词被高校管理者深深默许，学术的完整内涵在现实层面上被轻视。管理者对教师尤其青年教师的教学关注更多地停留在教学技能的培训上，忽视引导青年教师从学术的视野认识教学，把教学看成是一种充满探究性、创造性和反思性的学术活动。

其次，对青年教师制定的考核与评价标准欠合理。以科教二分法的思维评价大学教师，教学和研究之间的耦合关系被有意或无意地忽视，尽管大学和教师已经作为一个科教融合的主体，但对大学和教师的教学与学术是采取分开定义和分立评价的。开普勒（Caplow）和牟克格勒（McGee）曾得出他们的观察结论：青年教师是作为"教师"被雇用的，但却主要作为"研究者"被评价的。在当前高校管理体制中，部分高校依然对教师的教学水平、教学研究成果很难予以学术承认与公正评价，职称晋升和教师考评仍然是以科学研究成果为主。

（二）高校青年教师缺少主动进行教学发展的内生力

目前，受社会价值观、高校管理制度和周围环境的影响，青年教师一般认为科研价值大于教学价值，大部分青年教师产生从事科学研究与服务社会的强大动力，无法潜心于教学工作。大学最根本、最核心的职能——人才培养工作开始边缘化，大学教师行为也与传道、授业、解惑的使命渐行渐远。教师教学发展的动机主要来源于三个方面：一是自身要求；二是高校发展；三是社会需求。当高校没有良好的制度环境设计，并且高校为教师教学发展提供相应的支持不够，或外部社会充满了急功近利的思想时，教师往往就不是自愿主动地参与教学发展活动，教师教学发展就属于被动发展。当前，尽管高校逐步为青年教师教学发展创造了良好条件，但最关键的职称评审政策和教师考核评价导向不变，青年教师发展自身教学学术能力的主动性就不强烈。在这样一个变革的年代，如果青年教师本身不具有主动促进自身教学发展的意愿，必然无法做好教育教学工作，不能实现自己的教育理想。

（三）大学组织缺乏对学习者主体地位的真正认同

随着信息技术在教育领域的应用和发展，学习者学习模式逐渐呈现出个性化和多样化的特点，这也直接推动了教师教学模式的转变。与传统"以教师、教材、教室为中心"的模式相比，新的信息技术环境要求教师改革高校教学模式和教学方法，精心设计课堂教学和学生的自主学习过程，关注学生发展、学习投入度以及学习效果，强调学习者的主体地位。

学习者主体地位的提高需要学生在吸纳知识的过程中形成批判性思考，感受知识价值，从而更好地发挥学生的主观能动性。高校在当前教学模式的转变中往往忽视对学习者主体地位的本质认可，仅仅从表面形式进行变革，如仅仅通过小组教学、个别化教学、研究性学习等教学方式提高学习者主体地位，不能真正充分挖掘学习者的批判精神和发挥他们的创新思维能力，教学管理体制上也不能真正站在学生的角度为学生考虑。因此，在信息化视角下，只有推动高校管理者转变观念、树立科教融合理念，引导青年教师主动积极关注教学工作，真正落实学习者的主体地位，才能不断提高教学质量，促进青年教师的教学发展。

二、青年教师教学学术能力建构的基本要素分析

（一）大学组织应当为教学学术能力的产生创设良好的制度环境

大学组织要充分认识到大学青年教师发展是教师职业化或专业化的必要组成部分，要通过良好的评价制度和学术环境的创设，成为推动大学教学学术能力形成的主体。教师的教学学术能力必须成为评价教师的有力工具，进而成为评价一所优秀大学核心竞争力的重要指标之一。因为无论是研究型高校还是教学型高校，培养人才是其基本职能和中心任务，也是高等学校之所以被称为高校的根本理由。大学组织对教师的评价制度设计要具有全局性和导向性，要提高教师的教学投入感。如果在教师的评价、晋升和奖励制度中充满的仅仅是科研成果的指标，教学处于边缘的状态，那么教师在教学研究方面的付出就得不到应有的回报，他们的教学热情就会被削弱。

高校主要通过政策支持、组织机构落实和项目实施来发挥在形成大学教学学术能力中的重要作用，在吸引青年教师教学投入方面作出制度安排，而不是仅仅让教学成为教师的"良心活。""大学课程是科教融合的真正载体，课程创新能力是衡量一位教师乃至一所大学竞争力的首要尺度"。在新的制度设计中，要改变大学教师的学术水平主要用科研成果的层次和数量来判断的局面，将以教师胜任力评价取代传统的成果评价，以

过程性评价取代终结性评价，把教学的学术与探究的学术、整合的学术与应用的学术结合起来，组成一个有机的系统，来评判教师的胜任力。教学学术能力主要以大学教师的课程开发和教学设计能力来反映，要评价青年教师在教学过程中，能否把最前沿的知识纳入课程，能否精心地组织教学过程并有效地进行知识传播。大学要健全支持青年教师教学发展和学术发展的组织机构，充分发挥教务处和教师教学发展示范中心在青年教师教学学术能力形成中的指导引领作用，积极开展有效的教师发展项目，采取良好的激励机制，为教师教学学术能力的形成搭建平台和保驾护航。

（二）青年教师应当成为按照学术研究范式从事教学研究的主体

教师和大学都是教师发展的主体。培养大学教学学术能力不仅是大学的义务和责任，更是教师的权利。要发挥青年教师在专业发展、教学发展和个人发展方面的主体意识和主动性。虽然在入职之时，每个青年教师基本上经过博士的训练已经具备良好的学术研究能力，但是教学学术能力的获得还要在教学实践中形成和发展，并且需要学习和训练。

我们认为，只有按照学术研究范式从事大学教学研究，青年教师才可能真正进入学术殿堂。而传统的教学研究基本上是教师教学经验的总结，还只处于教学学术研究的起点。传统的观点认为一个好的学者必定是一个好的知识传授者，教师只要能按专业知识发展的逻辑传授知识便可。但事实未必如此，尽管某一学科的专家熟悉自己的专业，但并不保证他们会教导别人。有效的教学必须经过专门科学的学习和组织教学的训练，青年教师要通过长期的课例研究，经过不断的教学感悟和经验积累，才能经历从新手、熟手、能手到专家这样一个教学学术能力提升的阶段。青年教师在教学过程中，要以科学研究的方式研究师生经验与行为，经过"研究教学问题——文献研究——研究设计——效果检验——理论解释——学术交流——学术积累"等环节，最终把假设为主的教学研究转变为数据为主的教学研究，把学习与教学研究变成实证科学，青年教师才能真正按照大学教学学术研究范式形成教学学术能力。

（三）大学院系要为良好的学术共同体的产生创造条件

大学院系是培育良好的学术共同体的最直接的组织，也是每个青年教师接触最多的教学微生态环境。学术共同体往往是学术活动的承担者，也是学术规范的执行者，对学术的发展起到主导作用。大学青年教师的发展是一个社会化的过程，从一个新教师进校开始，他能不能从指导教师和周围其他教师身上获得有益的经验与启示，对他的教学学术能力发展有着重要影响。个体能否通过在学术共同体中的互动得到教学发展，取决于这个组织有没有营造重视教学的传统文化、良好的教学学术氛围和较强的集体凝聚力。

院系教学学术共同体成员旨趣相投，通过良好的学术规范、学术氛围和同伴影响能够培育青年教师的教育情意。教师对待教学学术的态度、从事教育工作的兴趣及价值观、人际交往、心理健康等都与学术共同体的传统和氛围有直接的关系。学术研究有共同的研究范式，并需要交流和得到承认，教学学术研究也不例外。正如课例研究专家

Catherine Lewis 指出的："要想改进教学，还有什么比教师合作备课、观课和反思教学更好的方法呢？"院系通过组织教学实践观摩和教学研究经验交流等活动能很好地提升青年教师的专业素质和教学学术能力。学术共同体的小组成员在一起，通过"研制教学目标——设计课堂教学——上课和观课——分析和改进——整理数据和传播"等步骤，以学生为中心设计和开发课程，能够有效改进教学。

第四节　高校青年教师教学学术能力现状的实证研究

一、问题的提出

统计数据表明，我国 40 周岁以下的青年教师占高校专任教师总数的六成以上，是高校教师队伍的生力军，只有提升他们的教学水平，才能更好地提高高校教学质量。青年教师在入职初期面临着巨大的科研和教学工作的压力，往往重科研轻教学，对"学术"的理解可能是狭义的和片面的。

美国卡内基教学促进基金会前主席欧内思特·博耶（Ernest Boyer）在《学术反思～教授工作的重点领域》一书中重构学术内涵，认为学术应包含四个方面，即发现的学术、综合的学术、应用的学术和教学的学术。他首次明确提出教学学术概念，给予了教学工作崇高地位，提高了人们对教学重要性的认识，教学也因此进入学术视阈。博耶的教学学术理论表明教学也是一种学术，教学不仅是实现知识的传播，而且是一种创造知识的学术活动。李·舒尔曼（Lee Shulman）指出教学学术是对教学过程中具体问题进行探究、分析，能够接受同行评价，形成成果供他人进行建构，这一阐述得到许多学者的认同。特里格维尔等人明确提出教学学术应包含对本学科的教学实践和学生学习作出反思、与同行就教学实践作出交流以及通过反思交流形成的理论观点公开发表三个基本要素，并在此基础上构建了教学学术模型。教学学术的发展，强调教学与学术的融合。

我们认为教学学术能力是指高校教师在科教融合理念指导下，以学生为中心，按学术研究方式从事教学活动的能力。显然，提倡教学学术能力对高校教师提出了更高的要求，因为教师教学具备了学术的特性，他们扮演的已不再是传统教书匠的角色，而是集知识传播者、学习者、研究者、创造者等多重角色于一体。教学学术能力既包含教师以教学过程为研究对象展开的教学实践，也涵盖教师教学观念的改变、教学知识的更新、教学交流以及组织支持等层面。教学学术能力发展的过程实质上是行动者（教师）与制度环境（大学组织）互动过程。我们倡导教师的教学学术能力，既要重视教师的"教"，也要重视学生的"学"；既强调教师的主动性，也注重高校的主导性，将教师个人和大学组织的责任联系在一起，齐心协力发展教师教学学术能力。

笔者通过梳理文献，发现目前国内关于高校教师教学学术能力的研究多聚焦于理论的阐述和国外经验的介绍，实证研究比较少，尤其研究对象没有关注青年教师这一特殊群体。在强调高等教育规模和质量协调发展、青年教师数量正在不断上升的今天，研究高校青年教师的教学学术能力具有现实意义。通过本研究我们关注的问题有：青年教师有没有形成科教融合的理念，把教学当作学术进行研究？他们的教学学术能力现状和教学投入度如何？可能的影响因素有哪些？青年教师对所在学校的支持力度是否满意？希望在此基础上提出更有针对性的建议，进一步推动高校青年教师教学发展。

二、研究设计

（一）研究方法

本研究采用文献法、访谈法和问卷调查法。采用文献法，查阅已有的青年教师和教学学术能力相关文献，为本研究编制提纲和分析数据提供理论支持；采用访谈法，通过深度访谈获取高校青年教师和教师教育工作者关于教学和教学学术的具体观点与真实想法，然后归纳整理出现频率最高的项目，以便形成初步的维度分析，为进一步标准化问卷设计奠定基础；通过问卷调查法来了解青年教师和所在不同类型院校的背景信息。

（二）研究工具

为探究本调查研究的主要问题，笔者在查阅已有文献和综述的基础上，编制开放式的访谈提纲，拟通过深度访谈获取高校青年教师和教师教育工作者关于教学和教学学术的具体观点与真实想法，然后归纳整理出现频率最高的项目，以便形成初步的维度分析。

研究工具的修订。为保证问卷的质量，本次问卷调查首先对147名不同学科青年教师进行试测，试测人员包含不同的性别、年龄、院校类型、教龄、学历、职称、专业领域、课程类别，最终共回收142份有效问卷，并使用SPSS19.0统计分析。

结合教学学术能力的内涵，基于以上试测情况，编制形成新的"高校青年教师教学学术能力调查问卷"，以便在更大范围内正式发放。问卷包含三个部分：第一部分为人口学统计变量，主要包括性别、年龄、院校类型、教龄、学历、职称、专业领域以及课程类别等。第二部分主要了解高校青年教师教学学术能力现状，共31道题目，从教学观念、教学知识、教学实践、教学交流、组织支持五个方面进行考查，其中，教学观念涉及教师对教学活动的认识、学生观、课程观等；教学知识包含教育学心理学知识、教育理论、教学法知识和学科专业知识等内容；教学实践涉及教学设计与课程开发、教学反思等；教学交流涵盖教学研讨与教学成果分享；组织支持涉及教学评价、职称评审制度、教学团队组建、教师培养等方面。第三部分主要为了更加全面地了解青年教师的教学理念和教学情况，设置了5道填空题与选择题，包括青年教师对教学学术的认识、教学投入度和教学研究成果，包含内容有"是否认为教学活动属于学术活动"和"教学科研是否很难协调"；任教的课程数、年平均课时量、科研与教学时间投入分配比例、主持参与教改项目以及发表教研论文数量等；最后还设置了 1 道开放性问答题目，征求大家对高校青年教师教学发展工作的建议。

三、研究结果分析

为了解不同年龄阶段高校青年教师教学学术能力，本研究将青年教师年龄阶段划分为 20～25 岁、26～30 岁、31～35 岁、36～40 岁四个年龄阶段。不同年龄阶段的青年教师在教学学术能力总分以及教学观念和教学交流维度上没有显著性差异，在教学知识、教学实践和组织支持维度上存在显著性差异。通过 LSD 进一步分析，在教学知识维度上，26～30 岁与 36～40 岁的青年教师有显著性差异，其他年龄阶段无显著性差异；在教学实践维度上，26～30 岁与 36～40 岁的青年教师有显著性差异；在组织支持维度上，26～30 岁与 31～35 岁、36～40 岁的青年教师有显著性差异。但总体而言，不同年龄阶段的青年教师教学学术能力差异不大；随着年龄增长，教学学术能力总体呈上升趋势，教学知识和教学实践方面也是如此，而在组织支持方面却是呈递减的趋势。

不同教龄青年教师在教学学术能力总分上差异不明显。不同教龄的青年教师在教学观念、教学知识和组织支持维度上有显著性差异，而在教学实践和教学交流维度上不同教龄的青年教师差异性不明显。教龄越长的青年教师，在教学观念、教学交流维度上得分越高。通过进一步的 LSD 最小显著差异法分析，可以发现，在教学观念维度上，教龄为 0～3 年的青年教师与教龄为 10 年以上的青年教师有显著性差异；在教学知识维度上，教龄为 7～10 年的青年教师与教龄为 10 年以上的青年教师有显著性差异；在组织支持维度上，教龄为 4～6 年的青年教师与 7～10 年的青年教师具有显著性差异。

为更深入了解高校青年教师的教学学术理念、教学投入度和教学研究成果，本研究进一步调查了青年教师对教学的看法、具体的任教情况（课程数量和年平均课时数）、成果情况（所主持或参与的科研课题和教改项目数量，所发表的教学研究论文、出版的教育专著或教材数量），同时了解了青年教师在科研与教学上投入时间的比例。

在教学学术的理念上，大部分青年教师对"高校教学活动属于学术活动"和"教学和科研很难协调"的认识是不确定的，是模糊的，这其实与高校的教师评价机制和制度环境密切相关。有的青年教师写道："从根本的评价机制上应该重视教学，重视教学研究。目前的评价机制抛弃教学，一味追求科研成果和论文数量，使教学与科研成为一种矛盾，而非一种互相促进的关系。"可以说是一语击中时弊。

若把各类高校青年教师在科研与教学时间投入比例上的点击率换算成各类学校内部的相对百分比，可以看出，"211 工程"院校、一般本科院校和高职高专院校的青年教师在时间投入上的侧重点不同，"211 工程"院校青年教师时间投入明显向科研倾斜，一般本科院校青年教师在科研和教学时间投入方面相对均衡，高职高专院校青年教师的时间更倾向于投入教学工作，这与不同类型高校的定位和职能有关。

第五节　高校青年教师教学学术能力提升对策

一、发挥高校考评机制的引领作用，帮助青年教师树立教学学术的理念

青年教师对教学的重视程度和从事教学研究的积极性受到高校教师考核机制、职称晋升制度和教学评价制度的影响。因此，只有建立完善的、均衡的教学科研考核与评价体系，真正重视青年教师的教学工作投入，将教学能力、学术能力和教学成果纳入评价体系，才能激发青年教师产生提高教学学术能力的动力。高校迫切需要从满足社会和大学生的实际需求出发，而不是从追求大学排名和功利价值出发，为教学学术发展提供良好的制度环境，构建完善的高校教师考核机制和教学评价制度。尤其是"211工程"院校，应该避免"重科研轻教学"的现象，改变片面地支持青年教师发展科研能力而忽视教学学术能力提升的状况。同时，高校应加大教学研究投入，均衡资源分配，给予青年教师教学学术工作以更多的资金和项目经费的支持。

二、加强青年教师教学学术能力培训，指导青年教师开展教学研究

教学学术能力是一种高阶能力，需要遵循高校教学学术研究的范式。未来的教育家将会从一线教师中产生。青年教师需要掌握科学的教学研究方法和手段，从而更好地开展教学研究，通过提出教学问题，做好文献研究，掌握课堂观察、实验对比和文本分析等方法总结教改成果，并将成果进行交流和发表，来提高教学学术能力。高校教师发展部门需要为青年教师教学学术发展制定合理的培训体系和提供有针对性的培训指导。当前大部分高校组织的岗前培训和教育理论课授课还流于形式，对提升青年教师教学能力和教学学术能力的作用有限。因而建立定期的青年教师进修培养制度，特别是为不同年龄、不同教龄、不同课程类别的青年教师提供既系统化又专业化的教学学术指导很有必要。教师教学发展示范中心通过组织进修培训、设立教学学术项目、开展教学工作坊与教学沙龙等活动，促使青年教师提升教学研究水平，将研究与教学结合起来。青年教师所在的院系也要切实为每个青年教师制定教学成长规划，通过打造优秀教学团队，建立青年教师"导师制"，帮助青年教师坚定教学学术信念，明确自身教学发展目标和追求，使他们拥有一个丰富多彩的职业人生。

三、加大组织支持力度，关注高校女性青年教师成长

我国高校女性青年教师是女性群体中学历水平最高的一类，但在高校教师队伍中仍是相对弱势的群体，在管理和学术领域处于劣势地位。女性青年教师发展的主要障碍是生理特质、文化因素和社会性别影响下的双重角色冲突。女性青年教师是高校教师队伍

中需要关注的人群，她们的专业成长和学术发展之路需要克服更多的阻力与困难，需要学校给予更多的空间和支持。高校在制定考核政策时要考虑性别差异不能一刀切，例如有的高校制定了对新进教师实行的几年之内"非升即走"的政策，让女性青年教师备感压力，甚至产生焦虑情绪。入职之初的高校女博士，正处于结婚生育期，一进校又面临高校科研教学的双重压力，往往会心力交瘁。访谈中我们发现，有的女博士为此不得不推迟结婚生子的时间，也有的女教师产假未结束就要出去跑课题，她们希望学校能够"多关心教师的工作和生活，激发归属感"。因此要给予入职之初的女性青年教师更多的发展时间和空间。高校还要尽量营造相对宽松的教学学术氛围，鼓励不同学科专业的青年教师尤其是女性青年教师多开展教学交流，增强她们对高校组织的认同感和归属感，为她们创造更多的学术发展机会。

参考文献

[1] 芮国星著. 信息时代高校创业教育体系研究[M]. 西安：陕西师范大学出版社. 2016.

[2] 程海东，宫辉主编. 现代高校书院制教育研究[M]. 西安：西安交通大学出版社. 2016.

[3] 丁家云，瞿胜章，艾家凤主编. 应用型本科高校教育教学研究[M]. 合肥：中国科学技术大学出版社. 2016.

[4] 孙英梅，栗红侠，侯英杰编著. 高校实践育人与创新人才培养[M]. 沈阳：东北大学出版社. 2016.

[5] 刘江栋著. 构建应用型本科人才培养模式地方本科高校转型发展之路[M]. 天津：南开大学出版社. 2016.

[6] 曹屯裕主编. 三级教学督导体系在宁波高校的理论与实践[M]. 宁波：宁波出版社. 2016.

[7] 张婧著. 财经类创新型本科人才培养研究[M]. 北京：光明日报出版社. 2016.

[8] 黄建雄著. 转型与提升地方本科院校教师队伍结构优化研究[M]. 武汉：华中师范大学出版社. 2017.

[9] 本书编委会编. 高校大学生就业创业工作研究第 1 辑[M]. 合肥：中国科学技术大学出版社. 2017.

[10] 徐雄伟著. 上海市民办高校教师专业发展研究[M]. 上海：上海交通大学出版社. 2017.

[11] 李晓云，李秋梅，王嫚著. 思想政治教育的有效途径：青海高校省情教育教学实践研究[M]. 上海：上海大学出版社. 2017.

[12] 刘印房著. 地方本科高校校企协同创新机制构建研究[M]. 北京：科学技术文献出版社. 2018.

[13] 郑山明著. 地方本科院校教师队伍建设研究[M]. 北京：光明日报出版社. 2018.

[14] 李晓科著. 民办高校发展现状与对策研究[M]. 长春：吉林人民出版社. 2018.

[15] 裴小倩，严运楼. 高校创新创业教育协同机制研究[M]. 上海：上海交通大学出版社. 2018.

[16] 邵林海著. 地方高校体育教师专业发展研究[M]. 北京：冶金工业出版社. 2018.

[17] 刘建锋著. 高校思想政治教育理论与改革模式研究[M]. 北京／西安：世界图书出版公司. 2018.

[18] 钟鹰翔著. 旅游英语课程体系构建[M]. 长春：东北师范大学出版社. 2018.

[19] 蒋大山，张宗宁著. 教育转型发展与高校商务英语的创新教学研究[M]. 长春：东北师范大学出版社. 2018.

[20] 梁韵妍著. 创新创业教育背景下"双师型"教师胜任力模型研究与构建[M]. 北京：航空工业出版社. 2019.

[21] 陆磊著. 终身教育与职业教育体系构建[M]. 北京：中国书籍出版社. 2019.

[22] 郭庆义主编. 新建民族本科院校学科建设探析[M]. 成都：西南交通大学出版社. 2019.

[23] 张铭钟著. 新时代高等教育内涵式发展研究[M]. 北京：中国政法大学出版社. 2019.

[24] 褚瑞莉著. 激励理论视域下高校师资队伍构建研究[M]. 北京：九州出版社. 2019.